基 础 教 育 学 校 现 代 化 研 究 丛 书

新时代普通高中学校 发展研究

朱益明◎著

华东师范大学出版社

·上海·

图书在版编目（CIP）数据

新时代普通高中学校发展研究/朱益明著. —上海：
华东师范大学出版社,2022
（基础教育学校现代化研究丛书）
ISBN 978 - 7 - 5760 - 3244 - 4

Ⅰ.①新… Ⅱ.①朱… Ⅲ.①高中—学校管理—研究
—中国 Ⅳ.① G637

中国版本图书馆 CIP 数据核字(2022)第 174421 号

基础教育学校现代化研究丛书
新时代普通高中学校发展研究

著　　者　朱益明
责任编辑　王丹丹
特约审读　程云琦
责任校对　郑海兰
装帧设计　卢晓红

出版发行　华东师范大学出版社
社　　址　上海市中山北路 3663 号　邮编 200062
网　　址　www. ecnupress. com. cn
电　　话　021 - 60821666　行政传真 021 - 62572105
客服电话　021 - 62865537　门市(邮购)电话 021 - 62869887
地　　址　上海市中山北路 3663 号华东师范大学校内先锋路口
网　　店　http://hdsdcbs. tmall. com

印 刷 者　上海盛隆印务有限公司
开　　本　787 毫米×1092 毫米　1/16
印　　张　15. 75
字　　数　271 千字
版　　次　2022 年 12 月第 1 版
印　　次　2022 年 12 月第 1 次
书　　号　ISBN 978 - 7 - 5760 - 3244 - 4
定　　价　82. 00 元

出版人　王　焰

本著作系教育部人文社会科学重点研究基地

华东师范大学基础教育改革与发展研究所重大项目

项目批准号：16JJD880018

项目名称：学生发展与综合素质评价——普通高中学校发展研究

项目负责人：朱益明

目 录

前　言

当前,我国社会主要矛盾已经转化为人民日益增长的美好生活需要和不平衡不充分的发展之间的矛盾。人民群众的教育期盼不再是"有学上"的机会满足,而是"上好学"的选择要求,人民群众对教育的需求更加多样化。教育改革与发展必须顺应这种期盼,加快发展更高质量、更加公平、更具个性的教育,促进社会公平正义与和谐进步。国家教育发展要从教育数量扩展转变为教育高质量发展,体现坚持以人民为中心的发展思想,服务于每个人的发展,努力使每个人都有人生出彩的机会。

2019 年中共中央、国务院颁发的《中国教育现代化 2035》指出,2035 年"全面普及高中阶段教育",即"提升高中阶段教育普及水平,推进中等职业教育和普通高中教育协调发展,鼓励普通高中多样化有特色发展"。2021 年《中华人民共和国国民经济和社会发展第十四个五年规划和 2035 年远景目标纲要》明确提出:"巩固提升高中阶段教育普及水平,鼓励高中阶段学校多样化发展,高中阶段教育毛入学率提高到 92％以上。"这就意味着,我国高中阶段教育普及水平进入世界先进行列,社会新增劳动力普遍接受高中阶段教育,普通高中与中等职业教育协调发展,有效满足学生个性化、多样化发展需求,学生自主发展能力显著增强,为成长成才提供坚实的知识和能力储备。

高中是学生个性形成、自主发展的关键时期,是国民教育体系的重要组成部分,在人才培养中起着承上启下的关键作用。当前,发展高中是办好人民满意的教育的重要抓手,高中将为新时代中国青年追求梦想、形成特长、张扬个性和终身发展奠基,为全面提升国民整体素养和为国家现代化建设输送高质量后备人才作出新贡献。为此,大力发展普通高中教育与全面促进普通高中变革就变得十分重要。

本书系 2016 年教育部人文社会科学重点研究基地华东师范大学基础教育改革与发展研究所重大项目(项目批准号:16JJD880018)"学生发展与综合素质评价——普

1

通高中学校发展研究"成果。需要说明的是,本书内容并未局限于项目研究成果,书中多个章节是在2020年项目结题之后添加的新内容,以求著作出版更适合于当前我国普通高中改革与发展需求。这里对各章节内容作简单说明。

第一章"基于义务教育的思考"主要针对当前社会上提出的将义务教育阶段延长,以及将高中教育纳入义务教育范畴的现象,借助对义务教育属性及其发展特点的分析,阐述高中教育及其发展的特点与特性,强化高中阶段教育的独特性,思考发展高中教育的相关议题。

第二章"国际高中发展寻觅"是以往研究的积累,旨在为探讨普通高中变革提供域外视角和参考启示,将我国普通高中发展置于全球化视野中。

第三章"高中教育发展的判断"是对我国近年来高中阶段教育发展及其变化的分析和讨论,总结了我国高中普及化发展的重要特点与发展需求,阐述了我国高中教育普及化发展的要素及其特点。这对于普通高中学校变革具有指导性价值。

第四章"普通高中发展的追求"与第五章"高中育人方式的改革"分别从理论与政策上阐述普通高中发展与变革的要求、内容和任务等,并分别探讨推进普通高中教育发展和实现变革的思路与路径。

第六章"普通高中课堂的突围"和第七章"普通高中教学的转型"都是从实践出发,结合当前课程改革要求、课堂与教学实践状况,提出旨在解决问题的课堂与教学改革的思路、原则和行动建议。

第八章"学校变革的理论探析"与第九章"普通高中变革的策略"其实是一个整体,只是出于篇幅考虑而分开。前者为普通高中变革寻找理论依据和确立变革原则方向,是理论上的思考和建构;后者是在前者的基础上,提出我国普通高中变革的原则、路径和方法。

第十章"特色高中建设的省思"和第十一章"加强县中建设的行动"都是就促进我国普通高中发展的具体政策与实践开展分析和探讨。前者总结了我国特色高中建设与发展实践,期待特色高中建设有更加合理的路向,并促进整个普通高中发展。后者则是根据最新政策,在实践案例分析的基础上,提出政策实施的建议。

最后的结束语"面向普通高中高质量发展"是笔者对我国新时代普通高中改革发展的展望,期待在新发展理念的指导下,早日建成中国普通高中教育发展与普通高中学校变革的创新发展新格局。

这是研究的阶段性成果,研究始终在路上。

第一章 基于义务教育的思考

本章基于当代义务教育视角,寻找高中教育与义务教育之区别,分析普通高中作为基础教育在发展上的相关议题,由此为后续深入讨论普通高中学校改革发展提供思路。

➤ 普通高中学校属于基础教育范畴,基础教育又往往与义务教育联系在一起,但普通高中学校又不属于义务教育,这就显示出了普通高中学校的特殊性。

➤ 在高中阶段教育普及发展的进程中,往往将高中教育普及发展与义务教育联系起来;从理论上看,教育普及发展不能等同于义务教育年限延长。

➤ 分析当代义务教育发展特点,有助于全面地把握和认识高中阶段教育的学段特点,进而把握和审视高中阶段教育发展和普通高中发展将面临的议题。

第一节 义务教育发展的特征

义务教育产生与普及发展是现代社会发展的产物,是整个现代教育制度的重要组成部分。目前我国已经实现义务教育高水平普及,义务教育包括小学和初中阶段,但是并不包括高中阶段教育。纵观国内外义务教育普及发展的实践,尽管各国义务教育年限不一,法律规定也有所不同,但义务教育中的核心要素基本一致,即义务教育具有法律的强制性,义务教育基于儿童发展的需要,以及义务教育为人的终身发展奠基。

一、强制属性

义务教育（compulsory education）是现代教育体系中的重要组成部分，是教育普及发展的结果，其提出至今还不足两百年时间。义务教育的初衷是确保每个儿童享受到应有的教育权利，为他们提供必需的教育机会。而"义务"（compulsory）一词的原意就是"强制"。

1. 法律制度

早在 1948 年联合国通过的《世界人权宣言》中就明确提出，人人都有受教育的权利，教育应该免费，至少在初级和基本阶段应该如此。正是这样的世界性呼吁和倡导，义务教育作为一种基本教育权利保障的象征，作为社会公平的体现，在全球范围内得到了快速发展，并成为各国社会全面发展的政治性举措体现。这种政治性举措体现，一方面是为了提高受教育者的文化知识素质；另一方面是为了提高未来劳动者的技术和能力。教育能够培养和培训大批劳动者，经济建设需要大批合格或者更高素质的劳动者参与，学校教育提高了劳动者的劳动生产力，促进了经济发展。

义务教育在法律上具有强制性特征，主要体现于两方面的责任：政府举办学校并提供教育服务；家长送子女入学。即使在教育资源有限的情况下，政府也要负责任确保义务教育的实现；即使在家境困难的背景下，家长也必须送孩子入学。实现这两个"强制"后，适龄儿童能够进学校学习，也将减少"童工"的产生。自 20 世纪中期起，随着经济学上人力资本理论盛行，投资于教育与教育投资论得到普遍认可，为包括义务教育在内的教育发展起到了极大的推动作用。确实，义务教育是人力资源提升的重要因素之一，教育不仅带动了社会经济发展，也带来了个人的收益与回报。在工业时代，教育的经济贡献不可忽视。

发展教育，尤其是普及义务教育，成为国家发展、民族振兴与社会进步的呼声与需求。教育被赋予了政治、经济、文化等各方面功能。正是在上述诸多因素背景下，发展教育包括强制性的义务教育，成为各国和地区的追求。为了确保义务教育的强制性，各国都有相关的法律法规。在我国，《中华人民共和国宪法》《中华人民共和国教育法》和《中华人民共和国义务教育法》中，都对此予以了明确规定。尤其是 1986 年我国"义务教育法"的颁布，为全面普及义务教育提供了最直接的法律支持，为政府履行发展教育责任和家长送子女入学提出了详细规定，从而保障了我国 2000 年在全国范围内如期实现基本普及九年义务教育的目标。目前我国已经建立了免费的义务教育制度。《中华人民共和国教育法》（2021 年修正）中明确规定：

第十九条　国家实行九年制义务教育制度。各级人民政府采取各种措施保障适龄儿童、少年就学。适龄儿童、少年的父母或者其他监护人以及有关社会组织和个人有义务使适龄儿童、少年接受并完成规定年限的义务教育。

1986年4月《中华人民共和国义务教育法》首次颁布,2006年6月修订,2015年4月第一次修正,2018年12月第二次修正,国家实施九年义务教育制度的法律规定日益健全。

第二条　国家实行九年义务教育制度。义务教育是国家统一实施的所有适龄儿童、少年必须接受的教育,是国家必须予以保障的公益性事业。实施义务教育,不收学费、杂费。国家建立义务教育经费保障机制,保证义务教育制度实施。

第五条　各级人民政府及其有关部门应当履行本法规定的各项职责,保障适龄儿童、少年接受义务教育的权利。适龄儿童、少年的父母或者其他法定监护人应当依法保证其按时入学接受并完成义务教育。依法实施义务教育的学校应当按照规定标准完成教育教学任务,保证教育教学质量。社会组织和个人应当为适龄儿童、少年接受义务教育创造良好的环境。

依法全面推进义务教育发展,已经成为我国义务教育发展的本质特征,也是我国推进义务教育现代化发展的重要保障。

2. 均衡发展

义务教育包含着教育公平的思想与要求,即义务教育必须面向每个个体,确保这种教育权的实现。为此,要求各级政府均衡发展义务教育,以体现教育公平思想。我国义务教育法对此也有明文规定。

第六条　国务院和县级以上地方人民政府应当合理配置教育资源,促进义务教育均衡发展,改善薄弱学校的办学条件,并采取措施,保障农村地区、民族地区实施义务教育,保障家庭经济困难的和残疾的适龄儿童、少年接受义务教育。国家组织和鼓励经济发达地区支援经济欠发达地区实施义务教育。

第八条 人民政府教育督导机构对义务教育工作执行法律法规情况、教育教学质量以及义务教育均衡发展状况等进行督导,督导报告向社会公布。

进入 21 世纪以来,我国在义务教育发展方面高度重视教育公平的要求,大力推进义务教育均衡发展。近年来,在国家教育改革与发展规划中,将均衡发展作为国家义务教育的战略性任务之一。在建立健全义务教育均衡发展保障机制、推进义务教育学校标准化建设和均衡配置义务教育资源等方面积极努力,力求切实缩小校际差距和加快缩小城乡差距。

早在 2005 年,教育部颁布的《关于进一步推进义务教育均衡发展的若干意见》中,将推进义务教育均衡发展摆上了重要位置。2010 年,教育部下发的《关于贯彻落实科学发展观进一步推进义务教育均衡发展的意见》,将推进均衡发展作为义务教育改革与发展的重要任务。2012 年 9 月,《国务院关于深入推进义务教育均衡发展的意见》发布。2012 年 1 月,教育部出台《县域义务教育均衡发展督导评估暂行办法》。

党的十八大以来,义务教育均衡发展开始加快推进。2013 年全国启动第一批义务教育发展均衡县(市、区)督导评估认定工作。2017 年教育部出台《县域义务教育优质均衡发展督导评估办法》,县域内义务教育均衡切实取得成就。截至 2020 年底,全国累计已有 26 个省份、2 809 个县实现县域义务教育基本均衡发展,县数占比 96.8%。2021 年,国务院教育督导委员会又组织了对剩余省份的 94 个县的实地督导检查。①

2019 年,中共中央办公厅、国务院办公厅印发《加快推进教育现代化实施方案(2018—2022 年)》,强调要推进义务教育优质均衡发展。中共中央、国务院印发《中国教育现代化 2035》,从中长期战略规划的高度再次明确,在实现县域内义务教育基本均衡的基础上,进一步推进优质均衡,到 2035 年,实现义务教育优质均衡县(市、区)的比例达到 95%。

强调县域内义务教育均衡发展或者优质均衡发展,是基于我国实施义务教育以县级政府为主管理的体制。事实上,从国家教育现代化发展大局看,义务教育均衡发展只是局限在县域内明显不够,必须加强省级统筹,解决省内县域之间义务教育发展不均衡问题。同时,必须注意省际地区间义务教育发展之间的显著差异,尤其要解决义务教育发展中的教育投入差异问题,包括教育经费标准、学校办学设施条件、师资队伍

---

① 林焕新. 义务教育均衡发展如何再上新台阶——从基本均衡迈向优质均衡[N]. 中国教育报,2022 - 01 - 20.

结构以及教育教学活动等诸方面。

研究发现,自2000年以来,我国省际间义务教育均衡发展得到稳步提升。其中,专任教师数量、图书藏量、教学用房面积等基础性教育资源已较为均衡,但高学历教师数、教学仪器设备总值、教学用计算机数等关系到教学质量和教育现代化水平的教育资源有待迅速提升。[①] 所以,随着我国县域义务教育均衡发展的推进,省际义务教育均衡发展的趋势也正在形成之中。

《中华人民共和国国民经济和社会发展第十四个五年规划和2035年远景目标纲要》提出了"建设高质量教育体系"的发展目标,要求"推进基本公共教育均等化",其中包括:

> 巩固义务教育基本均衡成果,完善办学标准,推动义务教育优质均衡发展和城乡一体化。加快城镇学校扩容增位,保障农业转移人口随迁子女平等享有基本公共教育服务。改善乡村小规模学校和乡镇寄宿制学校条件,加强乡村教师队伍建设,提高乡村教师素质能力,完善留守儿童关爱体系,巩固义务教育控辍保学成果。

由此可见,均衡发展是我国义务教育发展的目标之一;义务教育均衡也意味着每个学生都能够享有更加高质量的教育服务。在县域义务教育均衡发展的基础上,向省域义务教育均衡发展,之后迈向全国义务教育均衡发展,将是中国义务教育现代化发展的最终去向,也是中国义务教育发展产生世界影响力的要求。

二、儿童立场

在过去,限于儿童年龄幼小与身心发展的未成熟性,儿童始终是属于被保护的范畴。对于未成年儿童而言,他们所接受的教育,是由政府、社会以及家长主导的,尤其在教育资源或者教育机会有限的情况下,实施义务教育被看成是提供给儿童的"福利"与"待遇",甚至是"恩赐"。在以往强制的义务教育中,儿童作为主体的本质往往是被忽视的。然而随着儿童权利观认识的不断发展,尊重儿童与发展儿童已经成为现代社会的新儿童观。为此,儿童权利的认可和保护,对传统的义务教育提出了挑战,即要求

[①] 朱益明,谢蓉,许文洁,游佩文.2003—2013年我国义务教育均衡发展之分析[M]//袁振国.中国教育政策评论(2016).北京:教育科学出版社,2016:94-101.

义务教育需要更多从儿童本身出发，从儿童发展的需求出发，认同教育成为儿童权利的一个方面。

1. 受教育权

1959 年联合国大会通过了《儿童权利宣言》，确保儿童在保护、教育、卫生保健、庇护所和良好营养等方面的权利；1989 年联合国大会通过了《儿童权利公约》，取代之前的《儿童权利宣言》，成为一个新的有关儿童权利保护的国际法。《儿童权利公约》在明确儿童拥有教育权的同时，提出承认儿童的其他各种权利，包括儿童的尊严、人格和参与等方面的权利。[①]《儿童权利公约》中的相关表述有：

> 缔约国应确保有主见能力的儿童有权对影响到其本人的一切事项自由发表自己的意见，对儿童的意见应按照其年龄和成熟程度给以适当的看待。（第十二条）
>
> 儿童应有自由发表言论的权利，此项权利应包括通过口头、书面或印刷、艺术形式或儿童所选择的任何其他媒介，寻求、接受和传递各种信息和思想的自由，而不论国界。（第十三条）
>
> 缔约国应尊重儿童享有思想、信仰和宗教自由的权利。（第十四条）

当今国际社会日益认识到儿童在世界中的角色。联合国儿童基金会曾发布《适合儿童生长的世界》(*A World Fit for Children*)的宣言，并在 2002 年 5 月被联合国大会通过，形成联合国第 S-27/2 号决议。该宣言强调，在任何情况下，包括教育领域中，都必须考虑儿童作为主体的存在，倾听儿童声音与采纳儿童观点，尊重儿童尊严，促进儿童全面发展。这与"强制"的义务教育相比是一种更高的要求。

《儿童权利公约》的"第二十八条"详细规定了儿童受教育的权利，对于国家发展教育提出了要求：

> 缔约国确认儿童有受教育的权利，为在机会均等的基础上逐步实现此项权利，缔约国尤应：
>
> (a) 实现全面的免费义务小学教育；

---

① 《儿童权利公约》(中文版)，1989 年 11 月 20 日第 44 届联合国大会通过。

（b）鼓励发展不同形式的中学教育，包括普通和职业教育，使所有儿童均能享有和接受这种教育，并采取适当措施，诸如实行免费教育和对有需要的人提供津贴；

（c）以一切适当方式根据能力使所有人均有受高等教育的机会；

（d）使所有儿童均能得到教育和职业方面的资料和指导；

（e）采取措施鼓励学生按时出勤和降低辍学率。

儿童受教育权只是基本的权利要求。随着社会经济发展水平不断提高，学生家长群体也发生着变化，主要表现在对教育的认识与要求、对儿童成长与发展的期待以及家庭提供子女接受教育的经济能力提升等方面，这些变化导致的直接结果就是教育要求增多，对教育选择渴望以及选择能力增强。典型例证就是，在义务教育阶段，择校已经成为一个世界性的现象与问题，还有一种新出现的"在家学习"（homeschooling）现象。事实上，在我国也存在着对儿童受教育的更多期望，家长对义务教育和子女接受教育的要求也越来越高并且越来越多。

由此，发展义务教育不能回避儿童（及其家长）在教育中主体地位的存在、诉求与实现，必须考虑建构适合于儿童自身发展需求与愿望的教育体系，以真正在教育体系中实现以学生为中心的思想与理念。这与当前我国政府提出的"坚持以人民为中心"发展思想完全吻合。

2. 全体儿童

义务教育的强制性特征是国家法律赋予的，发展义务教育仍必须按照这种法律规定而实现强制入学。同样，义务教育体现尊重儿童的要求，需要按照儿童主体的要求，考虑从学生实际需要出发，满足不同学生的不同教育需求，真正促进每个学生的个体发展；注重倾听学生的内心呼唤，激发每个适龄学生的主动参与；提供多元化与个性化相结合的教育供给，为每个学生成人成长成才提供可持续发展服务，义务教育同样需要教育的丰富性与多样性。

义务教育不能选择学生，必须接受所有适龄儿童入学，包括各种有特殊需求的儿童，如身体残疾、心智发展不正常等特殊儿童，实现回归主流的全纳教育或者说融合教育，这是义务教育发展的一个方面。在我国，保障作为流动人口的外来儿童入学完成义务教育，也已经成为义务教育发展的现实。但是，面对众多的义务教育学生，即使不包括这些特殊儿童，常规的正常儿童之中也有各自发展的特殊性、差异性甚至差距性。

尊重每个儿童,就意味着尊重每个儿童自身的特点。《中华人民共和国义务教育法》中明确规定:

> 第四条　凡具有中华人民共和国国籍的适龄儿童、少年,不分性别、民族、种族、家庭财产状况、宗教信仰等,依法享有平等接受义务教育的权利,并履行接受义务教育的义务。

2000年以后我国高度重视流动儿童人口的受教育权保障工作,并逐步建立起适合我国社会经济与教育制度体系的流动儿童入学制度,确保每个儿童接受义务教育的权利。

我国各级政府还高度重视义务教育阶段的特殊教育发展,保障有特殊需求儿童的教育。2014年起,国家先后实施了两期"特殊教育提升计划"。全国特殊教育在校生由2015年的44万人增加到2020年88万人,在校生人数翻了一番。残疾儿童义务教育入学率达到95%以上。[①] 2022年初,国务院办公厅转发教育部等部门《"十四五"特殊教育发展提升行动计划》,全面部署各地加快推进特殊教育发展,强调要遵循特殊教育规律,以适宜融合为目标,加快健全特殊教育体系,不断完善特殊教育保障机制,全面提高特殊教育质量,促进残疾儿童青少年自尊、自信、自强、自立,让每一名残疾儿童青少年都有人生出彩机会,让残疾儿童青少年和普通儿童青少年共同成长进步。并且该计划还提出了到2025年适龄残疾儿童义务教育入学率达到97%,义务教育阶段特殊教育生均公用经费标准提高至每生每年7 000元以上。

在实施面向每个儿童的教育上,美国学者霍华德·加德纳的多元智能理论也提供了理论支持和指导。1983年哈佛大学心理学教授加德纳出版了《智能的结构》一书,1990年被翻译引进国内。他在该书中提出了多元智能理论,引起全球教育界的普遍认同,之后他带领团队就多元智能理论在教育中的运用开展实验。1993年,加德纳编著了《多元智能》一书,总结了多元智能理论与实践的进展及其发现,解决了人们对多元智能的一些问题与质疑。他在书中对他提出的七种智能(音乐智能、身体运动智能、数学逻辑智能、语言智能、空间智能、人际关系智能和自我认识智能)分别进行例证说明。加德纳提出,未来学校需要结合下面两个假设来进行:第一个假设是并非所有的学生都采用协同的方法学习,第二个假设是当代没有人能够学会需要学会的一切东

---

① 欧媚. 不断加大政策、资金、项目对特殊教育的倾斜——我国残疾儿童义务教育入学率超95%[N]. 中国教育报,2021-09-27.

西。为此,他在书中写道:

> 以个人为中心的学校,应该在评估学生个体的能力和倾向方面富有经验。这种学校不但寻求和每个学生相匹配的课程安排,也寻求与这些课程相适应的教学方法。当学生进入高年级后,学校还力求为每个学生选择适合他们文化背景的生活方式和工作岗位。(第11页)

总之,加德纳认为,人是有差异的,因此他怀疑"所有的人在每个领域里的天赋都相同"的观点,并认为"儿童的父母不应相信行为主义者所说的,不应按照自己的主观愿望决定将孩子培养成什么样的人"。[1] 加德纳认为人的智能还有更多种,当下,所谓的加德纳多元智能理论包括8种,即在上述7种之外,又增加了"自然观察智能"。40年后的今天,加德纳的多元智能理论在教育教学实践中仍然得到普遍认可和广泛的实践运用,并探讨出发展每种智能的教学策略。[2] 根据加纳德多元智能理论的观点,不同的学生具有不同的智能倾向和潜力,真正好的教育在于根据学生的不同智能倾向和潜力开展个性化的教育服务,满足学生和家长的个性化选择。

在当今教育日益发展与普及化的背景下,非常有必要深入思考义务教育普及给每个儿童发展带来的益处。当代社会的义务教育发展正在超越传统的强制教育,提升到让儿童参与、让儿童选择、让儿童享受的新境界。

三、基本教育

随着社会经济科技等各方面的全面发展与进步,教育的任务与功能也不断地在改变,同样,作为义务教育的目标和任务也需要不断地适应外部变化。但是,无论怎样,义务教育作为一种促进个人发展与社会发展的基本服务,须始终坚持教育的"基本"使命和原则,这就是基本教育的含义。这种基本教育一方面是指义务教育促进个人身心和谐发展,并成为合格的社会公民或者国民;另一方面,义务教育服务于个体终身发展,并为未来学习与发展奠基。

1. 国民教育

毫无疑问,义务教育是整个国民教育体系中的基础、基本与基石。这里不妨再介

---

[1] 霍华德·加德纳. 多元智能[M]. 沈致隆,译. 北京:新华出版社,1999.

[2] Linda Campbell,等. 多元智能教与学的策略[M]. 王成全,译. 北京:中国轻工业出版社,2001.

绍一下《儿童权利公约》中对儿童接受教育的论述：

第二十九条　1. 缔约国一致认为教育儿童的目的应是：

(a) 最充分地发展儿童的个性、才智和身心能力；

(b) 培养对人权和基本自由以及《联合国宪章》所载各项原则的尊重；

(c) 培养对儿童的父母、儿童自身的文化认同、语言和价值观、儿童所居住国家的民族价值观，其原籍国以及不同于其本国的文明的尊重；

(d) 培养儿童本着各国人民、族裔、民族和宗教群体以及原为土著居民的人之间谅解、和平、宽容、男女平等和友好的精神，在自由社会里过有责任感的生活；

(e) 培养对自然环境的尊重。

很显然，义务教育不仅是基础文化知识的教育和传递，更重要的是培养学生理想信念、爱国主义、道德品德的启蒙与起步。我国义务教育是国家教育工作的重中之重，要全面落实立德树人的根本任务，注重品行培养、激发学习兴趣、培育健康体魄、养成良好习惯，培养学生有理想、有本领、有担当，提升国民素质。

2. 终身教育

终身教育思想已经从理论发展成为教育实践。义务教育是国家教育体系中的一个环节，接受义务教育只是个体参与教育的一个阶段，或者说是起点。当代义务教育不仅承担着为每个适龄儿童提供基本的、有质量的教育，培养学生为未来生活与工作做准备，以成为合格的社会公民（包括有素养的劳动者）的使命，而且义务教育需要为个体终身学习与接受教育提供坚实的准备。因此，义务教育需要体现终身教育的思想与要求。

在终身教育视角下，教育体系并不是简单的各个教育学段组合，而是各个学段教育之间相互渗透与相互关联的统一体，义务教育是当今教育体系中的根基和基础，也是组成终身教育的一个重要学段。现代国家教育制度与体系日趋庞大，各级各类教育之间的关系呈现出前所未有的复杂性。但无论怎样，义务教育要为教育体系中其他教育类型与层次提供基础性支持，使个体能够在完成义务教育后顺利地进一步学习或者工作做好准备。义务教育连接着学前教育和高中阶段教育，作为国家规范而统一的教育学段，作为学前教育与高中阶段教育的中间地带，其要求与内容不仅影响到学前教育发展，也影响到高中阶段教育的发展。义务教育的改革与发展必须要考虑它对学前教育与高中阶段教育的影响。

在各级各类教育大发展的背景下,个体接受义务教育只是其接受终身教育的一个早期性开始,但其影响贯穿于个体发展的生命全过程。义务教育阶段学生处于人生观、价值观和世界观形成的早期阶段,是塑造与培养学生个体健康人格形成、正面教育与引导学生人生态度养成、促进学生发展学习能力等各方面的最佳时期。个体在义务教育阶段的学习效果会直接影响到其高中阶段的健康发展以及后续的可持续发展。相比于课程知识的学习,这些更为重要。

为此,义务教育发展需体现出国家整个终身教育体系建构的需求,展现与整个国家教育改革发展联动、互动和协同的特点。

第二节 义务教育发展的反思

近年来,社会与学界有一种呼声,认为目前我国九年义务教育进展取得了举世瞩目的成就,有必要将义务教育延伸至高中阶段教育或者学前教育阶段。事实上,在社会经济发展全球化进程加快、社会注重多样性和价值多元的情境下,作为强制的、结果导向的义务教育遇到了新问题。具体说,义务教育尽管保障了儿童的学校教育,但是,在这种高度制度化、标准化的学校教育中,学生个体的主体性、主动性和参与性是否得到了应有保障? 在日益多元化的世界中,统一的、规范的义务教育又如何面向每个具有差异的学生,使他们获得各自需要的教育与发展? 在义务教育中,学生是否也应该有选择的权利呢? 在面向教育现代化的进程中,有必要对义务教育发展进行反思,这有助于对教育与义务教育有更深的认知,更是思考高中教育是否具有成为义务教育的需要。

一、教育结果

自 20 世纪后期开始,随着知识经济产生、信息技术快速发展、经济发展转型以及教育普及推进,教育包括义务教育遇到了一些新挑战。教育与社会、教育与经济、教育与个体之间的相互关系正在发生变化,义务教育也不例外。

1. 人力资本

教育是国家发展的基础之一。但是,曾经备受认可的教育促进经济发展的人力资源论,却日益受到冷遇与质疑。进入 21 世纪,人们发现教育发展似乎并没有自然而然地带来经济的繁荣。自20世纪中期起,在世界各国的发展实践中,并没有出现因发展教育而带来国家(尤其是经济)发展进步的典型案例。相反越来越多的研究发现,教育发展与经济增长之间关系并非是直线的,人均学校教育年限在经济增长回归方程中,并不都是具有统计学意义的显著性相关变量;只有通过测试而获得的教育成就,才可以为人力资本增值提供可信的依据。[①]

教育结果并不是测量所能够数量化显示的,测量本身也具有一定局限性。所以,在教育发展与经济发展、社会发展之间存在复杂关系,可以归属于"鸡与蛋"的关系争论,即:究竟较少的社会贫困可以带来更多的教育,还是教育减少社会贫困? 大卫·柏林纳(David Berliner)的跟踪研究发现,学业测验分数中,学校因素可以解释其中20%的方差,而且教师也是其中的一个因素。校外因素在影响学生分数上有显著的作用。[②]

美国学者托马斯·索维尔(Thomas Sowell)在《经济学的思维方式》一书中对"人力资本"概念进行了分析。他认为,人力资本有多种形式,但是往往将人力资本倾向于等同于正规教育。他认为,这种方式不仅会忽略其他有价值的人力资本形式,还会夸大正规教育的价值。他认为,工业革命并不是由受过高等教育的人创造的,而是由那些有着实际工作经验的人发起的,"这些人都拥有价值巨大的知识结构和洞察力,也即人力资本,它们来自实践,而不是教室"。他在书中还写道:

> 总之,更多的教育并不会自动转化成更多的人力资本。在一些情况下,它还会削弱一个国家使用现有人力资本的能力。此外,有些社会群体会专门接受不同类型的教育,学生的能力水平也有不同,抑或者能够进入的教育机构的质量参差不齐。所以,从经济意义上来说,接受教育的时间一样,并不意味着接受教育就一样。[③]

很显然,义务教育很重要,但要使义务教育发挥真正的人力资本价值,并不是简单的规模扩张而已,还是需要关注义务教育的内容及其质量。

---

① Michael S. Delgado, Daniel J. Henderson and Christopher F. Parmeter. Does Education Matter for Economic Growth? [J]. Oxford Bulletin of Economic and Statistics, 2014, 76(3): 334 - 359.

② William G. Tierney. Rethinking Education & Poverty [M]. John Hopkins University Press, 2015: 4 - 8.

③ 托马斯·索维尔. 经济学的思维方式[M]. 吴建新,译. 成都:四川人民出版社,2018:255 - 257.

2. 学习结果

教育发展转向以学生学习为导向,已经成为当今国际教育发展的共识,从全民教育转向全民学习,从终身教育转为终身学习,已经成为教育发展的主流。

2011年世界银行集团发布了"2020年教育战略",该报告的主题是"全民学习:投资于人民的知识和技能以促进发展"。报告提出:"新的战略侧重于学习:经济增长、发展和减贫取决于人们获得的知识和技能,而不是他们坐在教室里有多少年。对个人而言,尽管拥有一张文凭可能为就业打开一扇门,但决定一个人的生产力以及适应新技术和新机会的能力的是他或她所拥有的技能。知识和技能还有助于提高一个人的生活质量,使其拥有一个健康受过教育的家庭和具备参与公民生活的能力。对社会而言,最近的研究显示,一个国家劳动力的技能水平比平均受教育程度能更好地预测该国的经济增长率。"①

2015年,联合国教科文组织发布《反思教育:向"全球共同利益"的理念转变?》(*Rethinking Education: Towards a Global Common Good?*)报告。该报告开门见山地提出了三个问题:"21世纪我们究竟需要什么样的教育? 在当前复杂的社会转型中教育目的究竟是什么? 如何来组织学习?"报告中专门提及了教育作为一种公共商品理论的局限性,对人力资本理论进行了反思。该报告认为,在复杂变化的世界中,教育必须作出变化,必须回到人本主义(humanist)的视野中,超越以往的读写算要求,关注学习环境、关注新的学习方式,以获得更多的公正、更大的社会公平和更强的全球团结。教育需要培养人学会生存的社会素养,包括尊重和尊严,教育是一种权利;教育与社会、经济、环境等一样,是可持续发展的维度。"教育处于我们努力适应变化和改变世界的心脏。在复杂而快速变化的世界中,良好的基本教育是生命中学习的必要基础。"②

当今世界的知识范式已经发生变化,即以往知识基础是基于实证主义科学方法,被认为是客观、线性、累积的过程;但是,现在的知识能够从经济学、数学、自然科学、神经科学、认知科学和信息技术等角度予以不同理解,知识解释被认为是相对主义的和多样的。教育在提升经济竞争力和促进可持续发展方面,不能受制于"市场驱动的教育"(market-driven education),而应该建立"未来指向的教育学"(future-orientation

① World Bank. Learning for All: Investing in People's Knowledge and Skills to Promote Development [R]//World Bank Group Education Strategy 2020. Washington, DC: World Bank. 2011.

② UNESCO. Rethinking Education: Toward a global common good? [EB/OL]. http://unesdoc.unesco.org/images/0023/002325/232555e.pdf,2016-5-26.

pedagogies)。因此，需要更加智慧的教育学和更加合适的学校教育教学组织，所以教学上的革新就显得更为重要。教育在重视语言、数学、科学和艺术的同时，需要关注创造力和动机技能、新兴媒体技术技能、生命与生涯技能以及冒险的自由和允许犯错与在错误中学。①

联合国教科文组织在《教育 2030：仁川宣言》中提出，"希望确保提高 12 年免费的、公共资金资助的、公平而有质量的初等与中等教育，其中，至少 9 年是义务教育，这种教育产生有关的学习成果"。这里特别强调了"学习成果"。显然，个体获得有质量的学习成果，是教育发展的焦点所在。②

可以认为，以结果为导向（result-based）的教育发展趋向，是当今教育发展的特征之一，义务教育领域也不例外。这种结果（results）有三个层次：（1）产出（output），主要指义务教育开展的活动情况，如义务教育年限数、义务教育在学规模、义务教育入学率、开设的课程等；（2）效果（outcome），主要指义务教育中教育教学的直接效果，即个体获得的发展，获得的学习成绩、职业技能和身心发展结果等，这些效果是学生离开义务教育时可以测量出来的；（3）影响（impact），主要指学生完成义务教育获得的支持个人继续发展包括升学、就业、社会生活等方面的持久效果，尤其是个体终身发展与参与社会建设的积极效果。

很显然，在高水平普及义务教育的背景下，对义务教育发展结果的关注必须是学生的学习结果，最需要关注学生学习在学校中所获得全面发展与终身发展的持久影响力，而非学校教育的投入与活动，或者说在校年限。这对于思考义务教育年限具有重要意义。

3. 教育公平

当前我国义务教育的高入学率，显示了我国入学机会的教育公平成就。但是，在新时代，公平需要体现在教育实践过程之中，显示在教育发展的结果之中。公平不只体现在教育机会的提供，更要基于"人民获得感、幸福感、安全感"的主观感受和"不断促进人的全面发展"的结果实现。公平是在政府"供给"提供机会的基础上，转向实现个体"需求"满足实现的程度。公平的教育需要国家教育体系中学校类别的丰富性与

---

① Pasi Sahlberg and David Oldroyd. Pedagogy for Economic Competitiveness and Sustainable Development [J]. European Journal of Education，2010，45（2）：280 - 299.

② Education 2030：Incheon Declaration-Towards inclusive and equitable quality education and lifelong learning for all[R]. UNESCO，2015 - 11 - 04.

多样性,需要建立适合于每个个体的教育与学习体系;在学校层面同样需要更加丰富而多元的课程与教学,实现学生的个别化学习和个性化发展。

对照这些要求,当前义务教育中"千校一面、千人一面"现象事实上就是教育公平问题的表现。义务教育发展必须朝着"努力让每个孩子都能享有公平而有质量的教育"方向前进。在全面建成小康社会的背景下,全国均衡而公平的发展义务教育,不应该再有薄弱地区、薄弱学校,而要使优质均衡成为中国义务教育的显著特征。均衡且公平的义务教育发展,才能真正促进国家教育的协调发展、持续发展与共享发展。

二、教育经费

理论上,义务教育是免费教育。但是,各国基于自身经济发展水平与教育经费供给能力,实施完全免费的义务教育还是比较困难的。当前,我国义务教育阶段实现免学费和杂费制度,并为困难学生提供经费资助。实现高质量的义务教育发展,需要义务教育提供高质量服务,同时实现完全免费的义务教育成为教育服务高质量的重要指标。

1. 家庭投入

在实践中,学生接受义务教育,家庭还是需要承担一定的费用支出,如校服、餐费、住宿费等。这些家庭教育费用在整体上相对说来可能并不高,不会存在因为家庭困难而学生不能完成义务教育学习的情况。但是,这种费用支出对于那些少数特殊困难家庭而言,的确是一种负担。尤其是学生参与校外教育活动或者补课,家庭需要支付相应的费用。义务教育阶段的教育费用支出标准,不能按照学生家庭的平均水平来衡量,而应取决于学生群体中最困难家庭的状况。只有这样,义务教育才能覆盖全体人群,才是所有人的福利,才能保障所有人教育权利的实现。尽管我国因经济困难而辍学的学生越来越少,但是不能排除家庭对子女接受义务教育所承担的私人性教育支出之差异。

2. 政府投入

近年来国家推行县域内义务教育均衡发展战略,取得了显著成效和进展。但教育均衡发展只在县域内显然是不够的,必须逐步扩展为全国范围内的均衡发展。因此,在中央和省级层面需要加大对义务教育经费供给能力与水平落后地区的教育经费拨付,由各级政府为每个适龄儿童入学学习提供全方位条件保障。随着国家经济实力逐渐增强,政府必须为义务教育提供更多免费服务或者补贴,如:免费提供在学儿童所需的必要的文具费用,包括作业本、文具、词典(甚至书包)费用等;免费提供在学儿童的午餐费,或者(和)课间营养餐费;免费提供公共的校车服务或者提供适当的交通费补贴;为寄宿制学校的学生提供必要的补贴,以减少因入学而带来的额外支出;免费提供校服或者为困难学生提供适当补贴;免费为每个儿童提供安全保险保障;等等。

所以,在追求高质量义务教育发展中,各级政府必须协同增加教育经费的投入,保障每个学生都能享有公平的受教育机会和受教育服务。在追求均衡的基础上,推进教育公平,关注面向每个个体的教育公平。

3. 均衡程度

当前,国家教育发展的不充分、不均衡是显而易见的。实现县域内义务教育均衡发展只是实现教育公平的开始,要在更大范围内实现义务教育的均衡发展。在以县为主的义务教育办学体制下,县域间义务教育存在差距是必然的。这种差异体现在各区县对义务教育投入与办学条件标准等多方面的差距与差异。进一步发展义务教育,必须将县域内义务教育均衡发展提升到省域内均衡发展水平,之后在更大范围内(直至全国)实现义务教育均衡发展。

为此,首先要在省级层面促进省域义务教育均衡发展。各个省级政府要在本省各地区范围内实现义务教育的整体均衡发展,规划和统筹本地区义务教育发展,既不能压制那些经济高度发达的区县在发展义务教育方面的积极性,也不能忽视那些人口多而经济基础稍显薄弱的区县在发展义务教育上的困难。可出台考虑确保义务教育均衡发展的省级标准,以实现省域内义务教育均衡发展。在法律层面将均衡发展义务教育的责任明确到省级地方政府,建立提升义务教育均衡发展水平的新体制机制;在省级层面制定义务教育均衡发展标准,以地方法规的形式明确各方责任,加强省级政府在义务教育发展上的责任,使义务教育发展在省级层面拥有更多保障。这就要求在省级层面建立义务教育发展标准化体系,包括:义务教育学校校园设施与教育教学设施上的统一配置,尤其是新建学校;规范义务教育阶段教育投入标准,尤其是学校日常运行的办公经费标准、学生的生均经费标准和教师工资水平标准等各个方面;确立每所义务教育学校教师配置的标准,保障教师的正常流动与队伍的稳定建设。

在省域义务教育均衡发展的基础上,再追求实现全国义务教育均衡发展,这必然是中国义务教育现代化发展的最高任务。

三、教育质量

2016年3月,时任教育部长袁贵仁明确表示,经过中央决策,“十三五”期间,中国义务教育仍然为九年。显然,义务教育发展不能只是简单的将义务教育年限延长,当前更需要关注义务教育发展的质量问题。《2020年全国教育事业发展统计公报》显示,全国共有义务教育阶段学校21.08万所,招新生3,440.19万人,在校生1.56亿人,专任教师1,029.49万人,九年义务教育巩固率95.2%。小学学龄儿童净入学率99.96%。初中阶段毛入学率102.5%(图1-1)。① 很显然,这些数据显示出我国义务教育发展数量的高水平。

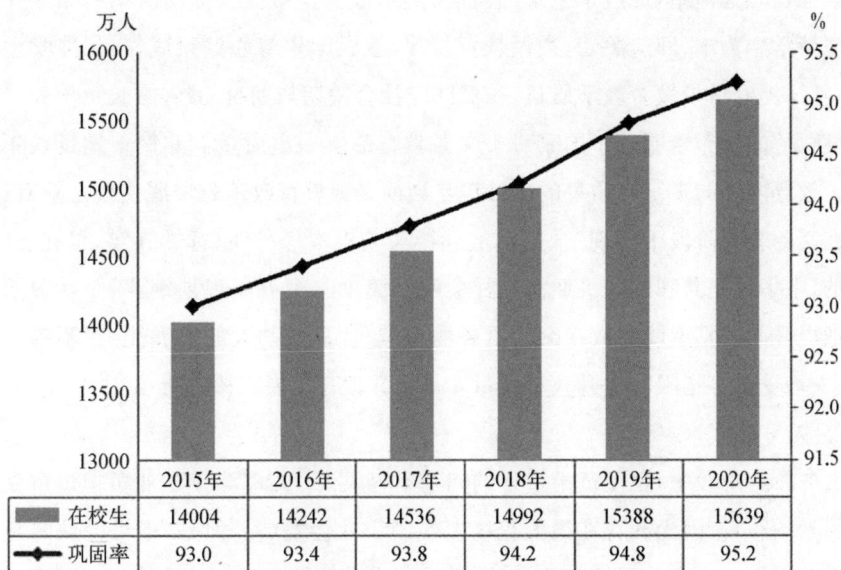

	2015年	2016年	2017年	2018年	2019年	2020年
在校生	14004	14242	14536	14992	15388	15639
巩固率	93.0	93.4	93.8	94.2	94.8	95.2

图1-1 2015—2020年全国义务教育在校生和巩固率

1. 学习负担

在迈向教育现代化的过程中,提升义务教育质量具有丰富的内涵。高质量不只体现学生学习分数与成绩,还应该包括学生学习的参与度和体验感、品德和情感发展、兴趣与潜能发展、权利与意识的形成等各个方面。由此可见,当前义务教育中明显存在重知识传授(甚至灌输)与技能培养(或者训练)的功利主义取向,存在儿童在校时间长、学习负担重、学习困难者增多、个人隐私得不到保护、校园欺凌增多等现象;义务教育教学活动中,普遍缺乏对学生的尊重、缺乏学生的主动参与,缺少儿童世界的游戏体

---

① 教育部.2020年全国教育事业发展统计公报[EB/OL].[2021-8-27].http://www.moe.gov.cn/jyb_sjzl/sjzl_fztjgb/202108/t20210827_555004.html.

验,儿童接受义务教育承载了诸多超越儿童本身需求的要求与期待。这些都是当前义务教育在质量上存在的"疾病",需要予以正视和改进。

2021年2月,中共中央办公厅、国务院办公厅印发《关于进一步减轻义务教育阶段学生作业负担和校外培训负担的意见》,"意见"直面义务教育阶段影响教育质量与儿童教育的问题,提出了深化义务教育领域改革的整体部署,旨在强化学校教育主阵地作用,深化校外培训机构治理,坚决防止侵害群众利益行为,构建教育良好生态,有效缓解家长焦虑情绪,促进学生全面发展、健康成长。"意见"提出的第一条工作原则就是坚持学生为本、回应关切,遵循教育规律,着眼学生身心健康成长,保障学生休息权利,整体提升学校教育教学质量,积极回应社会关切与期盼,减轻家长负担。

"意见"的发布也明确了国家对于义务教育的发展重质量而非简单地延长年限的决策。教育内涵的丰富与质量的提升仍是当前义务教育改革与发展主线。只有这样,才能在义务教育阶段中实现"全面落实立德树人根本任务"目标。其实,早在2016年出台的《中华人民共和国国民经济和社会发展第十三个五年规划纲要》中就曾明确强调,"把提升人的发展能力放在突出重要的地位"。显然,"人的发展能力"不等同于传统的"人均受教育年限",提升教育质量才是义务教育发展的核心所在。

2. 提高质量

义务教育阶段中,学生负担过重的问题不容忽视。尽管学生学业负担过重受诸多外部因素的影响,因为教育在很大程度上受制于社会发展。但是,不可否认的是义务教育中教育教学内容体系及其要求,同样是造成学生学业负担过重的一大因素。在难以改变外部影响因素的同时,教育自身就需要为减轻学生学习负担而作出努力。

在教育普及化的背景下,在终身教育理念已经演变为发展实践、学习型社会正在大力推进的过程中,义务教育在课程与教学的内容方面,需要更多地考虑儿童自身的特点与需求。义务教育阶段应该成为儿童快乐成长与幸福生活的重要阶段,而不是一个没有游戏、没有童年的"苦难"经历。义务教育要让儿童在学有所成的同时感受和收获快乐与幸福。义务教育发展需要更加注重儿童的存在、发展与幸福,而不应成为管制、说教、规范儿童天性、个性和品行的工具。游戏可以成为义务教育学校课程的一个方面,儿童参与也应该成为学校活动的主要要素。

但是,我国义务教育存在的高度统一,包括统一的课程标准、教学要求、教师配置与办学条件等,没有全面考虑到如何提供给每个儿童最合适的基本教育或者义务教育。同时,在学校实践中,如何给儿童尊严、个性和自由发展与培养同样没有得到足够的关注与有效支持。换句话说,当前强制而统一的义务教育,在某种意义上,与每个儿童的全面发展、健康发展、个性发展以及终身发展等新要求之间存在差距。

2019 年《中共中央国务院关于深化教育教学改革全面提高义务教育质量的意见》出台,"意见"首次将提高教育质量作为义务教育发展的目标,这足以反映出政府对于义务教育发展质量的认知与要求。该文件还明确提出:"义务教育质量事关亿万少年儿童健康成长,事关国家发展,事关民族未来。"

> 树立科学的教育质量观,深化改革,构建德智体美劳全面培养的教育体系,健全立德树人落实机制,着力在坚定理想信念、厚植爱国主义情怀、加强品德修养、增长知识见识、培养奋斗精神、增强综合素质上下功夫。坚持德育为先,教育引导学生爱党爱国爱人民爱社会主义;坚持全面发展,为学生终身发展奠基;坚持面向全体,办好每所学校、教好每名学生;坚持知行合一,让学生成为生活和学习的主人。

3. 儿童学习

面向儿童的义务教育,必须基于儿童立场,面向儿童世界,促进儿童发展。国际教育界提出的以儿童为中心的教育,与当前我国政府提出的"坚持以人民为中心"的要求,是完全一致的。义务教育的内部改革,包括教育目标、课程设置、教学形式与教育评价等各个方面,都需要回到以人为本的立场。必须用新的儿童学习观引导儿童主动学习与丰富儿童学习内容,让义务教育阶段成为儿童生活与发展的基础。

从教育到学习是现代教育发展的新动向,而学习的含义也因此发生着变化。程介明教授在《重新解释学习》的报告中指出:学习是人与外部世界产生意义;学习是学习者主动的知识建构;学习是有效的理解;学习是做和使用过程中发生的重要经验;学习在团队中最有效,协作学习是最有效的学习方法;不同的人有不同的学习。[①] 这种对学习的重新解释,有助于我们思考义务教育中儿童学习及其质量问题。

第三节　高中教育发展的议题

随着我国学前教育的大发展和对普通高中普及发展的推进,是否将学前教育或者

---

① Kaiming Cheng. Reinterpreting Learning［R］. Education Research and Foresight Working Papers，UNESCO，2014.

高中教育纳入义务教育体系中,成为社会关注的焦点,这也引起了政府与学界的关注。进入教育发展新阶段,这一议题是否需要考虑呢?这里暂不讨论,而是基于前文对义务教育发展的分析,探讨我国普及高中教育的一些关键问题或者议题,为深入思考高中发展与普通高中发展提供基础。

一、收费与免费

国家教育事业改革发展的巨大成就,首先是政府优先发展教育事业的结果,尤其是教育政策的支持与教育经费的投入。鉴于是与义务阶段教育进行比较,这里就我国高中教育发展基本特征予以论述,这些特征是规划和指导普通高中改革发展的依据。

高中阶段教育不同于义务教育。义务教育通常是基于必需的基本教育而言,从初等教育开始,都与教育的"级别"有关,而并不关注"类别";义务教育与传统的三级教育(即初等、中等和高等教育)之间的关系是不断变化的。由于我国常常将义务教育与普通高中教育纳入基础教育的范畴,很多人往往把基础教育看成是义务教育,由此导致了将普通高中教育看成是义务教育的自然性延伸,并因此产生了普及高中教育就是实现高中义务教育的认识。

义务教育意味着免费教育,但普及高中教育并不等于免费,当然,也并不意味着一定要收费。普及高中教育在很大程度上是政府的责任,国家也将受益,政府提供免费的高中阶段教育并不是不应该,而是要以经济发展为基础,随着我国经济的不断发展与壮大,免费的高中教育也是有可能的。例如,目前,我国中等职业教育在农村已经实现了免费,但在一些城市仍然收费;而普通高中教育则不论农村还是城市都坚持收费,不同地区、不同学校之间,在收费方面也有诸多差异。

这种普通高中教育的收费政策在实践中并没有出现很大的问题或者挑战,它具有一定的可行性。加快高中阶段教育发展完全可以沿用当前这种收费政策。通过合适的收费政策,实现适当的教育选择、合理的教育扩展和有效的教育创新,推动整个高中阶段教育的可持续发展。

当前,在我国,无论政府、社会、学校还是民众,在对待职业高中与普通高中方面普遍存在着这样的理解:中等职业教育是面向就业的(尽管现在也有升入高职院校的通道),为了安置那些学术性考试成绩低的学生,他们将来会因为学历低而收入较低;普通高中是在为大学培养人才,招收的是学术性考试成绩高的学生,他们以后将继续接受高等教育并将获得高报酬的职业。所以,现在就要对就读职业教育的学生予以关怀,通过资助、免费或者少收费的方式,吸引学生进入中等职业教育或者"安抚"那些心有不甘的学生。这种"收费"或许能够在一定程度上影响高中阶段教育中的普职分流,但其本质却是对教育的错误理解。

从服务于学生发展的角度看,职业学校与普通学校的作用是一样的。目前这种简单的"免费"措施,却进一步强化了人们对职业教育价值的负面印象。要大力发展中等职业教育,要使社会对职业教育树立正面的、积极的认知,吸引学生参与到中等职业教育中,就需要职业教育自身努力,需要全社会对与职业教育相关工作有新的、全面的认识,只是依赖"免费"入学,显然是不够的。诸多事实证明,期望通过"收费"这一市场经济手段去满足与平衡高中教育的各种需求,显然是不现实的。因此,在普及高中阶段教育的过程中,需要有趋于一致、更加平衡、更为合理的教育收费政策。

高中阶段教育必须充分考量免费与收费之间的关系问题。在当前社会经济发展水平下,实现免费的高中教育似乎并不现实,也没有必要。所以,在不实现免费的情况下,"如何收费"则是高中阶段教育发展的优先议题之一。

二、类型与等级

各级各类教育都必须有自身的定位,而且相互之间要形成一种系统的体系,需要从个体成长、人才培养与国家要求等多角度科学地界定各级各类教育之间的关系。高中阶段具有自身独特的办学定位,它与义务教育的办学定位是不一样的。实施普通教育与职业教育是现代高中教育的双重任务。在实践中,我国选择采用双轨制的学校体系来完成高中教育的双重任务,即举办普通高中学校与职业高中学校,这两类学校均自成体系,并分别代表普通高中教育与职业高中教育。这种制度体系在高中教育发展不充分的阶段具有实践价值意义,前者为大学选拔人才做准备,后者为准备就业的劳动力市场做准备。但如果按照义务教育的发展思维,高中阶段教育的"双重任务"目标或者"双轨制"高中学校体系,则面临着重构的压力。

必须意识到的是,不同类型的教育,如高中教育阶段与高等教育阶段,都有着相互融通与相互合成的必要性与可能性。尤其是随着现代社会对人才培养的新要求、高中与高等教育阶段普及化以及学习型社会与终身学习的践行,普通教育与职业教育之间的贯通、互通、融通,正在不断发展与实现。

作为普及化高中教育,不论是普通教育还是职业教育,或许它们在教育目标、教育内容以及教育方法等方面有差异,但也都是为年轻人提供发展的场所,都是为学生在学术性目标、职业性目标、社会性目标（包括公民与文化方面）以及个人目标方面奠基。当然，当前人们（包括政府）对这两类学校的认知与定位是有偏差的，认识是不一样的。

履行高中阶段教育的高中学校需要超越普通教育与职业教育不能相通的教育认识与学校定位。其实，普通教育与职业教育之间是相通的，当下普通高中学校的学生与职业高中学校的学生一样，最终都需要进入职业的工作世界，为社会发展做贡献。或许普通高中与职业高中学生未来进入职业世界的职业性质有差异，但是在一个尊重每个个体及其劳动的社会中，职业虽有分类，但每个职业及其劳动者都应受到同样的尊重，个人的工作收入与社会地位不能因其接受的是职业教育或者普通教育的经历而改变。在知识经济形态的社会中，决定劳动者价值的关键因素已经从传统的拥有多少知识，转向了是否有创新的素养，已经实现了从学历水平到实践能力的转变。在当今社会经济日益发达的情况下，教育对于个体的价值意义，并非只局限在为职业工作（甚至高收入工作）而做准备，还在于使个体在教育活动中获得享受、体验与积累。无论是普通高中学校还是职业高中学校而言，都应该正视和借鉴上述改革发展取向，并转化为学校改革发展的实践，培养出时代需要的新人。

当前，高中阶段教育还存在学校分等级的现状，甚至有越来越严重的趋势，这在普通高中学校和职业高中学校中都存在，这就是以往的重点学校体系。这种等级制在学校办学条件、学校经费水平、学生招生与教师队伍建设等方方面面都有不一样的规定与要求。等级制学校是我国高中教育发展的一个特点，但不能将等级制学校与优质教育或者优质学校直接联系；"重点中学"与其他"普通"高中相比，高考成绩与升学率有明显优势，但这并不等于说这些"重点中学"就是"好学校"，而"普通"高中就不是优质学校，更不能说"职业中学"是"差"学校。需要综合地、全面地审视与评价高中学校的办学水平。

普及化高中教育，旨在满足每个个体发展的学习需要，每一所高中学校都可以成为学生发展的优质学校。如何在不同类型的高中教育（即普通教育与职业教育）、不同等级的高中学校（如示范学校与非示范学校）的格局中，对这些学校进行合理定位与科学评价，已经成为当前普及高中阶段教育中遇到的重大问题，也同样是高中多样化发展（不只是普通高中多样化）的关键性影响因素。这将涉及高中阶段教育系统本身的改进和创新，关系到高中阶段教育体系可持续健康发展。

三、普及与均衡

随着国家教育普及化程度的大幅提升,均衡与公平发展已成为我国教育发展的重要取向,这不仅是义务教育发展的需求,也正在成为我国高中教育普及发展的方向。当前,我国高中阶段教育发展中存在的普通高中与职业高中之间、城市与农村之间、地区之间以及学校之间发展不均衡的情况还比较普遍地存在,这种不均衡不仅影响了普及化发展,也影响着教育公平与教育质量的全面提升。

我国义务教育采取了先普及再关注公平的发展路径,实现教育公平是义务教育普及提升阶段的任务。当前,加快普及高中教育的条件形势与当初全面普及义务教育的情形已经完全不一样了。教育公平已经成为社会公正的重要表现之一,加快推进高中阶段教育普及发展,显然不能遵循之前义务教育先普及再考虑公平的发展路径。随着社会对教育普及化发展与教育公平发展理念的全面传递与普遍接受,加快推进高中阶段教育普及化发展,不仅是高中教育规模的扩大与巩固,而且包含着高中阶段教育均衡而公平地发展的要求。

在我国当前基础教育办学制度体系下,发展基础教育的责任在地方,普及义务教育是以区县为主,但高中教育发展的责任主体存在差异。全国各地方高中教育的办学体系与管理体系在各省区市之间并不一致,而是与前文提及的"分类"与"分等"有关,更是与省、市、县三者在发展高中阶段教育上的责任关系不够合理有关。纵观当前我国高中教育发展的进展,全国加快普及高中阶段教育的重点与难点在于:如何实现普通高中与职业高中的协同发展,如何促进中西部经济欠发达地区的高中发展,以及如何提升广大农村县级高中教育的发展。

我国高中阶段教育中,高中学校有"分类"与"分等"区分,实施的是以"分数"为依据的高中招生,明显没有考虑如何尊重广大学生的兴趣与愿望。只是唯分数地将学生配置于各个学校中,而不是合理地安置到各自所合适的学校,导致存在较为明显的人为的"分类"或者"分等"现象。这不是尊重选择与发展基础的自然"分流",与以人为本的科学发展观不一致,同样与真正的教育公平理念不符合,也因此导致了高中学校与高中教育的发展不公平与发展不均衡。如何处理好高中阶段教育中普及发展与均衡发展(或者说公平发展)之间的关系,是当前我国高中阶段教育发展政策的重要事项之一。

2021年10月,中共中央办公厅、国务院办公厅印发了《关于推动现代职业教育高质量发展的意见》,要求各地区各部门因地制宜、统筹推进职业教育与普通教育协调发展,大力提升中等职业教育办学质量,促进不同类型教育横向融通。

2021年12月,教育部、国家发展改革委、财政部等九部门联合印发了《"十四五"县域普通高中发展提升行动计划》,针对一些地方县中发展还存在着生源和教师流失比较严重、基础条件相对薄弱、教育质量有待提高等突出问题,提出了县中提升计划的总体要求,其中包括指导思想、基本原则、发展目标等。文件明确提出:

> 促进协调发展。统筹谋划市域内县中和城区普通高中发展,积极扩大县中优质教育资源,加快缩小市域内普通高中办学差距。

> 到2025年,县中整体办学水平显著提升,市域内县中和城区普通高中协调发展机制基本健全,统筹普通高中教育和中等职业教育发展,推动全国高中阶段教育毛入学率达到92%以上。

显然,普及与均衡是当前我国高中阶段教育发展的基本特征。基于全国范围内的高中阶段教育的普及与均衡发展,要强化各级政府的职责所在,中央对地方政府有行政性指令,各级地方政府要结合本地实际合理分配责任,均衡要从县域、市域甚至省域的范围提升为全国,中央政府必须充分考虑如何支持经济欠发达的中西部加快发展有质量、有保障和有特点的高中阶段教育体系,尤其是农村地区的高中教育发展,而不能急于要求各地方提高指标、赶进度、抢速度、上规模地"速成"普及。当前,要以"县中提升计划"为抓手,发挥中央和省级政府的统筹、协调和支持作用,真正使高中教育普及发展呈现出有保障的均衡发展,进而提升普及质量、提升高中教育质量。

在当今知识经济背景下,科学技术发展对现代社会生产及其职业工作技能提出了新要求,现代产业和企业职工的基本能力与基本素质正在发生变化,传统教育已经越来越不适应现代企业和产业发展的需求。注重分流、差异、选拔的高中教育,将为个体全面、特长和终身教育发展发挥重要作用,这与义务教育强调公正、公平、均衡等要求有显著差别。

在教育成为终身教育、学习成为终身学习、社会成为学习型社会的新形势下,包括基础教育在内的整个学校教育体系都到了革命性重建的新阶段。作为基础教育的普通高中教育不再是选拔式的教育,而是面向每个人的教育;学习目标不应局限在追求

"升学""考试"的"胜出",学习过程、学习体验与学习结果都同样重要。教育要增强每个人的获得感、幸福感和成就感,要培养和提升个体不断学习的内驱力与有效学习的技能,这是教育现代化应有的重要思想之一。面对未来,高中阶段教育发展必然朝向惠泽面更广、育人质量更高的道路迈进,聚焦指向育人方式改革的高中阶段教育普及,在后普及时代走出高中阶段教育高质量发展的中国道路。

第二章　国际高中发展寻觅

　　本章分析国际上高中教育的改革与发展,旨在了解和借鉴国际上关于高中改革与发展的实践和观点,为加快我国普通高中学校改革发展寻找一些启示与参照。

➢ 美国高中普及与发展研究显示,高中普及要求学校必须改革;国际组织大力呼吁,在迈向知识经济社会的过程中,高中教育体系需要重新定位。

➢ 高中教育国际发展呈现,高中教育需更加注重培养学生基本素养,关注就业与升学,将课程改革作为主要抓手,高校招生方式日趋多元和多样。

➢ 四所国际知名高中学校案例表明,这些培养精英的高中学校都有各自独特的办学思想和办学方式,共同之处在于体现学生为中心的办学思想与实践。

第一节　高中发展的国际文献

　　在全球化背景下,教育改革与发展是全球需面对的共同议题。尽管存在国家制度、经济发展水平、社会文化传统以及教育发展水平之间的差异,但各国各地区在教育改革与发展上的相互交流与借鉴是必要的。"开放"是新时代中国特色社会主义建设的重要战略之一。了解国际上高中学校发展的现状及其趋势,有助于我国更好地架构和设计普通高中学校改革。在教育普及化进程中,高中教育的改革与发展始终得到了国际社会的关注和重视,而且也逐渐形成更多的共识。在研究高中教育与高中学校发展上,有诸多研究文献值得关注,重视这些文献有助于促进当下对高中教育改革与发展的重新思考。

一、改革高中

20 世纪 80 年代在美国教育界有两份极其著名的报告。一份是众所周知的《国家在危机中》，这是全美卓越教育委员会的报告。该报告站在美国国家发展的战略高度，回应美国社会普遍关心的"教育问题是什么"，这一报告被认为是美国 80 年代国家教育改革的关键事件。另一份则是并不为人知晓的报告——《一个被称为学校的地方：未来的展望》(*A Place Called School: Propects for the Future*)，这是美国著名教育研究者古德莱德(John I. Goodlad，又译古德拉)撰写的，该报告是基于他组织实施的学校教育研究项目，涉及全美 7 个州 13 个社区 38 所学校（以社区为研究单位，包含小学、初中和高中各一所），经过长达 8 年(1976—1984)的观察研究而成。1984 年此书首次出版，2004 年全新再版。其间，这份资料丰富、观点鲜明的研究成果，不仅得到了学界的广泛认可，而且对于美国学校改革与发展产生了影响。与《国家在危机中》形成呼应，《一个被称为学校的地方》回答了美国中小学学校中存在问题的根源，并提出了解决这些问题的对策与建议。

学校是教育改革与发展的基础和关键。在古德莱德实施的学校教育研究项目中，研究团队深入到一线学校，直接观察了 1 016 个班级，调查访问了 1 350 位教师、8 624 位家长和 17 163 位学生，运用定性与定量相结合的研究方法收集并梳理了所获得的各种资料，最终在《一个被称为学校的地方》这本书中回答了关于学校发展的以下内容：

第一章　我们能够经营出有效能的学校吗？

第二章　我们需要全面的教育

第三章　超越学术知识

第四章　在教室里

第五章　获取知识的机会

第六章　教师与教学环境

第七章　学校与课堂在教些什么？

第八章　相同却有不同

第九章　改进现有的学校

第十章　超越我们现有的学校

看到这个目录,或许就可以了解到作者在书中所要介绍的主要内容和表达的主要观点。教育改革发展必须建立在学校可持续且有效的发展的基础上,没有科学的学校发展,教育改革与发展势必难以落实。基于是讨论普通高中学校发展的主题,这里介绍一下古德莱德在书中所提出的主要论断及其内容。

在教育普及的过程中,学校发展需要重新定位。由此,古德莱德在研究中提出了十大研究主题:学校功能、学校在学生生活中的相关性、教师如何教学、教学的相关条件、课程及其评价、为学习提供的资源分配、平等、隐性课程、满意度和数据的需求等。古德莱德认为,学校是教育改革的基本单元,学校需要自身有能力进行自我更新(renewal);同时,学校发展也需要得到大众的关怀(caring),而不只是家长。这些研究主题为我们思考学校发展和学校改进提供了框架。

古德莱德认为,在知识社会中,我们需要全面的教育,要明确更加清晰的学校教育目标。他在书中详细阐述了美国学校教育目标体系的四个方面和10条内容。这四个方面就是:(1)学术目标;(2)职业目标;(3)社会、公民和文化目标;(4)个人目标。随着现代教育的发展,尤其是教育普及水平的不断提升,学校教育的目标也需要适应学生及其家长的期待及其变化。古德莱德强调指出,在这种新目标情形下,政府更需要聆听和了解学校的现状,而不能急于快速地改变。

古德莱德认为,家长都希望自己被看成独特的个体,是"人(person)"也是"学习者(learner)",需要学校提供照顾和关爱。学校教育需要"超越学术知识",而目前的教室、课堂都是令人失望的,缺少人性化的过程,这需要教师个人提高关注,也需要教学法的改变。

学校是不同的,课堂也是不同的。在如何发挥教师在学校发展中的作用、如何建立有助于教师教学的内在环境、确立适合学生需求的课程与科目、促进学校的改革与改进、实现超越现有的学校等方面,古德莱德都有比较鲜明的观点和建议。他认为,需要重新思考学校整体教育体系,认识科技发展,面对工作世界,设立第四学校阶段和迈向教育社区。

审视当前我国基础教育领域改革与发展的现状及其问题,对比古德莱德的学校教育研究所得出的结果和观点,对于我们思考当下的高中教育改革与学校发展非常有参照意义,也有着重要的学术价值。

二、衔接大学

20世纪40年代,美国中等教育开始迈入普及化阶段。可是中等教育的普及,带来了诸多新问题，包括美国中学与大学的关系、中学的目标定位等核心问题。1945 年美国哈佛大学组织各界专家，撰写了《自由社会中的通识教育：哈佛委员会报告》①（*General Education in A Free Society: Report of Harvard Committee*），俗称《哈佛通识教育红皮书》》，这是美国教育史上的经典著作。这本书主要是在讨论高等教育发展问题，但其中也关注了中等教育的问题，同时指出了中等教育发展的方向。

哈佛大学校长詹姆斯·B·科南特（James Bryant Conant）在该报告的序言中指出，该报告适合的读者首先就是"关注中等教育问题的专家"。这里不妨摘录该报告中的一些观点：

> 高中所面临的最艰巨任务是，如何尊重众多学生在智力、背景、家庭、兴趣及期望等方面的差异，并制定相应的方案。过去的高中，如果学生不能够或者不愿意学习，他们不会被强迫留在学校里。而现代高中必须为所有学生找到合适的位置，无论其意愿和天分如何。它应在合理的范围内使用来适应每个学生的需要。

> 高中的任务就不仅仅只是把聪明的孩子变成最好的，它至少同样是为（从数量上讲，甚至更多的是为）普通孩子扩展眼界和见识，使他们和他们的下一代在成功的道路上少遇到一些困难。

哈佛大学的专家们之所以提出这些观点，是因为当时美国高中"本身的爆炸性扩展和发生在校外的同样具有爆炸性的变化"。这就是当时美国免费教育以及社会城市化和工业化的发展，对教育尤其是高中教育提出的新要求。社会希望教育能够同时实现"向有能力的人提供舞台，给普通人提供机会"这两种目标，作为高中教育更需要如此。

如果认真比较当时的美国社会及其教育与当下的中国社会及其教育，不难发现二者之间有着诸多的相似之处。当时美国中等教育发展中的这些问题与当今我们普及高中阶段教育的情形非常相似。因此，这份经典报告提出的观点和建议值得我们学习和借鉴。

我国已经进入高等教育普及化发展的新时期，高等教育普及化时代的人才培养目标与早先精英化阶段或者大众化阶段的人才培养目标自然是不一样的。而且，当前高

---

① 哈佛委员会. 哈佛通识教育红皮书[M]. 李曼丽，译. 北京：北京大学出版社，2010.

等教育多元化体系已经形成,高等教育领域的人才培养目标也正在发生变化。学者乌利希·泰奇勒的《比较视野中的高等教育与不断变化的工作要求》一文,在论述变动世界的基础上,指出高等教育与工作世界之间的关系也正在发生变化,职业世界对毕业生的工作要求强调一般的能力和灵活性,具体就是:

灵活性;

能够并愿意革新、具有创造性;

能够应付不确定性;

对终身学习感兴趣并为此做好准备;

具备社会意识和交往技能;

能与团队一起工作;

愿意承担责任;

能理解不同的文化,为劳动力市场的国际化做准备;

掌握多门涉及不同学科的一般性技能,掌握构成各种专业技能的基础知识,比如新技术方面。

为此,作者认为,在关于"通才与专才"的问题上,"前者在今天看来更加流行",理由就是:一是专业知识的老化比过去更快;二是越来越多的职业及其岗位没有明确的区分标准,而是以不同学科的知识为基础的;三是积极地不断变化,高等教育难以及时应对和满足各种工作需求,一般性的能力与灵活性更能适应岗位。[①]

很显然,当代高等教育发展已经开始注重基本能力或者说一般性工作能力的培养,强调多学科的知识与视野,强调学生未来的继续教育与终身学习。通识教育被更多的高等学校认可并实施。

这对于当前我国普及化的高等教育改革而言意义重大,而且对于我国普及化的高中教育发展而言,同样意义非凡。高中教育如何衔接高等教育?需要或者要求在人才培养目标中实现高中教育与高等教育的贯通。这种对一般性和灵活性的能力要求,要求高中教育需注重和加强学生的必备品德、关键能力和核心素养的培育与养成。

---

① 玛丽·亨克尔,布瑞达·里特.国家、高等教育与市场[M].谷贤林,等,译.北京:教育科学出版社,2005:61-82.

三、国际呼吁

联合国教科文组织是当今世界上最有影响力的国际性教育组织,号称"智慧实验室",曾发表过很多有影响力的研究报告,其中就包括中等教育改革与发展的主题。

2005 年,联合国教科文组织发表了题为《中等教育改革:迈向知识获得和技能发展的融合》(*Secondary Education Reform: Towards a Convergence of Knowledge Acquisition and Skills Development*)的报告,全面介绍了该组织对中等教育改革的看法,其中还罗列了近年来全球达成一致的观点:①

> 中学教育是为生活做准备,应该反映 21 世纪未来的现实,在持续学习和工作世界之间实现无缝衔接。

> 教育应采取"非功利主义"的方式,为受教育者福祉、自我实现感和融入社会作出贡献。

> 政府部门、非政府组织、当地社区和各行业多部门的参与方法,对于成功实施这种教育至关重要。

> 普通中等教育(GSE)和职业技术教育与培训(TVET)改革举措不应各自独立进行。它们应该是促进架构普职之间的桥梁和形成个人终身学习。

> 职业教育和学术教育之间需要有更大的灵活性,包括相互间的资格认可。

> 中等教育不应强调所谓学术科目和职业科目之间的差异,而需注重这些科目之间的联系与相互依赖性。

> 重要的是在普通教育的背景下确保年轻人开始接触技术和工作世界。应在 12 至 14 岁的学习课程中引入真实技术培训。

> 普职分流应尽可能延后(至少 14 岁以后),以使他们具备扎实的共性的基本知识。

> 在普通教育与职业技术教育之中,确保性别平等,重点是将女性都纳入其中。

> 应为学习者提供教育与职业选择上的指导与咨询服务,帮助他们作出决策。

---

① UNESCO. Secondary Education Reform: Towards a Convergence of Knowledge Acquisition and Skills Development[R]. Paris: UNESCO, 2005.

> 职业技术教育应该是自由而主动的选择，与普通教育一样具有有价值的和有效的可选、平等的教育形式。

> 作为职业技术教育课程的一部分，需要更加重视职业和语言学习。

> 教师的新角色（尤其是作为促进者），教师的地位、诚信和承诺对于成功实施生命技能教育至关重要。

> 职前教师培养和在职教师培训的质量都至关重要。

> 职业技术教育领域的所有教师，包括教授实践技能的教师/培训师都是教师职业不可分割的一部分，应该拥有与普通教育领域教师一样的地位。

> 更多地承认教育领导者在成功推进教育机构变革和质量提升方面的作用。

> 要确保大学等群体接受职业教育可能是认知上复杂且有价值；职业教育项目的成功是应该有助于学生转移到学术领域。应该建立更多提供更高文凭的中等职业教育后机构。

可见，该报告对当代中等教育发展的诸多问题及其观点进行了系统地梳理，表达了业已取得共识的一些主要观点。这些观点对于当前我国发展中等教育，尤其是普及高中阶段教育同样具有启示作用。

该报告认为，从当今社会经济发展的现状出发，高中教育应该为学生适应知识经济时代的现代生活做准备。要基于一种通识教育的理念，将高中阶段教育视作教育系统中的一个有机部分，而不是单纯地为高等教育或者就业做准备。

这些观点对于我国加快普及高中阶段教育不仅具有理论思考的学术意义，更具有政策导向的实践价值。

2015年，《变革我们的世界：可持续发展2030议程》被联合国全体成员国认可，它从经济、社会和环境三个方面提出实现人类可持续发展，确立了17个可持续发展目标（SDGs）。其中，与教育相关的SDG 4是"确保全纳而优质的教育，促进全民享有终身学习机会（ensure inclusive and equitable quality education and promote lifelong learning opportunities for all）"[1]。

在此背景下，联合国教科文组织与联合国儿童基金会、世界银行、联合国人口基金会、联合国开发计划署、联合国妇女署、联合国难民署等国际机构于2015年5月在韩

---

① United Nations. Transforming Our World: The 2030 Agenda for Sustainable Development[EB/OL]. https://sustainabledevelopment. un. org/post2015/transformingourworld.

32

国仁川举办了世界教育论坛,160 个国家 1 600 多名代表与会,大会发布了《教育 2030：仁川宣言和行动框架》(*Education 2030 Incheon Declaration and Framework for Action: Towards Inclusive and Equitable Quality Education and Lifelong Learning for All*)①。同年,UNESCO 发布《反思教育：向"全球共同利益"的理念转变?》,重新阐述了对教育发展的认知②。

《反思教育》是联合国教科文组织基于当前全球发展及其教育发展的新形势和新变化而提出的观点,是该组织在 20 世纪 70 年代发布《学会生存：教育世界的今天和明天》(即"富尔报告")与 90 年代发布《教育：财富蕴藏其中》(即"德洛尔报告")的延续,这既是对以往国际教育改革发展运动与实践的回顾和反省,也是对新形势下国际教育改革与发展趋向的思考和重新定位。报告认为,当前全球发展及其教育格局正在发生变化,全球学习格局正在建立,尤其是全球变化对教育发展产生着直接影响,包括全球经济发展、科技发展、人口流动和全球治理体系等因素,这就要求我们重新认识教育与学习的价值作用和组织方式。为此,这一报告阐述了四方面的内容。

第一章,在可持续发展和社会可持续发展的进程中审视教育。报告认为,全球社会变革产生了显著变化(趋势、张力和矛盾),出现了新的知识前景,强调探索实施人类福祉的其他办法,要承认世界观和知识体系的多样性,以及相应的世界观和知识体系。很显然,这章内容关注外部世界对教育的新要求。

第二章,重申人文主义方法。报告认为,要在最新的伦理和道德基础上采取综合性方法,使教育具有包容性,不再制造不平等;教师和学生都需要批判精神和独立思考能力,摆脱盲从,在知识社会中发挥作用。

第三章,集中讨论复杂世界中的教育决策问题。报告明确指出,当前教育与就业之间的差距正在日益扩大,需要广泛认可各种形式的学习活动。关注互联网时代的公民教育和全球化背景下国家教育决策的困难问题。

第四章,再次对教育与学习提出了思考和建议。报告认为,教育政策与教育治理要更多地关注受教育者的权利,关注教育作为公共服务的原则。在教育决策上,要关注知识与人们掌握与运用知识的能力。报告认为,教育与知识都是全球的共同利益,应将教育作为公共利益对待。

---

① UNESCO. Leading SDG4 - Education 2030[EB/OL]. https://en. unesco. org/education2030 - sdg4.

② UNESCO. Rethinking Education：Toward a global common good? [EB/OL]. http://unesdoc. unesco. org/images/0023/002325/232555e. pdf,2016 - 5 - 26.

这份报告再次凸显了教育与社会发展的关系,再次强调了教育之中人(教师与学生)的权利与发展,在一定程度上超越了传统人力资本理论的束缚。这份报告的发布对整个国际社会都产生了影响,尤其是世界各国谋划面向 2030 年的教育发展时。

就高中教育发展而言,既要面对全球经济发展的劳动力需求及其要求,又要面向个体自身发展的基本要求,这种基本要求也是变化中的现代社会对人发展的本质要求。该报告及其观点对于我们思考高中教育改革与普通高中学校发展具有直接的启示意义。

第二节 高中发展的改革趋势

社会、经济、科技的变化,给全球化世界的教育发展提出了新挑战。诸多挑战是同处全球化时代各国普遍需要面对的,特别是在人工智能迅猛发展背景下的教育目标定位和学习方式变革,其中包括中等教育的改革与发展。中等教育如何面对变化的世界,如何应对科学技术快速发展、经济产业转型和社会变迁带来的挑战,如何应对人口变化与人的发展所带来的新情况,这是整个国际教育界关注的焦点之一。这里归纳了当前世界各国高中教育发展的主要变化、共同趋势与特点。[①]

一、重设目标

教育发展与社会经济发展直接关联。当今高速的科学技术发展正在改变着全球各国人民的生活和工作。高中教育发展面临着各种新形势新情况,研究高中学校改革发展,首先必须思考:当今高中教育的目标究竟是什么? 与以往相比,又有什么变化?

全球化带来的科技竞争加剧,以大数据、人工智能为热点的信息技术发展突飞猛进,迅速改变着人们的工作和生活方式。这为重新从多方面思考教育发展目标定位提供了背景。首先,工作岗位提出新要求。随着人工智能技术的发展,现在的很多工作岗位在不久的将来会被人工智能取代。其次,科技发展使工作和生活的变化速度更快,带来诸多新机遇的同时,也带来了很多新要求,特别是对于适应能力、创新能力等方面的要求更高。再次,科技发展为教育发展方式提供了新的可能。如技术环境支持泛在学习和个别化学习,教育规模的扩充(比如高中教育的普及),全球化进程中种种新问题的影响(如移民问题、环境问题),都让教育理论家、决策者和实践者重新思考需

[①] 本部分由课题组成员郑太年教授提供,详见《中国高中阶段发展报告(2018)》(朱益明主编,华东师范大学出版社,2019 年)。

培养学生的哪些能力与素养。

因此,教育要培养学生的哪些能力与素养,成为人们探索教育问题新的出发点,对于高中教育目标的重新定义自然也包含其中。对此,美国 21 世纪学习合作组织(Partnership for 21st Century Learning)提出了 21 世纪学习框架,重点强调:(1)学习与创新技能;(2)信息、媒体与技术技能;(3)职业与生活技能。其中,学习与创新技能包含批判性思考和问题解决能力、交流与协作能力、创造与革新能力(合称 4C 能力)。[1] 美国私立高中联盟推出的学生综合素质评价新模式则显得更为雄心勃勃。该模式关注学生八个方面的表现:分析与创造性思维;口头和书面表达等复杂沟通能力;领导力和团队协作能力;数字化和量化分析能力;全球视野;适应性、主动性和冒险能力;正直和道德决策力;思维习惯。这一方案得到了包括众多著名大学在内的"入学、资助及成功联盟"的支持,正在从理论立场、评价模式走向评价实践,进而引领高中的变革。[2]

此外,澳大利亚的高中教育中融入了"三大跨学科优先项目"(原住民历史和文化、融入亚洲、可持续发展)和七大"关键能力"(读写能力、运算能力、信息技术能力、批判性与创造性思维、个人与社会能力、道德理解、跨文化理解)。[3]

日本强调高中教育要发展学生"能与具有主体意识的各类人群相互合作的态度及能力,即主体性、多样性和合作性"以及"能够获得知识与技能,自己发现问题,探究解决方法,并且把成果展示出来的能力,包括思考力、判断力和表达力"。这符合当前日本"国家课程改革"的能力目标,即:学习和运用所学于生活的动机;知识和技术能力的获取;思考、判断和表达自我的能力。[4]

概而言之,从全球各国的基础教育,特别是高中阶段教育发展来看,都是将通用性能力作为重点,聚焦自主性、创新能力、合作与交流能力。这些能力超越具体知识,是多领域通用的,也是多维度的(包含了知识、方法、态度等),与高阶技能和行为相关,是应对复杂而真实的问题及现实世界不确定性所需要的能力,是 21 世纪知识社会中个人成功的关键。

① Partnership for 21st Century Learning. Frameworks for 21st Century Learning[EB/OL]. [2019 - 04 - 02]. http://www. battelleforkids. org/networks/p21.
② 柳学智. 美国高中评价学生的新模式:对传统理念、标准和方法的变革[J]. 中国考试,2018(04).
③ The Australian Curriculum, Assessment and Reporting Authority (ACARA). Senior Secondary Overview [EB/OL]. [2018 - 12 - 14]. https://www. australiancurriculum. edu. au/media/3627/ss_info-sheet_overview. pdf.
④ 徐兆兰. 日本高中与大学衔接体系改革及其借鉴意义[J]. 当代教育科学,2018(01).

教育的时代性要求在高中教育的改革中表现在聚焦于自主性、创新能力、协作交流能力、批判性思维等技能与素养的培养,这些是适应 21 世纪发展所需的高阶能力。

可见在 21 世纪,能力发展已经从一个教育发展的目标选择,变成了教育创新的实践方案构建。高中阶段作为基础教育和高等教育的衔接点,正成为构建面向 21 世纪高阶能力教育体系的重要部分。

二、重申任务

在过去,职业高中往往被视为被迫选择的去向,普通高中则以升学为最重要甚至唯一的任务。其实,如何更好地为这个年龄段的学生定向是中等教育发展史上一直争论不休的问题。在技术时代,这个问题更加复杂,也出现了新的应对模式。

从全球范围看,高中阶段教育普及在发达国家中已经基本实现。OECD(经济合作与发展组织)发布的《教育概览 2018》显示,2016 年 OECD 国家 15—19 岁人口中(大致相当于高中教育阶段)有 85% 的人在校读书。我国 2021 年高中阶段教育的毛入学率达到了 91.4%。高中教育普及之后面临的新挑战是,侧重于大学预备教育功能的高中教育模式不能适应时代发展需要。

各国高中教育发展普遍面临升学准备和就业准备的双重任务与艰难选择,决策者和学校不得不去面对这一现实:希望升入大学特别是高水平大学的学生数量高于实际升学人数。在一些国家,这种倾向一直主导着高中教育,从而使得更多的学生在高中毕业后进入职业生涯时没有享受到适合其发展需求的教育。即将升入大学的学生,也会面对大学专业和未来职业生涯选择问题。

在这一背景下,各国开始重新确认职业、技术方向教育的重要性,并提供特别支持,将“就业准备”提升到与“升学准备”同样重要的地位,技术教育的崛起特别值得关注。最为典型的是英国推出的 T - level 课程(技术学程),这是雇主参与设计的课程,侧重学习企业所需的技术能力,学生除了学习数学、英语和数字技能这些核心科目外,还将在自己选择的领域学习专门的技能。两年制课程结束后,学生可以获得全国认可的资格证书,证明学生在哪些技术领域取得了学业成就,该证书可以抵三门英国高中 A - level(普通教育证书高级水平)的科目。[①] T - level 毕业生既可以选择就业,也可以选择升入大学继续学习。这一学业证书的推出,旨在培养更专业的技术性人才,提高

---

① Department of Education, UK. Introduction of T Levels [EB/OL]. [2019 - 04 - 02]. https://www.gov.uk/government/publications/introduction-of-t-levels/introduction-of-t-levels.

就业人员竞争力,适应不断变化的人才市场需求。这种新型课程与 A - level 并行,更侧重技术领域发展,支持就业,又兼顾了"升学准备"。

加拿大新斯科舍省开展了"为未来生活做准备"的实践,是一项自 2015 年开始的为期 5 年的教育改革项目。该项目的高中教育(9—12 年级)目标内容包括:(1) 在全省增加"发现机会"项目,让 9 年级学生学习相关贸易、技术和学徒制职业项目;(2) 在 10 年级,要求学生学习 21 世纪公民知识;(3) 为 12 年级学生增加获取法语学习证书的机会;(4) 设立创业奖,鼓励高中生创业;(5) 为高中生开发基于社区的学习项目;(6) 要求所有高中生毕业前完成职业生涯规划;(7) 从 2020 年起,将学生完成 3 门高中数学课程作为毕业要求。①

发达国家在高中教育改革中,重新强调"全面发展",支持为学生未来学习和生活做好全面准备,成为另一个路径。即在培养学生的过程中,学校为学生提供多元、丰富的学习经验,而不是仅仅限定在升学准备甚至考试准备上。

美国在 2015 年提出的《让每一个学生成功法》纠正了《不让一个孩子掉队》中对于课程的窄化问题,该书提出全面的教育要包括英语、阅读和语言艺术、写作、科学、技术、工程、数学、外语、公民与政府、经济学、艺术、历史、地理、计算机科学、音乐、生涯与技术教育、健康与体育等,具体由州或地方教育部门决定,目标在于为所有学生提供更为丰富的课程和教育经验,改变之前侧重学术能力发展的倾向。

美国自 2003 年全美第一届高中教育峰会后开始推进"向大学与职业过渡计划",发挥社区学院、技术学院作用,让学生在学术发展和技术教育方面都能有充分的准备。同时,源于美国加州兼顾学术发展和职业发展的关联学习(linked learning)模式受到关注,在这项课程设计中,除了开设州公立大学录取所需的学术性课程要求之外,还开设了多种门类的技术、职业类课程。②

总之,双重准备与技术教育的崛起,是高中教育普及后的必然选择,是教育面向所有学生发展的内在要求。

三、重建体系

高中教育目标的调整以及对职业技术教育的重视,需要得到相应的课程与教学支

① 吴慧平,何芳.加拿大基础教育改革的新趋势——新斯科舍省的《3R 教育行动计划》评述[J].外国中小学教育,2016(02).
② 慕彦瑾,段晓芳.美国加州高中关联学习:缘起、运行与评析[J].比较教育研究,2018(09).

持。高中课程结构和高中学校发展需要以学生的个性发展和全面发展为基础。当前，大多数国家的高中阶段是学生分流与教育多样的开始。在这个分流与多样中，尤其是课程改革，将学生发展作为普遍性的选择，即通过集中而系统的系列化课程，在特定领域中支持学生的特长发展，进而形成学校办学特色。一些国家和地区通过降低必修课学分比例或者降低毕业基本要求来赋予学校更多的课程自主权，以满足学生发展与分流的需要。

例如，在日本高中课程中，必修课程部分只占30％左右，其余课程由学生根据自己的兴趣爱好自主选择。可见，日本高中的学生课程选择权很大。日本鼓励各地创办特色学校和新型高中（综合学科高中、普通科、学分制高中、初高中一贯制学校），突出学校办学特色化和个性化，发展"弹性而多样化的高中教育"。[①]

美国纽约州规定，高中毕业学生最低课程要求是修读22个学分，包括英语4学分、社会研究4学分、科学3学分、数学3学分、外语1学分、艺术1学分、体育2学分、健康0.5学分、选修课3.5学分，这些课程通过纽约州组织的考试学生即可毕业。[②] 实际上，高中学生修读课程学分大大高于这个数量，一些学校还开设了包括AP课程（大学先修课程）在内的大量选修课供学生选择。纽约市布朗克斯科学高中仅生物学领域的选修课就有15门之多。在高中学校特色领域，州内有科学高中、技术高中、美国研究高中（文科见长）、艺术高中等，这些学校的特色学科课程动辄几十门，其多样化和精细程度近似专科领域的大学课程。值得注意的是，为了更好地支持学生的专业方向选择和体验，相应的探索是通过提供丰富的组块课程来为学生提供选择可能。如纽约高中设置的"职业群"课程，将生涯与技术教育课程框架分为若干大类，再将课程序列化并与这些大类加以衔接。这一探索方向，主要是为了帮助学生更多地了解专业与职业相关领域，对自己的志向、兴趣、特长有更多的自我认识。在课程组块化方面，学生可以成组地选择数学和计算机科学、生物学、自然科学的选修课程（学校的生物学部和自然科学部是分设的）。在自然科学领域，鼓励学生在完成基础必修课程之后，在化学、物理学、工程学、药学和法医学等5个领域选择一组课程学习。[③]

---

① 刘晓萍. 高中学费无偿化：日本高中教育改革政策动态[J]. 上海教育科研,2016(10).

② New York State Education Department. New York State Diploma Requirements Applicable to All Students Enrolled in Grades 9 - 12 [EB/OL]. [2018 - 12 - 10]. http://101.96.10.63/www.nysed.gov/common/nysed/files/programs/curriculum - instruction/currentdiplomarequirements2.pdf.

③ The Bronx High School of Science Course Guide 2019 [EB/OL]. [2018 - 12 - 10]. https://bxscience.edu/pdf/Course%20Catalog.pdf.

适应学生差异，支持每一位学生的发展，这几乎是人人认可的教育理念。在支持特定学生群体与引导学生作出个人发展决策方面，近年来国际上有不少举措，这体现了服务于学生发展的改革，其中突出的是实施高中学生发展指导。

欧美各国在高中学校普遍配备专职的学生发展指导教师，专门为学生提供多个方面的咨询指导，包括学业指导、心理指导、生涯发展指导等，并协助学生选择相应课程。

美国各州高中课程和考试有较高自主权，各州在初高中衔接、高中教育和高中后教育衔接计划中，严格的将学术性学习、生涯与技术教育、工作学习和生涯咨询指导予以整合。在这个过程中，要求学校给予学生个别化指导与支持。

法国启动了"学生计划"(Plan Étudiants)，高中毕业班配备两名教师，为学生提供学业指导和职业生涯规划课程。无论是政府部门，还是各种教育机构、专业团体、教育公司、与教育相关的科技公司、教育领域的非营利性机构等，都支持学生和教师的学习与发展。常见途径就是提供丰富而可及的学习资源，特别是网络资源。法国数字大学通过开设免费慕课为高中生提供在线专业选择指导，大学老师和精英专业学院老师通过慕课帮助高中生提前了解大学各专业的学科设置和教学内容，甚至可以提前修读部分课程。

日本中央教育审议会分别在 2014 年和 2016 年咨询报告中提出了高中教育、大学入学选拔者改革、大学教育一体化的改革举措；对于高中教育，强调要在课程目标中明确高中生面向社会时需要的资质和能力，并强调课程整合和应对学生多样性，在教育目标、课程内容、学习方法(注重探究学习、发现和研究问题)方面实现高中与大学的衔接。一些日本学生可以从小学到大学自由研究同一主题，找到并最终从事与自己的研究相关的职业。在实施过程中，要求教师从帮助学生发现问题、解决问题的维度出发，促进每一个个体健康而充分地发展。

四、重视招生

探索如何实现更合理的高校招生体系，在有效选拔学生的同时又促进社会公平与进步，是全球各国大学招生需要关注的课题和焦点。近年来，常青藤各高校以及斯坦福大学等美国著名高校的录取政策正在发生变化，值得关注。例如 2018 年，麻省理工学院发布的首轮录取榜单是根据"学术能力、人格特质、全球愿景"三个方面筛选新生的。

芝加哥大学、哈佛大学等大学已经宣布不再强制要求 SAT 成绩，美国国家公平与开放测评中心则致力于推动结束标准化考试的误用和缺陷,2018年有1 000多所大学不再依据ACT或者SAT成绩录取学生。另外,在美国一些高校的招生中,SAT满分学生也会被拒。这一行动体现了大学招生方式的多样化、开放性和自主性,对高中教育会产生直接影响作用。在21世纪,能力受到更多关注的情况下,注重问题解决能力、创新能力等方面评测的高校招生制度改革将引领整个基础教育改革与发展,尤其是高中教育。

欧美诸国及日本、澳大利亚等在制度上主要是基于大学自主招生,尤其是私立大学,在大学招生方面更趋多元化,更多的由大学基于其教育价值观和自身传统并根据现实情况不断调整,因此在整体上会不断优化学术水平考试、平时学业成绩、综合表现及能力等方面信息,使高中教育发生了诸多新变化。

法国开展高中学生评价改革,在2021年开始举行高中会考,旨在提升高中学生学习的投入和水平,并增强学生个人专业选择和课程选择。因此2018年秋季入学的法国高中学生,按照新方案调整课业安排。这项改革内容包括增加平时成绩比重至40%,其中10%取决于高二、高三的学习成绩表现,30%由高二、高三阶段学校组织的统一考试成绩决定;取消会考的文、理和经济社会分科,高三毕业会考科目减少到4门:法语、哲学和2门任选科目。① 这一改革表现出的促进学生选择和个性化发展方面的意图是显而易见的。新开发的高等院校招生平台支持高中学校和高等院校为学生提供专业选择方面的信息和咨询指导,同时也提供高中教师评价学生的工作平台和高校录取学生的信息平台。

在英国A-level考试改革中,除了更新所考学科的内容外,AS-level(A-level课程的第一年)被作为单独的资格,成绩不再纳入A-level中,所有的考试被安排在课程结束时,而且非考试的评价只在知识、技能和理解无法有效通过考试评测时才采用,但非考试评价的比重会降低。② 概而言之,A-level的评价改革对于内容仍保持高度关注,且更加重视终结性考试。

大学招生制度改革的探索引导了基础教育的发展方向。当今世界的高中教育改革聚焦于自主性、创新能力、协作交流能力、批判性思维等技能与素养的培养,以顺应

---

① Un nouveau baccalauréat en 2021 [EB/OL]. [2018 - 12 - 10]. http://www.education.gouv.fr/cid126438/baccalaureat - 2021 - tremplin-pour-reussite. html.

② Department of Education, UK. GCSE, AS and A level reforms [EB/OL]. [2019 - 04 - 02]. https://www.gov.uk/government/collections/gcse-as-and-a-level-reforms.

21世纪发展所需的高阶能力需求;同时,以学生为中心的教育理念在高中教育中得到落实,为学生发展提供差异化支持。

教育分权的国家,在高中教育发展新目标方面开始凝聚共识,通过法案、行政命令、倡议和政策杠杆(如财政措施、专设项目)提出实现路径,通过学区、学校的自主行动探索和推进迈向新目标的多元实践路径,在这一过程中专业团体及各种社会力量均有不同程度的参与。例如,美国2015年《让每一个学生成功法》赋予了各州和学区更大的灵活性去设计课程,支持高中学生在大学和就业两个方向上做准备,如在州的许可下学区可以自主选择采取何种高中考试以及确定新的课程内容。私立高中联盟提出的评价方案得到顶尖大学联盟的认可、各种专业团体和商业机构提供面向高中教育新目标的教育实践方案和产品,都是这一趋势的体现。

总之,上述四点已经成为国际高中教育改革与发展的整体性方向,并且开始了具体变革行动。无论怎样,这些发展取向值得我国高中教育观察、认识和学习。高中教育发展,要以新认知,寻找和确立当代高中发展的有效路径和可持续性。当前,必须全面加快落实以《中国教育现代化2035》为指向,深化国家教育领域综合改革,推进教育体制机制创新,全面提升教育教学质量,创建积极而和谐的教育生态。以高中教育改革与发展为抓手,促进学校系统的整体改革与整个教育体系重建,建构适应时代发展、服务国家发展和促进个人发展的新教育体系,形成加快教育现代化和办好人民满意的教育新格局。

第三节 著名高中的学校案例

我国有很多优秀的普通高中学校,本研究团队也曾撰写过多所普通高中学校改革发展的案例分析报告。在这里主要介绍4所国外知名高中学校,分析这些国际著名高中的特色,从中寻找有助于促进我国当代高中改革的启示与参考。[①]

一、美国圣保罗中学

创立于1856年的圣保罗中学,实行的是高度学术化、100%寄宿的教育。学校位于波士顿以北68英里,拥有2000英亩森林,各种教育教学设施齐全。学生除了来自

---

① 本部分由课题组成员董轩博士提供,引自《中国高中阶段教育发展报告(2016—2017)》,华东师范大学出版社,2018年,第176—202页。

美国社会的上层家庭外,还有来自世界各地不同种族、国籍的学生。2017 年圣保罗中学共有来自美国 38 个州的 530 名学生,其中男生 268 人,女生 262 人;有来自全球 23 个国家的全职教师 100 人,兼职教师 2 人,助教 9 人。学生与教师人数比例为 5∶1。

1. 诚实守信

在圣保罗中学,所有的学生和老师都生活在一起,学校努力在智力和道德上让学生们突破自我,培养学生们对学习的热爱,并勇于在复杂的世界中担任领袖。圣保罗中学的学风依照圣公会的传统建立:教导学生尊重自己和他人、培养自我的精神,身体和情感健康、为自然环境作出贡献,并为人类更大的福祉服务。以"要诚实守信,我们作为圣保罗社区的成员,努力做到真实、尊重和善良"为校训。学校基于圣保罗学派核心价值观(爱、善良、同情、谦虚、无私、包容、追求智慧)设计学校综合课程框架,并将这些价值观融入学校生活的各个方面。通过提供与学校价值观一致的、全面建立技能和能力的训练计划,使学生能够与学校的价值观相一致。注重实施社会和情感学习,致力于创建一种为了学习而相互联系的环境。学校课程的所有组成部分都要有助于开发五大关键社会和情感能力及其相关技能,即自我意识、自我管理、社会意识、关系技能以及负责任的决策。学生不仅要获得知识,更要创造知识;学校的培养强调学识(Scholarship)、合作(Collaboration)、创新(Innovation)、使命(Mission)四个方面。各种课程都在动态教室内展开,实施以学习者为中心的教学,学生与老师合作,每个学生都以不一样的方式学习,教师也采用不同的教学方式。

2. 核心课程

核心课程是人文、科学、数学、语言、艺术等方面课程。艺术课程有美术、舞蹈、音乐、戏剧四个部分,学生可以任选课程修读。学生跟随专业老师在舞台上、在演播室和教室里学习,这些教师都是成功的艺术家、表演者和学者。人文课程探究从古代欧洲和亚洲到殖民地以及美国内战时期关于自我和群体的问题,并联系复杂的现今世界,实施探究性和创造性的写作、合作和研究,为学生提供超过 40 种相关的选修课程,包括美国外交政策、当代世界文学、创意写作、莎士比亚的悲剧英雄、经济学、五十年代与六十年代美国电影和文化以及现代印度等主题。语言课程则包括中文、法语、德语、日语与西班牙语以及拉丁语与希腊语,关注到每位学生的需求,还派学生到中国、法国、德国、日本或西班牙等地学习。数学课程包括几何、代数和初等微积分等,大多数学生还选择微积分、线性代数、向量微积分等更深的课程开展学习和研究。科学课程主要是物理学、化学和生物学,通常包含亚原子物理学、分子生物学、有机化学等许多子课程。同时为学生提供机器人和工程学科等选修课程，这些相当于大学相关课程内容。

3. 学校生活

所有学生和教师都住在校园里，学生可以与朋友一起吃早饭，也可以和导师家人共进晚餐，可以随时找到数学老师，随时与实验室合作伙伴一起工作，也可以与同学一起休闲，或一起运动。每栋宿舍大约住 30 名学生，还有 3 名教职工及其家属，有一个大型的公共休息室，与教职员工公寓相邻。学生和教师住在一起，在自己房间里组织生活与休闲的一切活动，每栋房子有各式各样的房间，单人间、双人间或三人间都有。学校提供丰富多样、健康美味的食物，每周几百道菜品，有专门的营养师团队，每天会按照科学营养要求来搭配食物。学校安保部门 24 小时在岗执勤，预防和报告紧急情况（如犯罪）。学校有医护室，提供治疗护理服务。学校鼓励学生参加竞技运动，提供大量基于个人运动技能和兴趣培养的项目，经常举办校际和俱乐部间的比赛，为学生竞争提供机会。全校有 70 多个俱乐部和社团，重视学生开展校外体验。

慈善捐赠是圣保罗中学的传统，校友、学生家长及其朋友等为学校提供经费支持，学费只占学校收入的 60%，其余经费就来自慈善捐赠。学校设立"家庭周末"活动，学生家庭成员在每年 10 月的某一个周末（星期五和星期六）来学校欢度周末。这些家庭成员包括家长、祖父母和兄弟姐妹等，他们可以与学生们一起吃饭，一起观看体育比赛、舞蹈和音乐表演等，还可以参加大学招生咨询会议，让学生的家人了解学校日常生活。学校有家长委员会即家委会，每年任命一位会长。每个学生的父母都是家委会成员，并且鼓励家长在家委会通讯录中添加学生的祖父母。家长基金由家委会负责管理，与校友基金共同组成年度基金，为学校日常支出提供支持。

二、英国伊丽莎白女王中学

伊丽莎白女王学校（Queen Elizabeth's school）有 500 多年的悠久历史，学校遵从基督教信仰的共同价值观，鼓励、培育和激励学生学习成长，努力发展每个学生的潜力。伊丽莎白学校是一所公立中学，2017—2018 学年注册学生 1 590 人，教职员工 180人。全校有 12 个学生乐队，每周课外活动超过 70 项。

1. 卓越健康

学校高度重视学术追求，注重学习型社区建设，培养学生的自信、全面发展和高效率。学校注重"QE 家庭"（Queen Elizabeth's family）精神的培育，培养学生间学习伙伴关系,重视个人的独立性,力求使学生都成为成熟、独立而成功的学习者,实现全部潜能的发展。

学校组织学生学习安全地使用互联网和其他技术,指导他们在互联网上以适当的方式行事;鼓励学生在使用技术的同时,保持健康的生活方式,不要在屏幕面前花费太多时间,并传授如何保护自己和批判性地看待网上内容。学校教学人员为学生布置具有挑战性和有意义的家庭作业,让学生与家长共同完成,由此强化课堂学习目标的实现。

学校重视学生的情绪及其健康,帮助学生认识欺凌,促进学生发展积极情绪;帮助儿童和青少年了解和表达自己的感受,建立自己的信心,认识自己的情感。学校重视4个关键领域的教育:个人、社会和健康教育、性别和关系教育(SRE)、药物教育(包括酒精,烟草和挥发性物质滥用)。

2. 课程师资

学校人文教育课程由4个方面组成:地理(地理、休闲与旅游)、历史(历史与政治)、宗教教育(GCSE核心课题)、社会科学(健康与社会关怀、心理与社会学)。学校要求每个毕业生都必须参加政府组织的普通中等教育证书考试(GCSE),高度重视各门学科的教学。在数学方面,学校发展计算机教育并推动学生学习逻辑、代数、几何和统计学等学科的学习。学校设有9间数学专用教室,每个房间都有交互式白板和笔记本电脑。科学课程包括:研究科学问题与战略规划的科学思想,收集相关数据、分析和评估所收集的数据,促进对周围世界的了解,思考科学与日常生活的相关性。英语课程则侧重于发展学生创造性阅读和写作技巧,丰富、激发和发展学生对语言和文学的热情,开展定期的阅读挑战,确保所有学生在课程学习中发挥潜能。现代外国语课程帮助学生深入了解其他国家和文化,并通过学习语言所需的技术来提高自己,保证大多数学生至少有一门外国语达到普通高等教育证书的水平。学校开设技术与设计课程,由一批资深的专业人才任教。表演与创意艺术课程有指定的房间和空间可以使用,并配备最新的设备和最高规格的技术。此外,学校有室内温水游泳池、健身房、网球场以及攀岩墙等运动设施,还有草坪曲棍球场、舞蹈室、运动场和运动员教育中心,有4个专门的体育教室,为学生提供丰富的运动机会。

3. 文体活动

学校提供曲棍球、游泳、羽毛球和网球等运动项目,安排健身和舞蹈活动,每两年组织一部音乐剧表演,学校的各种俱乐部为学生准备了丰富多彩的课外活动,如伊丽莎白女王学校合唱团、媒体俱乐部和艺术开放日等等。除了这些体育和创意活动,学校每年还会举办大量面向学生的学术会议,包括数学研讨会、诗歌研讨会、技术支持会议、语言俱乐部等。

学校有一个广泛而全面的职业咨询和教育计划,所有学生都可以获得职业选择和未来高等教育的咨询与指导,该项目由学校领导和全体教师一起制定,为学生提供 1 对 1 个别职业指导,内容包括:一份职业教育规划;如何申请大学;如何撰写专业个人陈述的建议和指导;模拟大学面试;模拟就业面试;申请间隔年(gap year)的协助;寻求志愿工作时的协助;指导如何撰写专业简历、求职信和工作申请;定期开展职业讲座;参加大学开放日;访问本地大学;支持学生自己获取工作经验。

三、澳大利亚詹姆斯·鲁斯中学

詹姆斯·鲁斯高中是一所公立学校,在校生约为 850 名,97%来自非英语国家。校园以现代化大型设备齐全的图书馆为中心,其他建筑物包括教室、科学实验室、礼堂和音乐、艺术、技术和计算室等位于图书馆周围。这所精英学校在澳大利亚各种公开考试中一直取得优异成绩,大多数毕业生都能进入大学学习,在各个行业中都有杰出校友代表。

1. 精英人才

学校着力培养学生具有诚信、卓越、尊重、责任、公平、智慧和同情心等核心价值观,强调农业在学校和社区中的重要性。创造力、协作和沟通是学校教育的中心主题,旨在培养学生具有批判性和创造性思维能力、个人能力、道德和不同文化的理解能力,促进学习者的终身与全面发展。针对高度资优学生,学校提供差异化课程,在国际奥林匹克代表队中有高知名度,比赛成绩优异,学生在艺术表演、辩论和公共演讲中也经常获奖。农业课程是整个学校优先考虑的重点,并实施健康课程,发展信息通信技术,维护并加强有效的高质量学习基础设施,注重学生幸福与学生发展,提倡学生发展全球公民的意识,建立学生代表委员会、高效执行委员会和社会正义委员会;为教师提供持续提高相关专业能力的学习机会,为教学和学习提供安全可靠的环境。

2. 课程设置

学校课程包括:(1)农业课程。7 至 10 年级必修,11 年级学生可选修,旨在最大限度地提高学生接触不同农业过程并获得经验。(2)职业教育课程。学校图书馆内有职业教育资源中心,每两周给所有 10 年级学生开一次课。所有 10 年级的学生(14

岁以上)都要在3月中旬从事与工作相关的学习经历。(3)视觉艺术课程。7—8年级为强制性课程,9—10年级可以选修,11年级学习初步视觉艺术课程,12年级学生学习高等视觉艺术课程。(4)音乐课程。学生在12年级学习音乐1600—1900(Music 1600-1900),发展学生对音乐的理解,所有学生至少要完成一件相关作品。(5)戏剧课程。包括戏剧、电影、面具、魔法和跨文化作品等教学,以及观光活动和参加巡演以及参与国家戏剧节。(6)英语课程。7至12年级学生的核心课程,大多数11年级学生选择学习初级英语和许多12年级学生学习扩展第二外语。(7)人类社会及其环境课程。7年级学生完成强制阶段4历史课程,8年级学生完成强制阶段4地理课程,所有9年级和10年级的学生完成强制阶段5地理和历史课程。所有9年级和10年级的学生每年还要学习两个学期的地理和历史课程,以及学习商务和/或历史选修课。11年级和12年级的高级课程有经济学、古代史、现代史与历史扩展课。(8)外语选修课程。7年级学生接受日语、法语和拉丁语(拉丁语学习在第4学期)的13周授课。8年级接受日语或法语或拉丁语的强制性100小时课程学习。之后的年级是选修。(9)数学。对学生实行分级数学教学,有数学俱乐部,面向8—12年级学生,开展数学奥林匹克方面的活动。(10)科学。提供挑战性的科学课程,旨在使学生掌握科学的知识,对科学有鉴赏力,希望学生自信和负责任地从事科学研究,学校参与了澳大利亚科学奥林匹克计划。(11)技术教育课程。采用开放式的、基于问题的项目学习,涉及农业、建筑环境、服装配件、工程系统、餐饮、健康福利、信息通信、休闲和生活方式、制造业、运输和配送等各种领域。

3. 学生生活

随处可见学生组织举办的各种俱乐部、工作坊、表演、比赛等丰富多彩的活动。例如,针织小组就是学生最喜爱的社团之一,日常活动是教初学者如何织毛毯,资深成员则交流更为高级的技术。学校的音乐社团囊括了管弦乐、爵士乐、合唱团等多种音乐风格,还有为音乐零基础的新生提供培训的社团,每年举行各种音乐会和表演比赛。在学生社团中,校学生会及其各分支委员会起着引领作用。还有面向9年级和10年级学生的领导力提升项目,与社区服务相结合,使学生在提升自身能力的同时,回馈社区和社会。

四、日本筑波大学附属中学

日本筑波大学附属中学曾被指定为联合国教科文组织实验学校,1948年开始实行新的高中体制,即二期制。2014年,学校作为文部科学省指定的"SGH高中(Super Global High School)",肩负着培育日本乃至世界未来领军人物的重担。目前,每个年级有6个班,全校共18个班,每班约40名学生,性别比例1∶1。学校每年的招生名额为240人,其中三分之二的学生来自附属初中,另外三分之一来自日本其他初中。每个年级还有大约6名来自海外学校的学生。

1. 国际人才

学校遵守"自主、自律和自由"的校训,注重在授课中培养学生对系统的基础知识、技能和态度的掌握,在课外活动中培养学生成为具有计划性、实践性和合作性的人,通过辅导解决学生个人和现实生活问题,引导他们去追求自己的未来目标。学校重视学生综合能力的培养。除了进入大学所需的学习能力外,学校着重培养学生的研究能力,强调学生在社会中发挥作用的能力,致力于培养学生们具备"专业能力和知识""课题解决能力""交流能力和表达能力""主体性与协调性""跨文化理解的灵活性和日本人的个性",并提高外语能力、讨论能力、全球视野等能力。学校还培养学生在学习、运动和文化活动中的协同,平衡智育、德育和体育。学校入学考试择优录取,外来考生要通过国语、数学、英语、自然科学、社会等5个科目的学习能力考试和包括学习成绩、健康状况、思想品德等内容的个人调查(80分)以进行综合选拔。

学校邀请相关专家、教授进入校园开设讲座,大致有两种类型:国际交流和培养专业兴趣。前者在于通过跨文化交流,加强学生对外部文化的理解以及推动日本与世界各国的友好关系,培养学生的全球化视野;后者则是邀请各领域的知名人士,讲述自己的职业和爱好,让学生思考"未来生活""如何实现未来的计划""克服职业困难的条件"以及"你自己真正的爱好"等。从2006年起学校开始组织学生参与国际交流项目,主要参加了新加坡组织的亚洲太平洋青年领袖峰会与华侨中学短期访问、"21世纪东亚大学交流计划"的短期访学、韩国国际学术研讨会、国际顾拜旦青年论坛等。同时,学校欢迎来自海外的教育使节团,积极为他们提供在校考察和学习机会,并与学校师生就教育领域的各类问题交换意见和看法。

2. 课程全面

除了高一的艺术课(音乐、美术、工艺美术、书法)和高二的艺术课与科学课(物理、地球科学)外,所有高一和高二的课程都是必修课。高三学生则可根据自己的兴趣和未来发展选择课程。学校不以学生选择文科或理科专业作为分班的标准,每个学生都有一张不同的课程表。学校课程可以大致归纳为国文、数学、社会学、自然科学、外语、健康与体育教育、家政、艺术、信息等9种。高三的政治·经济、体育、英语展示、英语交流课程为必修,其他科目采用选修制,不分文理科。

　　3. 学生校园

　　学校校园生活丰富多样,不仅有体育竞赛与训练,还有集体活动、研究论坛、心理培训等丰富学生精神世界的内容。全校有36个社团,主要是体育俱乐部和文化俱乐部,并与其他几所高中定期举办体育类竞赛,每年10月举行校际体育运动会。高一组织学生参加野营活动,为期4天。高二学生集体野外旅行,11月在冲绳度过5天4夜的旅行。每年9月上旬某周末两天的时间,各学生社团以各种主题开展文化节。学校卫生委员会每年会主办简单的心理和智力测试,让学生有机会认识、了解自己,并激发学生的好奇心。

　　"桐阴学生会"是全校所有学生都参加的学生自我服务集体组织,负责组织各类活动以及学生相关工作,自2008年起实施收费制度。学生会的所有活动都会在其组织的学生大会中进行评审和投票表决。文化节、运动会、体育比赛和远足野营等在内的所有学校活动,都是由在教师指导下以学生为主导的委员会来组织并管理的。

第三章　高中教育发展的判断

　　本章认为,在适应社会需要和教育体系变革的过程中,当代中国的高中阶段教育在性质、功能、学校类型、发展路径以及与大学衔接等诸方面都正在发生着显著变化。

➤ 高中教育发展的关键变化在于,从精英教育转变为普及教育,普通教育与职业教育从分离趋向融通,培养目标从学生成学成才转变为成长成人。

➤ 高中教育发展的需求表现为,更加体现学生的参与,强调学生的学习责任,注重实施学术类与职业类课程的结合,重视发挥学校办学的主体地位。

➤ 高中教育普及发展有别于义务教育发展,更加注重面向每个学生的多样化教育,更加注重每所学校的自主办学,使每个学生都得到合适的基本教育。

第一节　高中教育的关键变化

　　纵观国内外教育改革与发展,尤其是在当今全球化的背景下,以移动互联网、大数据、物联网等为代表的新技术的产生及其发展,对社会经济发展的各个方面都有显著的影响。就我国的社会发展与教育发展而言,在经济快速发展的进程中,教育发展也取得显著成效,教育现代化已经成为教育发展的基本要求,因此,高中教育发展就显得尤为重要。

一、"精英化"到"普及化"

　　在不同的教育发展阶段,各阶段教育的使命、定位、功能及其结构都是不同的。在教育供给短缺或者不足的初级阶段,有限的学校教育只能面向少部分人,导致教育成为一项特权,重视筛选与竞争,不能入学是常态,不能升学就是失败,这种教育资源相对稀缺的阶段就是"精英化"阶段。随着教育规模的扩大,更多的人能够接受教育,教育逐步从稀少转向相对短缺再到充分供给,使教育成为一种权利,是发展与生活,这就是当下的教育普及化新时代。

毫无疑问,当前中国的高中阶段教育从过去长期的"精英化"教育阶段,经过短期的大众化教育阶段,已经进入到高中阶段教育"普及化"阶段。2010年《国家中长期教育改革和发展规划纲要(2010—2020年)》中在"发展任务"上首次增加"高中阶段教育",并将"加快普及高中阶段教育"作为第一项任务,实现2020年全国高中阶段教育毛入学率90%的目标;同时还提出了"全面提高普通高中学生综合素质"与"推动普通高中多样化发展"。在2010—2020年间,我国加快普及高中阶段教育发展取得显著进展,2020年全国高中阶段毛入学率已达到91.2%,超过了90%的预期目标,各省市高中阶段教育毛入学率也逐年增长;高中教育经费投入逐年增多,办学条件得到提升;高中阶段教育中普职关系不断优化调整,正在形成更为合理的普职教育比例。同时,我国普通高中改革与发展也取得显著进展与成效(图3-1)。[①]

许多发达国家的高中教育都经历了从精英教育到大众教育的转变,即高中教育规模的扩大。这种规模的扩大在本质上影响了高中教育的性质。传统"精英化"高中教育的任务在于通过开设学术课程实施普通教育,使学生具备接受高等教育所需要的学术知识和思维能力。而"大众化""普及化"的高中教育则必须为规模更大、差异更多的学生群体提供更具针对性的教育服务和支持,必须改变以往单一的学术性教育模式。

第二次世界大战以后,许多国家和地区的高中教育步入了"大众化"与"普及化"阶段,高中教育的国民性、大众性凸显,高中成为大众化的国民教育机构,并因此引发高中教育的培养目标、培养计划、课程设置、教学手段等一系列的改革与变化。在此转变过程中,英国、美国和日本等发达国家制定出一系列的政策和法规,通过建设开放、丰富的课程体系,为广大学生提供可选择的个性化学习内容,促进学生的多元化发展。

在面向少数人群的"精英化"教育时期,高中教育一般具备以下两方面的功能:一是为高等学校输送具备接受高等教育基础条件的生源;二是为社会培养和输送具备一定素质和能力的建设者。然而,"大众化""普及化"的高中教育除了担负升学和就业的

[①] 朱益明,等.中国高中阶段教育发展报告(2020)[M].上海:华东师范大学出版社,2021.

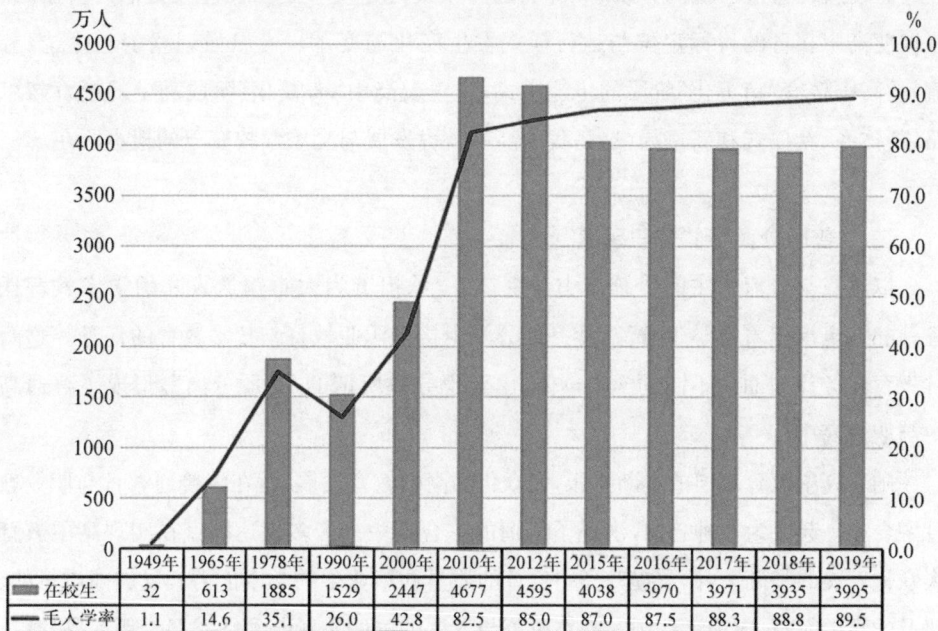

	1949年	1965年	1978年	1990年	2000年	2010年	2012年	2015年	2016年	2017年	2018年	2019年
在校生	32	613	1885	1529	2447	4677	4595	4038	3970	3971	3935	3995
毛入学率	1.1	14.6	35.1	26.0	42.8	82.5	85.0	87.0	87.5	88.3	88.8	89.5

图 3 - 1　1949—2019 年间中国高中阶段教育在校生数量与毛入学率①

双重功能外,还具有为实现学生个体的全面发展,为其终身发展奠定基础。

随着社会对个人主体价值的认可和尊重,以及终身教育的不断发展,在实现高中教育普及的新阶段,高中阶段教育的"双元"任务被扩展,"三重"目标开始显现。"三重"目标包括,高中教育既要为个体未来接受高等教育做准备(即升学),也要为个体未来的个人生活与就业做准备,还要为个体人格的健全发展和终身发展做准备。这在我国 2019 年 6 月国务院办公厅颁发的《关于新时代推进普通高中育人方式改革的指导意见》中有明确表达。

> 深化育人关键环节和重点领域改革,坚决扭转片面应试教育倾向,切实提高育人水平,为学生适应社会生活、接受高等教育和未来职业发展打好基础,努力培养德智体美劳全面发展的社会主义建设者和接班人。

高中教育的"普及化"与高等教育的"普及化"已经成为我国国家发展新时期的新

---

① 教育部. 2019 年全国教育事业发展统计公报[EB/OL].［2020 - 05 - 20］. http://www. moe. gov. cn/jyb_sjzl/sjzl_fztjgb/202005/t20200520_456751. html.

任务。在这种"普及化"的背景下,特别是国家大力建设学习型社会与提倡终身学习,将促使高中教育的目标定位与运行模式发生变化与变革。走出强调竞争与筛选(分流)的高中教育"精英化"阶段的传统模式,建立起高中"普及化"阶段高中的教育新思路、新体系、新模式和新格局,这是我国高中教育发展与高中学校变革的根本所在。

二、"普职分离"到"普职融通"

以选拔与分流为主的传统高中教育体系,承担着为大学输送人才的学术教育任务;同时,也承担着将学生分流,使一部分学生接受职业教育与技术教育的任务。这两种教育任务往往面向不同的学生群体,由此也导致所谓的"普职分离",形成了普通高中与职业高中。

随着高中教育规模的不断扩张,大众化的高中教育发展,旨在将普通教育与职业教育融合在一起成为一种趋向,出现了所谓的综合高中。诸多发达国家在实现高中教育大众化发展的基础上,注重提升高中教育的质量和毕业生的学术能力。发展高质量的、普及的高中教育,成为这些国家教育改革与发展的鲜明主题与实践路径。例如,提高教育质量,追求优异教育成为美国在《国家在危机中:教育改革势在必行》(*A Nation at Risk: the Imperative of Educational Reform*)和《美国 2000 年教育战略》(*American 2000: an Education Strategy*)等涉及高中教育改革的一系列政策文本的主题。

当前,普通教育与职业教育之间相互融合,成为国际高中教育发展的显著特点之一。比如,英国正在逐渐打破普通高中和职业高中之间的界限,那些只提供普通教育课程(A-level)的,严格意义上的"普通高中"已经数量不多了,而兼具普通与职业教育的综合高中则成为主流[①]。

同时,随着信息技术和知识经济的发展,各个产业及其组织结构的变化,社会对劳动者的技能也提出了新的,更高的要求。关注中等教育与劳动力市场之间的衔接成为一个全球性议题。包括国际组织在内的全球社会一直要求重新审视中等教育的改革与发展,并对中等教育的质量提出了新要求。不论是普通高中还是职业高中,抑或是综合高中,都应该满足高中教育的这些改革需求。

2016 年联合国教科文组织在《反思教育:向"全球共同利益"的理念转变?》报告中指出:"需要在当前复杂而变化的背景下,重新定位教育的目标与任务,需要重新回到人文主

---

① Department for Education,http://www. education. gov. uk/schools/performance /index. html.

义的视角下规划教育发展政策。普职融合的高中教育模式,是提升整个高中阶段教育质量与内涵的主要特征之一,也是世界高中教育改革与发展的重要主题之一。"①

在我国,高中阶段教育的普职融通已经成为共识,并被纳入国家教育现代化建设与发展的政策。2021年,中共中央办公厅、国务院办公厅印发的《关于推动现代职业教育高质量发展的意见》,要求各地区各部门统筹推进职业教育与普通教育协调发展,并就"普职融通"提出了新要求。

> 促进不同类型教育横向融通。加强各学段普通教育与职业教育渗透融通,在普通中小学实施职业启蒙教育,培养掌握技能的兴趣爱好和职业生涯规划的意识能力。探索发展以专项技能培养为主的特色综合高中。推动中等职业学校与普通高中、高等职业学校与应用型大学课程互选、学分互认。

实现普职融合的高中教育发展,关键是在高中学校遵循现代高中发展要求,坚持以学生发展为中心的新教育发展观,重塑办学人才观和课程与教学体系,走出"唯升学"与"唯就业"思想的束缚。

三、"成学成才"到"成长成人"

通俗地说,"成学成才"意味着在高中教育精英化阶段中,高中学生的学习成功就是考上大学,只有上大学才能成为人才,没有考上大学就是"失败"。但是,伴随着高中教育规模的扩展与学生多元,即高中教育普及化后,需要尊重学生个体的自主性和差异性,需要面向学生群体的多样性,要更加注重面向每个学生,使每个具有不同学习基础、学习目标、学习能力和学习结果的高中学生,在高中阶段都能够得到应有的学习与发展。如何使每个高中学生都能够在高中阶段得到合适的教育,每个学生都能够获得未来人生出彩的机会,就必须拓展传统高中学校教学与管理的思维,要让学生在高中阶段有生活与发展的经历、体验与感悟,促进学生主动地成长、成熟与进步,这就是"成长成人"的意蕴。因此,高中教育中要满足学生实施人生发展指导的需求,学校与教师要关注全体学生的思想与心理,帮助学生认识自我、认识学业和认识世界,而不只是注重考试分数及其毕业去向。

---

① UNESCO. Rethinking Education: Toward a global common good? [R]. Paris: UNESCO, 2015.

20 世纪初以来,美国综合中学的学生指导先后提供了职业指导、全面指导、矫正性指导、发展性指导、个体指导和团体指导等多种指导形式,并已形成了成熟的发展指导模式和系统化、制度化的学生发展指导体系,并推广到所有高中学校。同样,日本已早也已建立完善的学生指导体系,涵盖学业指导、进路指导、个人适应指导、社会性指导、闲暇指导和健康安全指导等多个方面。2010 年我国出台的《国家中长期教育改革和发展规划纲要(2010—2020 年)》中,也明确提出建立高中学生发展指导体系的要求,至今已经有了诸多实践探索。

正是在"成长成人"的目标下,即基于人才发展与人才培养的共同目标,高中与大学都力求发挥各自优势,实现相互支持与多元衔接,力求使"成长成人"得到更好落实,培养更多的创新实践人才。培养"成长成人"与培养"卓越人才"或者"拔尖人才"并不冲突,只是前者面向每个人,后者只有少数人。目前,已有部分国家高中学生可以选修大学课程,进入大学的实验室;大学承认高中教育阶段的部分学分,提供先修课程,支持高中教师的专业发展等。美国曾总结出了"共生模式""有机关系模式"和"公平交易模式"等不同类型的大学与中学合作模式。这些都是培养创新与拔尖人才的范畴,是高中教育强调"成长成人"方面更大的追求。所以,现代高中学生发展的目标已经从"成学成才"演变为"成长成人",这一点也应是当前我国教育改革与发展的重要思想。

第二节　高中教育的发展需求

纵观国际教育发展与国家教育改革的需求,以及当前我国高中阶段教育正在进行基于建设高质量高中学校和高中育人方式改革的需求的改革与变化,不难发现,当前我国高中学校改革与发展呈现出以下需求。

一、强化学生学习责任

坚持以人民为中心的发展观,是新时代我国国家发展的基本思想之一。在实现高等教育普及化的新阶段,需要将"以人民为中心"转向为"以学生为中心",教育改革与发展必须遵循学生成长的规律,服务新时代学生发展的时代特点与未来要求。

当今世界,信息技术快速发展,经济、行业、产业及其工作岗位都在发生着变化,在信息化时代,需要新样态的学习,这在前文已经论述。如果学生要成为学习的主人,那么,新时代的学生究竟应该具有什么样的要求或者特点? 美国国际教育技术协会

(ISTE)是一个关注技术背景下教育改革与创新的非营利性学术机构,它致力于教育标准的研发,并在全球开展行动实践。① 该协会制定的"学生标准"旨在培养学生获得技能和素质,促使学生成为学习的主人(表 3-1)。

表 3-1 国际教育技术协会(ISTE)学生标准

1.1 主动学习者

学生积极主动地利用技术来选择学习目标,获得和展现自己的能力。

a 学生善于设定个人学习目标,制定利用技术实现目标的策略,并反思学习过程本身,以改善学习结果。

b 学生建立支持自己学习过程的网络和学习环境。

c 学生使用技术获取反馈,获知并改进实践活动,以多种方式展示他们的学习。

d 学生理解技术操作的基本概念,有能力选择、使用和纠正技术,能够将知识转化为探索新技术。

1.2 数字化公民

学生认识到在相互联系的数字世界中生活、学习和工作的权利、责任和机会,他们的行动行为安全、合法和有道德。

a 学生形成和管理自己在数字世界的身份和声誉,意识到数字世界中行动的永久性。

b 学生积极、安全、合法和有道德地使用技术,包括在线社交活动和使用网络设备。

c 学生理解和尊重知识产权使用与分享的权利和义务。

d 学生管理个人数据,保持隐私和安全,并知道数据收集技术可跟踪在线轨迹。

1.3 知识建构者

学生利用数字工具批判性地积累大量资源以建构知识,制作创造性作品,使自己和他人都产生有意义的学习体验。

a 学生计划并采用有效的研究策略,为自己知识性或创造性的探索找到资料和资源。

b 学生评估信息、媒体、数据或其他资源的准确性、客观性、可信性和相关性。

c 学生使用各种数字工具和方法从数字资源中找到信息,创造出各种类型作品,展示有意义的联系或结论。

d 学生通过积极探索现实世界的问题和难题,形成自己的思想和理论,寻求答案和解决方案,最终建立知识。

1.4 创新设计者

学生在设计过程中使用各种技术,通过提出新的、有用的或富有想象力的方案来识别并解决问题。

a 学生知道并使用深思熟虑的设计过程产生想法、检验理论、创作创新作品或解决真实问题。

b 学生选择并使用数字工具规划和管理考虑了限制因素与各种风险的设计过程。

c 学生开发、测试和完善设计原型,并把这看成是循环设计过程的一部分。

d 学生展示出对不确定的宽容,解决开放式问题的毅力与能力。

---

① https://www.iste.org/standards/iste-standards-for-students.

1.5　计算思维者

　　学生开发和使用策略来理解和解决问题,其中,平衡使用技术以开发和测试解决方案。

a　学生在探究与寻找解决方案时,利用技术辅助的方法来阐明问题,如数据分析、抽象模型和算法思路,以探索和寻找解决方案。

b　学生收集数据或识别相关的数据集,使用数字工具进行分析,并以各种方式呈现数据,以便于问题解决和作出决策。

c　学生将问题分解为多个组成部分,提取关键信息,开发描述性模型,以理解复杂系统或促进解决问题。

d　学生理解自动化是如何工作的,使用算法思维开发有序步骤,以创建和测试自动化解决方案。

1.6　有创造力的沟通者

　　学生使用平台、工具、风格、格式和数字媒体,进行清晰的沟通和有创造力的表达自我,以实现自己的目标。

a　学生选择合适的平台和工具,以实现他们创造或交流的预期目标。

b　学生创作自己的原创作品,或负责任地将数字资源重新编辑或者再组成新的作品。

c　学生通过创建或使用各种数字化工具,如可视化技术、模型或模拟器,清楚而有效地传达复杂思想。

d　学生发布或呈现内容,这些内容对于目标人群而言是定制的消息和媒介。

1.7　全球合作者

　　学生利用数字工具扩大自己的视野,通过与他人合作或与本地和全球团队中的有效工作,丰富他们的学习。

a　学生使用数字工具与来自不同背景和文化的学习者建立联结,共同致力于增进相互理解和学习的活动。

b　学生使用协作技术与其他人合作,包括同行、专家或社区成员,从多个角度审视议题和问题。

c　学生为项目团队作出建设性贡献,承担各种角色和责任,朝着共同目标有效工作。

d　学生探索本地和全球性问题,并利用协作技术与他人合作,研究解决方案。

注:本表中文引自"智少年"网站(http://www.wise-youth.com/h-nd-79.html),有修改。

　　ISTE 的"学生标准"为如何理解"学生成为学习主人"提供了借鉴。这对于处于基础教育领域的学校,尤其是当代普通高中学校如何转变人才培养思想与模式具有参考价值。在科学技术快速发展的新时代,必须认识到高中阶段学生的时代性和发展性,高中学生在完成"统一"的义务教育之后,必须具有教育与学习的选择,他们的思想、兴趣、心理、潜能(特长)等各个方面在发展上共性与差异并存,但在引导和培养学生认识自我、认识学习、认识家庭、认识社会等各个方面更显必要。就高中阶段教育与学习而言,学校与教师更需要成为学生发展的指导者、辅导者和引路人,而不是简单的知识传授者与技能训练者。以学生为中心的教育思想及其教学法在高中阶段教育中显得尤为重要与必要。就普通高中而言,高中学校要成为学生愉悦学习、生活与发展的重要场所,要培养学生学习与发展的主体性和创造性,要给予学生自主学习、积极学习和主动学习的机会与条件。

当前,一些高中学校与高中课堂中仍存在较为普遍的应试教学方式,以考试"规范"学习范围,以分数"评判"学习结果,这严重地影响着当代高中学生的学习态度、学习动机、学习参与和学习效果等。在普及化的高中教育中,需要努力做到吸引学生进入高中、留住学生在学校、实现每个学生学有成效,不论是职业教育还是普通教育领域,必须摒弃以教师为中心、以教材为中心和以考试为中心的说教式满堂灌与机械式训练。高中学校与高中课堂应该充满高中学生的青春活力,彰显时代朝气,而不应该是"死气沉沉"的"循规蹈矩"与"未老先衰"。尊重学生、尊重学生的学习、满足学生的学习愿望与实现不同学生在学校中有不同的学习,应成为高中学校改革的能力,这就是学生成为学习的主人的含义所在。在课堂教学的过程中,学生要居于主体作用,既是教的对象,又是学的主体。不论是普通高中还是职业高中,都需要为学生提供学业发展的有效教学、就业准备的必要帮助、生涯发展的正确引领与幸福生活的全面指导。

学生成为学习的主人,对当前高中学校及其教师的教育教学思想与能力是一大挑战。高中学校必须重新审视国家教育现代化进程中当代高中教育与高中学校发展的定位与方向,必须以"以学生为中心"的思想安排学校改革与课程教学新体系,致力于学校创新发展与课堂教学改革。在课堂教学中,教师要探索通过教学理念的转变,营造以学生为中心的建构课堂,借助信息技术促进每个学生学习参与,实现有效、高效的课堂教学。

学生成为学习的主人,意味着高中学校管理制度的重建。学校管理制度必须关注学生需求、学生参与和学生学习效果,要使学生成为高中教育中的重要建构者,而不是传统意义上的"被教育者"与"被管理者"。

二、推进课程综合体系

课程承载着育人的任务,课程的多元化、丰富性、开放性,是培养当代高中学生全面发展以及提高综合素质的关键所在。在国家大力实施与推进课程改革的整体框架下,不论是职业学校还是普通高中学校,都有必要全面审视学校课程体系及其内容。每所高中学校都需要从服务于本校学生、促进本校学生发展的角度出发,思考如何更好地落实国家课程要求,建立起适用于本校学生的课程体系,为每个学生创造尽可能多的个别学习、选择学习和未来学习的条件和支持。所以,课程是高中学校改革的重点,课程要成为或者展现高中学校的发展特色。

一直以来,高中阶段教育设计通常分为普通高中教育和职业高中教育两种,前者课程设置聚焦于升学,后者课程设置服务于就业,单一化、分离实施的课程设计不利于学生综合素养提升。为此,联合国教科文组织提出,"普通教育的概念必须显著地加以扩大,使它明确地包括社会经济方面、技术方面和实践方面的知识"[①],加强普通高中教育和职业教育的沟通。由主要发达国家组成的经济合作与发展组织(OECD)也认为,"应把职业元素引入传统的学术性普通教育课程(例如法国、芬兰、英格兰和威尔士)"[②]。同样,国际社会也具有广泛共识,职业学校在完成专业性技术教育与训练的基础上,可以为学生提供通识性知识与兴趣性特长的教育内容。

例如,在英国,综合高中同时开设普/职两套课程体系,普通教育课程是以升学为导向的 A - level 备考课程,而职业教育课程则旨在帮助学生获得第三级国家职业教育证书,学生可以自由选择任一种课程;职业高中大量开设普通教育课程;部分学校创办了"拼盘式课程"模式,学生可以兼修普通教育与职业教育课程,进而获得普/职两类教育证书;部分高中学校构建伙伴关系,进行普/职课程资源共享,分享各自的优势教学资源,为学生提供多样化的课程选择。[③]

在高中学校课程体系建设中,应注重不断提高学校及其教师的课程领导力,努力增强每个高中教师的课程意识与开发能力。学校及教师要注意使用校外教育资源,包括校外专业人员与校外学习场所,将学校课程延伸到工作与生活的现实世界之中。尤其是注意运用高等教育资源,让学生提前学习大学课程,这已经成为诸多普通高中学校课程建设的重要特点。

当前,就我国普通高中学校发展而言,需要全面学习和理解课程改革的宗旨与要求,真正把握普通高中课程标准及其教学实施要求;全面落实和有效实施国家课程,根据学校发展目标与定位制定校本课程体系,体现国家推进普通高中育人方式改革的要求,使课程在学校发展上成为亮点与特点。

---

① 联合国教科文组织国际教育发展委员会. 学会生存——教育世界的今天和明天[M]. 华东师范大学比较教育研究所,译. 北京:职工教育出版社,1989:257.

② Secondary Education in OECD Countries(2007) [EB /OL]. https://www. etf. europa. eu/sites/default/files/m/C12578310056925BC12573850034415B_NOTE78HD6G. pdf.

③ 余晖. 英国高中阶段教育普职融通的基本经验与现实挑战[J]. 湖南师范大学教育科学学报,2015(02).

三、落实学校办学主体

高中普及会产生学生人口数量增加,并导致学生群体的内在差异性增大,包括家庭背景构成、学习基础与学习能力、学习动机与学习需求、学习方式与学习结果等各方面。传统"千校一面"的高中学校现状,不能适应高中普及的要求。大力推进高中学校的多样化发展,是推进高中教育普及的关键举措之一。需要强调的是,这里所说的学校办学多样化,还不只是局限在普通高中教育领域,而是整个高中阶段教育范畴,也就是说,中等职业教育领域同样需要学校多样化发展。普通高中教育要走出单一的升学准备模式,职业教育则要走出传统的"培训"模式。1995 年,韩国以金泳三政府推行的"5·31教育改革"为契机,借助"学校类型多样化"和"教育课程多样化"两条路径,实施"扩大学校的自主权"和"保障学生的选择权"两大战略,来推进高中多样化办学政策。[①]

好的学校教育并不是一般意义上的单纯地提升学生学习成绩,而更侧重于通过给学生提供可供选择的学习机会和营造多元化的学习条件,以最大程度地启发和激发学生的潜能与素质。因此,普及的教育要让每个学生在其中找到自己的位置并明确未来方向。高中教育的多样化发展,不是简单的以行政为主导的贴标签运动,而是每所学校主动发展、积极发展、可续发展的结果,是学校实现全体学生全面发展的表现,是学校办学特色的彰显。

政府必须改革传统的高中学校评价体系,一方面,不能以单一的升学率或者就业率为唯一评价指标,要将办学条件评价与办学结果评价相结合;另一方面,政府要在高中学校学生录取与课程设置等方面给予学校更多的自主权。当然,政府还要加大考试与招生制度改革,促进高中学校办学多样化与学生成长多元化成为招生改革中的核心议题之一。

学校成为办学主体,关键是激活学校的办学活力。2020 年 9 月,教育部等八部门联合发布了《关于进一步激发中小学办学活力的若干意见》(以下简称"《意见》"),旨在全面激发每一所学校的办学活力,办出新时代的高水平学校,创造我国基础教育高质量发展新格局。《意见》中明确指出:

> 深化教育"放管服"改革,落实中小学办学主体地位,增强学校发展动力,提升

---

① 张雷生. 关于韩国高中多样化办学政策的研究[J]. 外国教育研究,2016(07).

办学支撑保障能力,充分激发广大校长教师教书育人的积极性创造性,形成师生才智充分涌流、学校活力竞相迸发的良好局面,推动基础教育公平发展和质量提升,加快现代学校制度建设,为推进教育现代化、建设教育强国奠定坚实基础。

《意见》指出,要"保障学校办学自主权",其中包括"保证教育教学自主权""扩大人事工作自主权"和"落实经费使用自主权",还要"增加学校办学内生动力""提升办学主体支撑保障能力""健全办学管理机制"和"强化组织实施"等。

学校成为办学主体,要注重和发挥学校管理者尤其是校长的"领头羊"作用,要依靠学校内每个教师的作用,体现教师当家作主的管理体系,还要协同家长、政府、社区等外部力量,探索建立多元参与的治理体系。

第三节　高中教育的要素阐述

发展普及高中阶段教育不仅是社会经济发展的外部需求,也是教育系统本身扩展的需要。如何加快普及高中阶段教育,不仅是教育发展面临的重大实践任务,其中更涉及如何认识普及的一些理论性认识问题。2012年《中国教育报》曾就普通高中教育的定位问题组织过专门讨论,得出的结论有大学预备说、基础与选择说、综合折中说等不同观点。普通高中是高中阶段教育中的重要组成部分之一,讨论高中阶段教育发展问题离不开普通高中教育,但也不能只局限在普通高中。本节以包括普通高中教育和职业高中教育在内的整个高中阶段教育为对象,阐述对当前中国高中教育发展的基本判断。

一、基本概念

"高中教育"本身就是一个比较复杂的概念,在使用时需要谨慎。在本书中,高中教育是指高中阶段教育,既包含两类教育即普通高中教育与职业高中教育,又覆盖普通高中学校与职业高中学校(含技术学校)。我们需要辨析高中教育中涉及的一些概念,以便更好地认识和理解高中教育的内涵与本质。

1. 普及与强制

随着社会经济的发展与人们对教育的期待增加,教育规模日益扩大,传统的选拔式精英教育已经逐步转变成普及化的大众教育。这种普及化教育从基础教育领域不断扩展到高等教育领域,从传统的面向青少年的全日制学校教育发展到了工作阶段的在职教育、继续教育、闲暇教育以及老年教育等。教育已经成为个体发展与社会发展中的重要内容之一,终身教育思想和学习型社会建设正在成为现实。

我国过去40多年的教育改革与发展,使义务教育得到了快速发展,并正在迈向高质量普及的均衡发展道路。高等教育得到了跨越式发展,实现从精英教育到普及化教育的非常规发展。同样,实现普及化高中教育,成为当今中国教育发展成就与发达水平的主要指标之一,也是我国教育现代化的重要基础。

但是,高中阶段教育普及,与传统义务教育普及之间存在着不一样的性质或者要求。在当前教育普及化的背景下,普及高中阶段教育并不是强制学生入学,这是高中普及与义务教育普及的根本区别所在。高中普及,不能无视或者忽视高中阶段教育的自身特性,即学段特点和学生特点,千万不能将教育普及等同于义务教育。

2. 机会与选择

义务教育是基于"强制"教育的思想,基于对尚未成熟的儿童的一种权利保护(受教育权),基于为儿童提供必需的思想、知识与技能。与此不同的是,高中阶段教育的适龄学生人群已经成长为具有相对独立性的社会个体,已经具备初步的选择观念与选择能力。

高中教育的普及意味着为学习者提供的学习机会越来越多,学习者享受教育的权利越来越有保障。但是,这种教育机会的普及,并不一定意味着学习者都要进入到这个教育系统之中。高中阶段教育的普及,并不意味着每个适龄年轻人都一定要进入高中学校学习。

值得关注的是,当今社会已经成为学习型社会,学习的机会不只存在于正规的学校之中。当前我国那种按照考试分数来决定学生在高中阶段入学或者进入什么类别学校的方式,显然没有尊重学生升学中的个人选择权,与真正普及并提供机会的思想是不一致的。

3. 被动与主动

在终身教育思想指导下,在信息通信技术的支持下,教育已经不再局限于学校教育范围之内。学习型社会与学习型组织正在成为现实,个体接受教育和参与学习,可以不再受传统学校教育体系的时空束缚。当代教育的发展,正朝着多样性、选择化、个性化等方向迈进,这对传统的强制性、统一化、模式化教育教学体系提出了挑战。

普及高中教育在于使更多学生获得更大发展,这意味着为年轻人提供选择、参与和发展的机会,而不应是"被迫"或者"被动"地接受。高中阶段学生处于身心发展的关键期,尊重这些正在成长中的青少年十分关键。按照青少年发展的心理学要求,用"强制"的方式使他们入学以普及高中阶段教育,显然是有问题的,也是不合适的。

普及义务教育与普及高中教育的重大区别在于,前者可以是基于政府主导的强制入学;后者则需要基于学生主动的选择入学。尽管二者都重视教育的内涵及其质量,但后者的内涵及其质量显得更重要且必要。

当下的高中阶段教育必须超越以往义务教育的"强制"思维,要从现代教育为个体发展提供教育机会、教育选择和个别化教育的新视角出发。高中阶段教育的普及需要依赖于受教育者或者说学生的认可、认同和接纳,需要学生主动参与到高中阶段的教育之中,不论是普通高中学校还是职业学校。学生是高中教育系统中的重要组成部分,他们是有生命的主体,高中阶段是他们成长的一个历程阶段,高中学校是他们成长的一个生活场所。普及的高中教育必须立足学生本位立场,以关注学生和满足学生进而吸引学生和发展学生。

在高中阶段教育普及化的背景下,须要做到,高中阶段教育是学生发展真正所需要的,是学生真正愿意与喜欢接受的教育,是学生真正学有成效的教育。世界银行2020年教育战略报告《全民学习:投资于人民的知识和技能以促进发展》中有一个重要观点就是,经济增长、发展和减贫取决于人们获得的知识和技能,而不是他们坐在教室里有多少年。所以,要强调学习,要注重全民学习。这对于普及高中教育具有非常重要的启示意义。

二、教育质量

科学发展观的关键是质量观,公平而有质量是我国教育发展的重要方向,高中教育发展也不例外。高中阶段教育普及发展,必须高度关注教育公平与教育质量,要让每个高中教育学生得到应有的支持、帮助和最大的潜能发展,要体现当代教育对教育对象即学生主体性的重视,要满足不同学生发展的多样化要求与选择,这在本质上就是教育现代化。推进高中阶段教育普及,不仅要关注高中教育规模的扩展,更要注重高中阶段教育质量的全面提升。需要有丰富而多样的高中学校,为广大青年接受高中阶段教育提供机会,还要顺应并满足他们的学习与发展愿望,而不是用一刀切的教育模式与教育内容,这或许就是高中多样化发展的真正内核。例如,城乡之间的高中教育与高中学校必须有差异性,农村高中教育涉及农村学生出路、农村社会发展、农村经济发展等多方面的内容及其要求;在农村地区,普通高中教育不能演变为单一的为高考做准备;高中职业教育也不能直接变成是单一的劳动力转移的技能培训。要实现学生在高中学校中学有所成,真正为这些学生的未来发展奠基和服务,就需要为这些地区的学生提供他们真正需要的高中教育及其服务。加大高中教育的内部改革,促进高中教育的多样化发展,探求建立适合于不同学生需求的高中教育体系,才是有质量的高中教育,也才可能是公平的普及教育。

1. 有质量地普及

如果说教育"普及"涉及数量与机会方面,那么"提高"就涉及质量和结果的方面。在高中教育发展的过程中,普及与提高之间是一种相互关系。按照科学发展观的要求,高中教育事业发展必须先做强再做大,实现可持续、以人为本的科学发展。显然,"质量提高"是高中阶段教育普及发展中的重要政策议题之一。

表面上看,普及与提高之间似乎是矛盾关系,即数量扩展可能影响质量提高,即在实践中,如果注重质量,则普及速度可能缓慢。可是,没有质量的扩展与普及,究竟有多少可持续发展的生命力与促进个体发展和社会发展的影响力呢? 普及高中阶段教育要区别于义务教育,不能采用强制入学的方式扩展;高中教育需要吸引更多的学生入学,没有质量的教育又怎么能够产生吸引力呢? 所以,加快推进普及高中阶段教育发展,必须具有质量保障。

这种质量保障,首先在于高中教育普及的条件保障、经费投入、师资队伍与教育结果等全方位的要求与界定。在全国范围内,普及高中阶段教育不能只有"毛入学率"指标,还应该有普通高中与职业高中的结构之比、学校教育教学实施是否达标、课程与教学质量、师资队伍配置、学生学习与发展结果等系列化指标及其要求。很显然,为了追求毛入学率而导致一些地区的高中学校办学不达标,尤其是超大班额、师资结构性短缺、封闭式学生管理、应试式教学以及片面追求升学率等现象,这些都是普及质量不高的表现。

近年来,在我国高中教育普及发展中,大家已经意识到了有质量地普及。一是注重推进课程与教学改革,如持续推进普通高中课程标准建设,强调学科核心素养培养,旨在以与时俱进的课程改革促进高中教育人才培养的创新发展。二是注重全面提高学生综合素质,以考试招生制度改革为抓手,引导高中学校走出片面追求"升学率"的人才培养模式。三是注重推进学校多样化办学,改变学校评价观,促进学校办学的创新,形成适合每个学生的高中教育。

2. 每个学生成长

高中教育质量是一个需要从多元角度界定的复杂概念，很难用一个简单的、统一的标准或者要求去衡量。这也就是当前普通高中教育领域中强调多样化发展的原因之一，是难以评判高中阶段中职业教育与普通教育"谁好谁不好"的因素。传统观念中将中等职业教育看成是"差生"的"收容所"，显然是对高中教育质量认识不清的结果。对高中教育质量的认识，是影响制订普及高中阶段教育政策的重要因素。

高中阶段教育作为承接义务教育与高等教育的学段，它具有自身的教育定位：为接受了义务教育的学生提供更多的教育与支持，既为他们将来接受高等教育做准备，也为他们以后进入现实的职业工作世界做准备。同时，高中教育也要为高中生提供适合他们年龄阶段的生活实践。高中阶段是学生个性成长与自主发展的关键期，因此，高中学校必须为学生提供全方位的各种支持与服务，而不只是局限在片面追求升学分数的教学与直接就业的技能训练。可以认为，每个学生的成长，是评判高中教育质量的重要方面之一。

每个学生的成长，意味着不再单纯地完全以分数、升学或者就业为评价指标，而是关注每个高中学生在高中学校中学习需求（内容）、学习参与（过程）、学习成效（结果）等多方面的综合表现。在高中教育普及化的背景下，无论是普通高中学校还是职业高中学校，追求学业进步、获得就业岗位与进入高等教育，都是普通高中或者职业高中为每个学生成长提供的服务。每个学生成长意味着高中学生在高中阶段已经为进入社会、升入高等教育和进入职业作了良好准备，并在高中阶段学习生活中得到了愉悦的人生经历。学业成绩只是每个学生成长的一个方面，更为重要的是，学生在高中阶段能够更加明确人生的意义与方向，增强自我意识和责任感，形成主动学习和终身学习的能力，在德智体美劳全面发展上取得成效，这就是成人。

面向每个学生成长，是《中国教育现代化 2035》的基本理念之一"更加注重面向人人"的体现，高中学校需要为此而努力。让每个高中学生获得成长和进步，让他们得到适合自身需求与特点的教育，这就是高中教育质量的精髓所在。

3. 办好每所学校

《国家中长期教育改革与发展规划纲要（2010—2020 年）》中明确提出："树立人人成才观念，面向全体学生，促进学生成长成才。树立多样化人才观念，尊重个人选择，鼓励个性发展，不拘一格培养人才。"这就是加快普及高中阶段教育的质量观，而且必须转化为高中阶段教育改革与发展的实践，这就需要办好每一所高中学校。

在面向教育现代化的过程中，教育改革发展必须以习近平新时代中国特色社会主义思想为指导，必须将坚持以人民为中心的教育发展思想作为高中教育改革与发展的核心思想。高中教育必须面向每个高中学生，促进每个学生终身发展，努力让每个高中学生都有人生出彩的机会。显然，办好每一所高中学校，使每个高中学生成长成人，是当前高中教育健康发展和质量提升的重要特征。

当前，我国高中教育体系中存在按照等级划分的现象，尤其是传统的重点中学，或者所谓的优质学校、星级学校、示范学校等。办好人民满意的高中教育，不能只是办好这些所谓的重点中学或者示范学校，不能只考虑升学率的问题。高中教育质量与每所高中学校有关，需要每所高中学校都能够为它们所服务的学生提供最恰当的教育，促进学校内每个学生的进步与发展。办好每一所高中学校是高中教育发展的当务之急，只有促进所有高中学校发展，整个高中教育才能有质量地发展并让人民群众满意。要使每所高中学校都成为优质或者有质量的学校，制定有助于它们可持续、有质量发展的政策，创造相应的条件，采取对应的措施，这是摆在政府和高中教育工作者面前的重要课题。

教育政策的公平、公正、公开是促进高中学校有序发展、竞争发展、共同发展的前提条件。以往重点学校的教育政策在当前追求公平的环境下，必须调整与改变，必须将重点学校、示范学校或者星级学校等等级制学校，与新时代的优质教育或者优质学校区分开来，优质学校必须具有宽泛的普遍性和可获得性，而不是"标签化"。优质学校需要有来自学校自身内发的办学追求与努力，而非简单的传统"名校"的扩展或者挂牌。例如，城市高中质量固然不错，农村高中质量提升需求迫切，但农村高中教育质量提升并不能是简单的"进城"或者让城市名校的"收编"（如集团化）而自动生成的。

2020年11月，中共中央、国务院印发《深化新时代教育评价改革总体方案》，为办好每所学校提供了有力的政策支持。该文件中提出：

> 坚持科学有效，改进结果评价，强化过程评价，探索增值评价，健全综合评价，充分利用信息技术，提高教育评价的科学性、专业性、客观性。坚持统筹兼顾，针对不同主体和不同学段、不同类型教育特点，分类设计、稳步推进，增强改革的系统性、整体性、协同性。

> 普通高中主要评价学生全面发展的培养情况。国家制定普通高中办学质量

评价标准,突出实施学生综合素质评价、开展学生发展指导、优化教学资源配置、有序推进选课走班、规范招生办学行为等内容。

综上所述,我国高中教育发展是多方位的,首先是有质量地普及,不能只是学校数量增加或在校学生规模的增大。其次,高中教育不能唯升学或者唯就业,而要考虑并重视学习者的教育选择,在实践中体现以学生为中心的教育理念,旨在促进每个学生的成长成人。最后,重视高中教育质量意味着每所学校都能成为优质学校,成为人民满意的学校,将不再按照传统的等级划分高中学校的地位与定位。

三、发展特性

在当前社会转型、经济发展、教育发展与学校变革的背景下,有必要明晰高中教育普及发展的特性,这是认识和理解高中教育改革与发展的出发点和立足点。综合上述所有论述,这里总结归纳当代中国高中学校应有的三大特性。

1. 选择性

自 1990 年"全民教育"思想提出之后,全民教育实践在全球范围内快速发展,全民教育的概念得到逐步扩展和延伸,如全民优质教育、全民高等教育、全民终身教育以及全民学习等概念纷纷出现,并逐步被人们接受。作为人们受教育的权利,其内涵和外延处于不断变化之中。在此过程中,介于义务教育与高等教育之间的高中阶段教育,同样实现了数量扩展,这就是高中教育普及。

高中阶段教育普及不同于义务教育的普及。普及义务教育是强制教育,是每个适龄学生必须接受和参与的教育活动。之所以被强制要求参与,这是由学生年龄及其身心发展状态而决定的。但对于完成了义务教育之后的青少年而言,他们对教育、社会及其个体自我都有了一定的看法,他们开始有独立的思考、立场和想法,他们也有自主选择和自我决策的意识、要求及其能力。所以,不能以"强制"教育思维来看待高中教育普及,而要认同、鼓励学生的自主选择和多元选择,并由此促进高中阶段教育普及发展。

普及高中教育,是作为教育权的提升与实现,其中包含了个体权利的运用,即学习者个体的自主、自由和选择。现代社会重视发展教育,教育规模扩张与教育系统壮大,不只是基于国家的发展和社会建设的需要,同样也是为了促进个体全面发展和个体幸福生活的需求。在现代化进程中,重视个体需求与满足个体选择,是促进人发展的基础,这一点非常重要。所以,普及高中阶段教育,也不能只停留在满足高等教育需求或者提高劳动者素质(就业)的层面;扩大高中教育尤其是普通高中教育,是满足人民群众能够接受更多教育的愿望与需求,是人们自愿选择、主动参与教育的过程。

高中教育普及为更多学生提供了学习机会,也为个体有选择的学习与差异化发展提供了支持和服务。普及化的高中教育促进了学生分流与分化,只是这种分流与分化需要更多地基于学生自主选择与自我发展,而不能是外在的、人为的、被迫的干预或者配置。

2. 阶段性

教育是一个复杂系统,是各级各类教育之间相互衔接和相互贯通的体系。在教育系统与体系变革的进程中,重新审视系统中每个成分或部分的定位及其作用十分重要。在全民终身教育思想指导下,传统的中等教育甚至高等教育,都不再具有终结性的特点;在学习型社会中,学习机会将不因为年龄增长或者离开学校而减少或者消失;对于个体而言,教育或者学习的选择将不再是选择之后不可更改或者难以更改。

高中阶段教育在系统化、系列化的现代教育体系中,存在明确的阶段独特性,是整个教育系统中不可或缺的独立存在。高中阶段教育承担着有效联结义务教育阶段和高等教育阶段的"任务",其存在的独特价值意义在于,不只是依附于高等教育需求,或者只是义务教育发展的必然后果。在以人为本的科学发展观的指导下,高中阶段教育不论是普通教育还是职业教育,都是为个体发展提供一种基于教育与学习活动的个体社会化经历。在这个过程中,个体得到与其生命成长成熟所需要的知识、技能、价值观和态度等的教育与培育。所以,高中教育不只是一种单纯向工作或者升学过渡的"过渡"型教育,而是需要体现每个学生在生活生命发展这个阶段的需求与满足。

这种阶段性就是,遵循高中阶段学生成长成人的身心发展规律,在价值观、世界观和人生观等理想信念方面与社会主义核心价值观的培养,是每个学生个体成长中愉快的生命体验与发展经历,是"冶炼"或者"磨练",但不能是痛苦经历。因此,普通高中教育以科学发展观为指导,把人的全面发展教育真正贯穿到普通高中教育的全过程全方位之中,注重育人方式改革与育人质量提升,真正使高中教育面向并服务于每个学习者和参与者。普通高中教育不再只是大学教育的学术准备,而是促进个体成长成人的全方位准备,包括学业、职业与未来生活。过去一直强调的高中教育与高等教育之间的衔接和沟通(暂不讨论衔接得正确与否或者如何衔接)本身并不错,但是也不能不关注高中教育与社会、与工作世界、与生活世界的衔接。在高中阶段教育呈现普及化的情况下,接受和参与高中阶段教育已经成为每个个体的一种基本权利。在终身教育与学习化社会背景下,即将成人甚至已经成人的高中学生,或许并不是都需要或者都愿意高中毕业后直接进入大学学习。

总之,在高中教育这个学段,普及化的高中教育需要为每个学生提供一种全面了解自我、了解学业,为工作与进入社会作准备的服务。在当今日益开放而多元的社会中,高中学校不能是一个封闭、隔离的,只学习书本知识的场所;事实上,也不可能建立这样的学习环境。更好地认识教育、学校与社会之间的关系,认识教育、人、社会之间的关系,是高中教育学段的独特性所在。

3. 基础性

在全球化背景下,社会进步、经济发展、文化多元等对个体的发展提出了一系列的新要求。在多极化世界中,每个个体都需要具有全球视野,需要认识、尊重以及认同不同文化,需要有和谐相处的能力,需要有积极而主动的社会参与,包括民主社会建设和可持续经济发展。面对这些诸多变化的外部需求,学业教育显然难为个体提供足够的全方位支持。教育只是为个体终身学习和终身发展提供基础性支持,或许这更是基础教育的价值意义。

高中教育尤其是普通高中教育被广泛认为是基础教育阶段。早先的基础教育一般是初等教育(primary edcuation),甚至不包括初中教育。这种基础教育的界定是以教育结构中的级别或者阶段为对象而划分的。在传统制度化学校教育系统中,即按照初等、中等和高等教育而划分的三级教育,明确基础教育的范围并不困难。但在教育普及化发展的新时代,基础教育的概念似乎正在发生变化。

20世纪90年代初,《世界全民教育宣言》中明确了"基本教育"(basic education)的含义,满足全民的基本学习需求,即满足全体儿童、青年和成人的基本学习需求。

基本学习需求包括基本的学习手段(如读、写、口头表达、演算和问题解决)和基本的学习内容(如知识、技能、价值观念和态度)。这些内容和手段是人们为能生存下来、充分发展自己的能力、有尊严地生活和工作、充分参与发展、改善自己的生活质量、作出有见识的决策并能继续学习所需要的。

显然,基于个体终身发展需求和社会发展对个体的要求,基本教育的含义发生了变化。处于普及状态下的高中阶段教育,不论是普通教育还是职业教育,已经成为"基础教育"或者说"基本教育"。当今知识经济发展的背景下科学技术的发展对现代社会生产及其职业工作技能提出了新要求,现代产业和企业职工的基本能力和基本素质正在发生变化,传统教育已经越来越不适应现代企业和产业发展的需求了。

美国"21世纪技能合作组织"提出个体适应不断变化的社会和科技的21世纪必备基本技能:责任感和适应性,沟通技能,创造性和求知欲,理性思辨和系统性思维,信息和媒体素养,人际交往和合作能力,发现、分析和解决问题,自我引导,社会责任感等。美国教育界根据21世纪技能的理念,提出了现代生涯教育和技术教育的要求,开展面向所有学生、所有生涯、与学术联合、高中和学院共同实施的教育,在高中学校中淡化职业类科目与学术性科目之间的差异。

基础教育不再只局限在义务教育的范畴中,在高中教育和高等教育层次,在职业类学校或者课程与学术类学校或者课程中,同样需要关注"基础教育"的需要。2005年,联合国教科文组织在《中等教育改革》报告中,图示了"基础教育"在目前与未来教育体系中的变化,由此清晰地显示出了高中教育中的"基础性"特点(图3-2)。

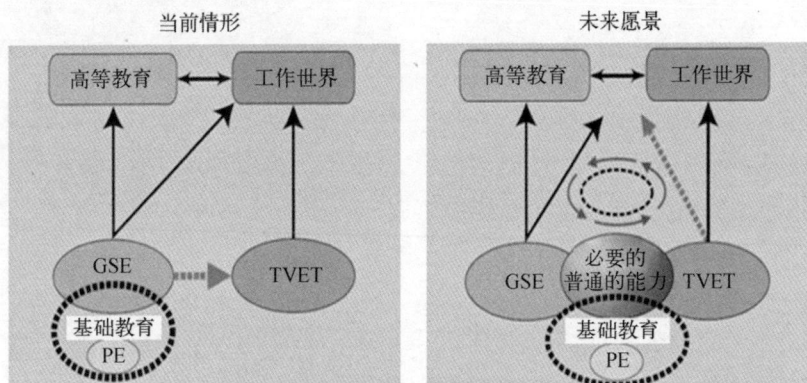

图3-2 普通高中教育学段职能对比

注:PE指初等教育,GSE指普通中等教育,TVET指职业技术教育与培训。引自:Secondary Education Reform: Towards a Convergence of Knowledge Acquisition and Skills Development[R]. UNESCO, 2005.

显然,这也是整个教育系统的改革和创新。被传统认为是基础教育的高中教育,更需要在其中发挥重要作用,从而体现高中教育作为人的全面发展中所需要的基础性。

当前,我国高中教育的基础性,在教育内容上要体现增加有关"生活"与"工作"的内容,这也是高中课程改革中必须关注的领域。联合国儿童基金会曾提出三种类型的生活技能：沟通和人际技能，决策和批判性思维技能，应对和自我管理技能。这些技能的培养，正是高中教育需要发展的领域。联合国教科文组织也曾强调，在中等教育改革中，要重视企业家精神的教育，要开展同伴健康教育，要注重围绕核心的、一般知识的教育。这些生活与工作相关技能的教育，确实是当代高中阶段教育内容的基础之一。高中教育需要联系社会和工作世界，需要关注学生离开学校之后的继续教育与终身学习的需求，包括学习精神、学习品德、学习方法与学习能力等。这些都是高中教育需要为个体发展提供的"基础"。上海曾举办第三届国际职业技术教育大会，大会的主题就是"为工作和生活培养技能"，即使是职业教育，也不再以直接的就业为唯一目标，同样需要关注个体的生活与发展。

　　总之，新时代年轻人群体日益形成多元化。在尊重个体和以人为本的思想指导下，基于个体发展需求，高中教育必须反映这种分化与多元的取向，并提供支持和服务，重点关注个体学习与发展之中的基础性需求。

第四章 普通高中发展的追求

本章认为,新时代普通高中改革发展,要全面贯彻习近平新时代中国特色社会主义思想,按照《中国教育现代化 2035》的战略部署,实现推进普通高中教育发展的目标。

➤ 将普通高中作为基础教育的一部分,追求更加公平而有质量的普及发展,推进整个基础教育的均衡发展,以政策创新激发高中教育创新活力和教师参与。

➤ 将普通高中发展作为促进高中阶段教育普及发展的重要力量,以人民群众对优质教育的期盼为基础,不断扩大普通高中供给,持续优化高中阶段教育内部的普职结构。

➤ 普通高中发展要在学校发展多样化、与高等学校衔接、全面构建育人体系等方面付出行动,创建出高质量发展的育人生态系统和全面培养时代新人的格局。

第一节 公平而有质量

"公平而有质量"是基础教育永恒的追求目标,"如何实现公平而有质量的基础教育"是新时代中国基础教育改革与发展必须研究的课题。基础教育公平而有质量是现代教育改革的方向,其实现路径存在不同视角的阐述。基础教育参与主体主要是政府、学校和教师,实现公平而有质量的基础教育需要政府、学校和教师等多主体协同。

2019 年《国务院办公厅关于新时代推进普通高中育人方式改革的指导意见》体现

了提高教育质量与促进教育公平的要求,实现公平而有质量的基础教育既是中国教育发展的使命所在,也是全面深化教育领域综合改革的重点所在,更是新时代中国特色社会主义教育的重心所在,普通高中学校必须遵循实现公平而有质量的基础教育这一改革大方向。

一、内涵要求

基础教育主要指中小学阶段的普通教育,其教育的目的在于发掘人的自身潜力、实现个人的本体价值,为人提供的最低限度的教育,其使命在于为个人的终身发展奠基。基础教育阶段对于教育公平的重视程度反映一个国家教育系统基本的公平程度,基础教育阶段的教育质量在一定意义上决定一个国家教育的质量,基础教育是公平与质量的统一体。

1. 教育公平

1949年到21世纪之前,中国的基础教育坚持"质量为先,兼顾公平"的发展与改革思路,基础教育的教育质量观逐渐由"分数主导""升学主导"转向落实"素质教育工程"实现人的全面发展,而"扫盲""普九"等政策均体现了对教育公平的重视。1999年的高等教育扩招给更多适龄青年接受高等教育的机会,使得教育公平成为社会普遍关注的议题,基础教育领域改革在关注教育质量提高的同时转向对教育公平的追求。

2010年7月,《国家中长期教育改革和发展规划纲要(2010—2020年)》提出要"把促进公平作为国家基本教育政策";2017年10月,中共十九大报告提到要"努力让每个孩子都能享有公平而有质量的教育";2019年2月,中共中央、国务院印发《中国教育现代化2035》强调要"着力提高教育质量,促进教育公平";2019年3月,李克强总理在《政府工作报告》中指出要"发展更加公平更有质量的教育"。在此背景下,基础教育公平而有质量成为中国现代教育改革的战略目标。

2015年5月,世界教育论坛在韩国仁川举行,会议发布了《仁川宣言》,主张各个国家要努力提供全纳、公平、有质量的教育以及全民终身学习的机会。2015年11月,联合国教科文组织发布"教育2030行动框架",其总原则之一是"国家必须确保普及全纳、公平的优质教育和学习,不让一个人掉队",其总目标是"确保全纳、公平的优质教育,使人人可以获得终身学习的机会",进而迈向全纳教育,实现教育公平,提高教育质量成为世界教育改革的目标导向。受此影响,基础教育作为整个教育体系的重要一环,追求基础教育公平而有质量将成为世界范围内现代教育改革的目标选择。

"今日之中国,是亚洲之中国、世界之中国",中国基础教育改革的取向与行动受到世界范围内基础教育改革趋向的影响,世界范围内基础教育改革的取向与行动同样受到中国基础教育改革趋向的影响。现如今基础教育公平而有质量既是中国教育改革的时代追求,也是带有世界性的教育改革的重要方向。

教育公平是当今中国基础教育发展的核心追求,是社会公平在教育领域的延伸和体现。教育公平最初体现在重视机会平等,主张保障人的基本受教育权利,但从 20 世纪 70 年代起,国际社会开始倡导提供有多样选择的教育公平,承认人与人之间有差别的平等,其内核是强调受教育者的受教育机会均等与受教育权利平等,期待所有人享有基本相等的受教育权利,享受质量基本相同的教育关照的同时不否认或忽视人与人之间生理层面和社会层面的不同,追求满足个体受教育需求差异的教育,规避各种形式的教育特权。

对于教育公平,可以从两个方面理解:一是从横向意义上延伸教育公平的广度,不断延展教育的覆盖面,将有限的教育资源惠及更多接受教育的受教育者,强调优质教育资源普及到尚待关注的边缘群体,公共教育资源分配向弱势群体倾斜,保障弱势群体具备平等接受教育的机会,不让适龄人群因贫弱辍学,实现真正的全纳教育;另一方面是从纵向意义上延伸教育公平的深度,从关注教育起点公平的受教育者的教育机会平等转向对教育过程中的育人的方式方法、质量品质以及受教育者的公平感、满足感和获得感获得的关注,让存有个体差异的学生能够接受个性化教育,保障学生个体成长需求的满足。

2. 全面发展

教育质量是对主体需要的满足程度。不同群体、不同国家对于教育质量的理解不同,一般有两种含义:一是指教育成果或结果满足教育目标系统所规定标准的程度;二是指学生获取的知识、技能及价值观与人类的条件及需要相关的程度。当前世界范围内的教育质量观已从单纯关注学生知识的获取扩展到以培养学生综合能力、促进学生全面发展以推动社会均衡,逐渐扭转把高质量的教育等同于提高学生升学率的教育、把学生的考试分数等同于教育质量等认知偏歧。

中国教育改革强调教育质量体现在立德树人根本任务的落实上和尊重教育规律上,立足于人的心理和生理特性,引导学生培养学习兴趣、探究意识、合作素养,让学生通过教育有能力认清自我和外部世界。而且,教育质量国家标准的制定重点在关注学生个体发展,从学习者的立场诠释教育质量。受此影响,对于教育质量也可以从两方面理解：一是外显性层面，以学习者为中心，强调在人的德性与德行培养基础上使学习者认知能力在受教育过程中得到发展，创新能力、思辨能力以及问题解决能力在受教育过程中得到培养，进而具备服务社会发展的综合能力；二是内隐性层面，强调以教育培育学习者的教育愿景与成长目标，找到适合个人的学习路径和思维模式，帮助其树立成为负责任公民应有的情感基础和处世态度，形成正确的国家观、历史观、民族观、文化观，进而促进个体全面发展。

从基本均衡到优质均衡，从教育机会平等到追求有质量的公平，是基础教育改革的主旋律，它强调为人提供平等的受教育机会，满足人有差异的受教育需求，培养人的综合能力，促进人的全面发展。现如今高中教育阶段教育公平与教育质量是一对共存共在、共融共生的教育范畴，关注教育公平离不开教育质量的提高，提高教育质量同样离不开对教育公平的关注，"公平而有质量"是基础教育永恒的追求目标。

3. 协同发展

基础教育公平而有质量是这个时代对于基础教育改革的目标期待，对于这一目标的实现路径选择有不同视角的阐述。高中阶段做好"普及攻坚"，重点要落实政府及社会各方责任。政府在其中要担当重要责任，推进公共服务区域间均等化，以素质教育提高学生综合素养。

公平而有质量为基础教育改革提供了有价值的思路，但基础教育是育人的基本工程，既需要宏观层面的统筹规划，也需要中等层面的创生转化，还需要微观层面的实践优化。我国基础教育的参与主体是政府、学校和教师。其中，基础教育的供给侧是政府，无论是学校布局调整，还是教育质量提升，都离不开政府的重视与指导；基础教育的主阵地是学校，其办学体系与育人结构决定教育公平与教育质量的水平；基础教育的实践主体是教师，教师的言行影响且决定基础教育的品质，发展公平而有质量的教育必须激活教师。基于协同理论分析，一项改革目标的实现需要对内部所涉的相互影响的主体要素进行优化协同，单一主体很难协调全局目标的实现。

鉴于基础教育是教育系统中的关键一环，基础教育领域教育公平与教育质量的双重提高，不仅是政府的责任，也是政府领导下的学校、学校领导下的教师以及政府、学校和教师相关的社会力量的共同责任；实现公平而有质量的基础教育要从单一主体推动公平与质量到多主体协同保障公平与质量，立足主体间相互配合、协同互助，构筑基于政府、学校和教师单主体特征优势的多主体协同参与基础教育改革与发展的教育体系与结构。

就普通高中学校发展而言,至少需要让政府、学校、教师等三者在学校发展上产生共同目标、形成共同合力、促进共同发展。

二、关键要素

追求"公平而有质量"的教育是中国教育的基本特征,公平而有质量的基础教育在国家教育体系中处于先导性和全局性地位,是国家教育战略改革的重中之重,实现公平而有质量的基础教育需要政府、学校和教师立足单主体特征优势进行多主体协同。

1. 政策体系

政府是基础教育的监管主体,是基础教育改革与发展的"领导者"和"设计师",实现公平而有质量的基础教育的宏观层面需要政府进行统筹规划,保证作为基础教育一分子的普通高中发展,政府必须统筹保障资源供给和改革体系。

首先,需要建立普通高中教育经费供给机制,保障教育经费投入与使用稳定。政府在立足社会主义办学方向,坚持立德树人任务导向的前提下测算和掌握基础教育各学段改革与发展的经费需求量,为教育经费预算与分配奠基。在高中教育阶段,政府要统筹建立经费拨款动态调整和"家庭-学校-政府"经费供给分担体系,保障教育经费投入,鼓励引入社会公益助学力量,扎实落实扶困助学政策,保证普通高中学校基本办学经费、学生各项补助和教师待遇津贴落实到位。同时,督导部门监管教育经费使用的"专款专用",规避"巧立名目"挪用经费问题出现。

重点加强为中西部贫困地区提供普及高中阶段教育的援助,稳步推进招生考试和育人方式改革,在确保普及率达标的同时提升高中阶段教育品质,促进教育扶贫体系,维护教育扶贫成果,为偏远少数民族地区中小学生、留守儿童、残疾儿童少年提供适合的高中教育。

其次,要制定并落实信息化教育政策,推进优质教育资源共建共享。数据显示,当前我国基础教育阶段信息化办学已具有较高水平,网校建设、智能教室、多媒体设备等均有较好基础。为此,要积极推动"互联网+教育"行动,支持中小学教师加强信息技术应用能力提升,鼓励社会力量开发数字教育资源共建共享平台,推行"强区带弱区""强校带薄弱校"的教改模式让教育资源在区域间(内)流动,使更多(尤其是教育欠发达地区)学生享受优质教育资源的惠泽,使信息技术成为促进我国普通高中教育资源共享和均衡发展的重要手段。

再次,建立普通高中学校现代治理体系。一方面,政府改变对普通高中学校的管理方式,从检查式管理转向服务式管理,从直接的垂直管理转向综合的多元管理,重点是向学校赋予专业权利,尊重学校办学自主权,激发学校办学活力,提高学校治理能力。积极开展学校管理评价、质量监测和常态督导,完善基础教育办学政策法规,确保学校办学与现代教育改革趋向同频共振。另一方面,政府要以制度创新为抓手,倡导并助力学校与社会、家庭合作关系的建立,鼓励和引导社会组织有序参与学校改革,构建社会合力体系,助推普通高中教育公平而有质量的实现。

最后,重视对教师的政策引导与支持。习近平总书记指出,人才培养,关键在教师。在普通高中教育改革发展过程中,在薪资、编制、人格尊严、社会地位等方面,政府要给予教师政策关照,加强和改进师德师风建设政策引导,做好教师编制核定和统筹,让教师群体有职业获得感和事业成就感的同时,获得职业成长、专业成功、事业成就,建立增强教师专业主动性的鼓励性和监管性支持政策,增进教师提高基础教育阶段教育公平与教育质量的意愿。

2. 创新活力

学校办学模式和育人方式决定了教育公平与教育质量的水平。实现公平而有质量的高中教育,要求普通高中学校积极投入改革与创新,在政策指导和引领下,创新办学模式和实现育人方式改革。

第一,遵行政策指导,构筑专业办学的政策保障。教育政策作为学校改革的指导纲要,执行教育政策的过程也是学校"自查""自省""自建"的过程。实现公平而有质量的基础教育,学校要遵行政策指导以构筑专业办学的政策保障。其中,有两点要特别注意:一是保证招生公平。招生公平是教育公平的主要构成部分,学校要严格按照国家和地区招生政策要求,自主招生过程要做到公开公正,给学生提供平等的入学机会。二是打造安全校园。安全问题是学校教育的首要问题,影响甚至决定基础教育的质量,学校要严格落实校园安全建设的各项政策,加强校园安全管理,重视师生安全教育,防范学校危房倒塌、餐食中毒、往返校交通、溺水触电等事故发生。

第二,坚持以学生为本,优化学校办学结构。学生是学校的主体,实现公平而有质量的教育着力点要放在以学生为本的学校改革上。具体来说就是,坚持以学生为本,逐渐转变应试主导的办学思维,回到以学生发展为中心的指导思想,建构符合学校校情、发挥学校优势、凸显学校特色、蕴藏学校专业办学逻辑的改革思路和发展道路。同时,立足学校教育基础和真实境遇,重点加强学校薄弱环节建设,改变千校一面式办学,努力创造和建设丰富且有思想的学习活动,为学生提供更多的适合其个体特征的教育选择。

第三,注重课程建设,坚持国家课程与校本课程并行发展。课程是学校教学品质的生命线,实现公平而有质量的基础教育,学校要从学校课程建设入手满足学生的求知需要。坚持国家课程开齐、开足、开好,发挥学校主动性,因地制宜地对既有课程进行统筹,在打造精品课程之余缩减其他课程,保证国家课程大纲要求科目的课程够、课时足。同时,基于学生发展需要展开校本课程建设,挖掘区域自然、社会和人文资源,融入校本教材、课堂教学以及课外实践,发挥学生经验的功用,展现校本课程发展学生自主性、灵活性的思想,激发学生的主体意识和精神,以课程建设为契机推进学生并实现自身价值。

第四,开展教学创新,注重教学改革。当前基础教育阶段学校均具有一定的信息化办学条件,面对传统教学资源来源窄小、专业指导缺少、改革难度较大等现实,学校要顺应信息化时代教学改革趋势,在保留传统教学师生情感交互较多的优势的同时,借助政府和教育部门的力量开展传统教学改革,搭建学校与教学科研专业团队之间的沟通与合作,支持学科教师立足技术优势为学生提供"各需所求,量体裁衣"式的教学计划,减轻学生课业负担。同时,注重传统教学方案诊断,以促进学生多元化发展为目的,引导教师在分层设计教学方案的同时重视学生"综合素质"培养,并以此为基础优化传统"分数为王"的学生评价。

最后,重视家校合作,推进家校沟通与合作育人。家庭教育是现代教育的重要一环,学校重视家校合作,引入家庭教育的力量丰富学校育人结构是实现公平而有质量的基础教育的必要选择。一方面,借助家委会定期组织家校沟通,依据学生表现向家长提出教育孩子的方案以作参鉴。同时,家校沟通中若家长讲出对于学生教育的所思所感,学校要回应并保证家长的平等尊重。另一方面,借助互联网沟通便捷的优势,班主任定期利用微信、钉钉、QQ等社交平台向家长汇报学生在校的学习与生活表现,以图文日志等形式展示全体学生成长风采,吸引家长理解、接纳、参与和支持学校教育,积极促成家校合作育人。

3. 教师作用

教师是教育的第一资源,教师的德性素养与育人能力决定基础教育阶段教育公平与教育质量的水平。实现公平而有质量的高中教育,需要全面提升教师的师德与师能。政府、学校必须充分尊重教师的主体作用,注重加强教师师德和育人能力的提升。

第一,关注师德建设,发挥教师以身示范的育人价值。改革核心主体是学生,教师涉及育人行为的示范是学生理解其所处的教育是否公平、是否有质量的重要影响因素。为此,教师要通过"内省"明晰和增强自身的责任感与使命感,以教育自觉的构塑助力自身师德的培养,使师者德性德行与传统师道伦理相符。同时,践行好教师"四有"标准,努力做到以"理想信念"引领学生,以"道德情操"感化学生,以"仁爱之心"温暖学生,以"扎实学识"教导学生,在学生评价过程中以平等的眼光审视学生,不过多涉入学生家庭背景等因素,让学生接受不失公平且富寓内涵的基础教育。

第二,坚守教师岗位,履行专业育人责任。韩愈的《师说》有言:"师者,所以传道授业解惑也。"一般讲,"传道"是教师教育学生明辨大千世界、俗世凡尘、人间百态以及天道人理;"授业"是教师教育学生对前人留下的传世经典进行研习、现世文明的传续和现代知识的内化吸收;"解惑"更多聚焦教师对于学生学业层面、生活层面的困惑和疑惑的解答。三者是教师专业育人的责任所在,实现公平而有质量的基础教育,教师要坚守岗位,坚持有教无类、因材施教的原则,在履行专业育人责任的同时配合与协助学校办学体系调整,构建人的全面培养体系,为不同禀赋的学生提供有差异的教育。

第三,重视能力提升,培育教学技能和育人智慧。一方面,发挥教师主动性,关注教育生活中相关的教育细节,通过广泛的教育阅读和与其他教师研讨领会教育现场蕴藏的育人蕴意,并且切实参与校内外教师研训,实现"教""学""研""训""考""评"一体化的教学技能培育,以此为教学质量提高蓄力。另一方面,"互联网＋教育"是缩小区域基础教育发展差距的突破口,信息技术融入教学领域让教师教学的内容、方法、工具等发生改变,面对全新的育人情境,教师要反省信息化环境中教学的本质与价值,主动转变教学观念,角色定位应由知识的灌输者转为教学的参与者和指导者,让教师灵活的"教"与学生多样的"学"彼此适衡,以此为提高教育公平奠基。

第四,优化师生关系,推进师生之间平等和谐交往。与教师交往的主体主要是学生,师生因是基础教育构成主体而使师生关系成为影响基础教育公平与质量的关键一环。为此,教师要以优化师生关系为基点,坚持严而有度、严而有方,在关爱学生的同时维系师者在学生面前应有的威严,平等对待全体学生,差异对待特殊学生,优待有特殊贡献的学生,注重在师生彼此尊重的基础上推进师生之间平等交往。同时,灵活运用自身权威,切忌用讽刺、挖苦等方式批评指责学生,或者因学生违纪而给学生贴标签,规避用"傻""笨""呆"等侮辱性言辞,慎用成人思维框定学生行为的认知取向,注重在达成师生共识的基础上推进师生之间和谐交往。

第五,激发家校合力,指导家长以家庭教育辅助学校教育。实现公平而有质量的基础教育,教师要激发家校合力,对家长开展家庭教育指导助力家庭教育辅助学校教育。首先,教师指导家长开展家庭教育要珍视家长价值,不能将二者的关系定性为师生关系,与家长交往要有边界意识。其次,教师要主动转变角色定位,严于律己,恪守育人规范和师德底线;宽以待人,不断修正与家长对话的言行;增进学习,丰富自身家庭教育知识结构。教师要坚持以生为本,把学生视作孩子来关注和关怀,以家长的视角与学生交往,理解学生的学习与生活习性,探秘家长与学生的相处方式,指导家长辨识孩子的心性与行为使其家庭教育提质增效,进而以优质的家庭教育辅助学校教育,助推基础教育公平而有质量地实现。

总之,建设公平又有质量的普通高中教育,是我国教育现代化的一个重要方面,是让人心向往之的教育愿景,道阻且长。但如果有持续而积极的实践探索与创新,相信路虽漫长,发展成果则可期、可盼、可待。

2017年教育部编制的《砥砺奋进的五年:数据看教育(2012—2016)》显示,中国教育已经迈入世界中上水平。当前,全国教育现代化发展达到较高水平,教育综合水平超越经济水平,与发达国家的差距正在缩小,相对于其他新兴经济体国家和发展中的人口大国的教育,优势越来越明显。

正如李克强总理在2016年政府工作报告中所强调的,教育承载着国家的未来、人民的期盼。对照国家现代化建设的"两个一百年"奋斗目标,按照"持续增进民生福祉,使全体人民共享发展成果"的要求,教育领域的改革与发展必须与整个国家发展同步,必须以满足人民群众的愿望为出发点。

普及高中阶段教育的目标,并不只是简单的量化指标问题。其本质上,是将教育发展目标与满足人民群众对教育的需求与愿望联系在一起,是共享发展理念在国家教育规划中的体现。实现普及高中阶段教育,不仅是满足人民对高中教育的期望,也是人民共享国家教育现代化发展的成果。

在加快推进高中阶段教育普及发展中,需要坚持提供机会保障的供给,将高中发展与整个社会发展、教育变革以及个人选择等结合在一起,必须避免盲目追求数量化指标,要立足于公平而有质量的高中教育本质,这也是普及高中阶段教育的定位,同样是普通高中的价值追求之一。

第二节　优化高中结构

高中阶段教育中的普通教育与职业教育比例大致相当的政策规定促进了高中教

育的发展,但在当前普及高中阶段教育,即强调满足人民群众对教育的选择、办好人民满意的教育的背景下,这种发展政策面临着许多挑战。为此,需要不断地动态优化普职之比,这将成为普及高中阶段教育的重要任务,也是以普通高中发展促进高中教育普及发展的措施。

一、扩大普高

我国各地社会经济文化历史等差别因素较多,在全国各地实现统一的高中阶段教育结构模式,即各地规定大体相当的普职结构比例,已经开始显示其不合理性。在普及高中教育的要求下,这种规定比例需要得到调整与优化。

1. 增加供给

在经济产业发展不同的地方,社会和人们对教育的认识及其需求是不一样的。例如,在发展职业教育(包括中等职业教育发展)上,人们往往认为经济欠发达是发展职业教育的推动力,其实在经济不发达地区尤其是生产力水平还比较低的地方,发展职业教育更困难,因为这些地方在产业需求与就业保障方面明显要差于经济比较发达的地区。在那些人口密度比较小的西部区县,学生人口总数相对较少,实现职业高中教育与普通高中教育的双轨发展,显然也是不合适的。

普及高中阶段教育,需要合理而科学的普职之比,而且要因地制宜、适时调整、动态变化。从目前来看,增加普通高中学校的占比是趋势所在。但关键是,普通高中学校必须为接受更加多元化需求与多样化特点的高中学生做好准备,并提高公平而有质量的教育。

2. 普职融合

纵观世界各国教育发展的历史与实践,职业教育与普通教育之间的关系呈现出不断变化的特征。世界各国高中阶段的教育模式是多样的,例如以德国为代表的欧洲国家比较注重发展职业类的高中教育,注重职业教育与培训,实现有普职之分的高中教育,而且这两类学校之间的区别比较显著。但在美国等北美国家,则比较重视普职融合的综合教育,强调高中教育在应对升学与应对就业方面的双重职能,通常不单设中等职业学校,而是通过综合中学或者社区学院开展技术教育。但是,在以儒家文化为特点的东亚国家和地区,普通高中教育往往更为人们所期待,职业教育并不受待见。

普及高中阶段教育的真实含义,将包括学生应该接受必要的职业教育与学术教育。培养学生为参与工作实践和个人终身发展奠基,显然不是传统的简单的职业教育或者升学教育就能够完成的。人才发展需要更加宽泛的基础，即"通才"的教育，作为基础教育的高中教育，包括职业教育在内，都需要在学术目标、职业目标、社会公民与文化目标、个人目标等四方面为学生发展提供支持和服务。这就是生涯教育的意义所在，也是普通高中改革发展的任务之一。

3. 就业教育

普及化高等教育的发展，使更多青年能够进入大学学习和深造，但这并不意味着高中阶段教育就都要以升学为导向。普通高中学校与中等职业学校一样，也有为学生就业做准备的责任。其实中等职业学校已经开始将升学作为一项主要任务，这就是中高职贯通，中等职业学校的学生也正在成为高等教育尤其是高等职业院校的生源。《国务院办公厅关于新时代推进普通高中育人方式改革的指导意见》明确了普通高中学校要为学生走入社会做好准备，其中就包括毕业生的直接就业。

随着高中教育普及的不断推进，普通高中学校将改变片面追求升学率的现象，真正回归育人的应有轨道。当前我国正面临创新驱动发展的新形势，产业调整、行业变动、岗位转移、员工要求提升等，为普通高中学校人才培养的多样性和多元化提供了条件。在21世纪知识经济与信息技术发展的背景下，普通高中学校要为国家发展提供更多的创新人才。

其实，就业与升学之间并无矛盾。在当今终身学习和学习型社会的背景下，任何人在任何时间和地点都有获得继续学习的可能与支持服务。这种学习来自学习者自身的实践需求、发展愿望与学习技能。面对变化的社会，尤其是变革中的劳动力市场，普通高中学校同样可以在就业方面创造办学特色，重塑新时代新人才的新范例。

二、政府责任

中国教育体系是以政府办学即公办教育为主体，承担教育事业发展主要责任的是政府，由政府确保教育发展的投入为主。近年来，各级政府为教育发展投入了大量资金，各级教育的生均预算等教育事业费支出不断增加，包括中等职业教育的经费也得到了有效保障。加快普及高中阶段教育，尤其是普通高中教育经费的有效保障，需要各级政府担当责任。需要建立高中学校的办学经费保障体系，确保学校有质量地运行，从真正意义上让学校校长成为办学教育家，而不是办学企业家。在义务教育、职业教育和高等教育发展经费得到有效供给与保障的基础上，各级政府必须保障普通高中教育发展的投入增加，使加快普及高中阶段教育进入健康发展的轨道。

1. 增加投入

普通高中是基础教育发展的重要组成部分,也是推进高中阶段教育普及的重要部门。普及高中教育,就必须对普通高中教育发展予以重新认识。例如,在普及高中阶段教育的背景下,中等职业学校教育实施免费政策,这种方式也可以运用到普通高中学校教育之中。在普通高中的办学经费中,政府需要扮演主体角色,承担主要责任。

从 2011 年国务院出台《关于进一步加大财政教育投入的意见》以来,各区域公用经费支出占生均公共财政预算事业费支出比例有所增加,政府财政投入普通高中教育的主体责任得到进一步增强。按照《国家中长期教育改革和发展规划纲要(2010—2020 年)》要求,普通高中以财政投入为主,其他渠道筹措经费为辅的机制已经开始建立。

纵观当前国家普及高中阶段教育政策,要求各地尽快制定普通高中生均经费拨款标准和生均公用经费拨款标准,指导地方合理确定学费标准,确保普通高中发展。在《国务院办公厅关于新时代推进普通高中育人方式改革的指导意见》中,再次强调要协调有关部门推动地方制定和落实普通高中生均公用经费拨款标准,健全经费投入机制,提高高中学校正常运转和可持续发展的保障能力。政府必须化解普通高中的债务,改变以往普通高中"吃饭靠财政、运转靠收费、建设靠贷款"的局面。政府不能以发展民办教育为由,推卸政府办学的主体责任。无论怎样,普通高中发展必须体现政府办学为主的特征。

2. 强化标准

普及高中教育是国家发展的需要,是一种社会事业,各级政府在高中普及发展中要承担各自的责任。对于贫困地区而言,上级政府的责任更大,尤其是中央政府,要为这些地区普及高中教育提供足够的支持,帮助这些地区实现普及标准,超越"以县为主"的办学体制;省级层面也要加大落实普及高中阶段教育责任,增加省级统筹管理和责任分担。

省级政府规划本地区高中阶段教育发展的总体规模,确保每个县都有一所或者几所高中学校,并达到国家规定的高中学校办学标准。国家已经要求省级政府制定普及高中的标准,包括普通高中建设标准或者要求。在一些发达地区和城市地区,高中阶段教育毛入学率较高,但并不意味着这些地区高中教育普及的高水平。可持续发展和让人民满意的教育等要求,是判断每个地区高中阶段教育普及质量的关键指标。

普及高中阶段教育的基础是确保高中学校基本建设,或者说标准化建设,实现公立高中学校办学条件的标准化和统一化,由此减少因学校之间的差异而产生的地区发展的不平衡性并且遏制择校的继续存在。这种标准化本质上就是普及高中的底线思维,是教育公平基础上的创新所在。

当前,国家需要加快普通高中学校建设条例和标准的修改与更新,包括校园物质设施条件、教师专业水平及其配置、课程标准与教学设施、教育投入水平与保障机制、质量监督与支持系统等;需要更新不同等级学校不同办学条件的投入与要求的思维,要以全面提升每所普通高中学校办学条件为基本出发点,以"保底增高"为基础,将"锦上添花"改为"雪中送炭"。

3. 重点支持

普及高中阶段教育的困难在于集中连片特困地区。大力推动中西部地区加快普及高中阶段教育,是全国普及高中阶段教育攻坚工作的重点。对于集中连片特困地区和偏远民族地区,教育部门要配合有关部门组织实施好普通高中改造计划和民族地区教育基础薄弱县普通高中建设项目,支持集中连片特困地区提高普及程度。在已经实施项目的基础上,扩大实施范围,加大支持力度,同时引导和鼓励地方政府履职,加大地方高中教育的整体规划和经费投入力度,进一步扩大教育规模,全面改善办学条件,提高中西部贫困地区高中教育的整体水平。

加快中西部地区高中教育普及步伐,重点是发展这些地方的普通高中教育。坚持普通高中教育与中等职业教育协调发展,是我国普及高中教育的基本原则之一。但是,中西部省份受限于经济社会发展的特殊性,尤其是地方经济发展的产业与岗位需求的乏力,在大力发展中等职业教育中面临困难。要普及这些地区的高中阶段教育,尤其是办好让人民群众欢迎的高中教育,发展普通高中教育可能更为现实与必要。事实上,近年来,整个高中阶段教育中,中职招生比重不断呈现下降趋势,包括中西部农村地区、边远地区、贫困地区、民族地区。

在党中央、国务院高度重视下,2021 年李克强总理在《政府工作报告》中提出"加强县域高中建设"。2022 年 1 月,教育部、国家发展改革委、财政部等九部门联合印发了《"十四五"县域普通高中发展提升行动计划》,其中提出的工作原则之一就是:

强化政府责任。坚持高中教育资源配置向县中倾斜,健全县中发展提升保障机制,加快改善县中办学条件,着力补齐县中条件短板。

总之,在发展普通高中上,必须与发展基础教育和义务教育一样,明确政府的办学责任,发展以公办为主体的普通高中教育。

第三节　发展行动路径

普通高中发展已经成为继义务教育、高等教育、职业教育之后的重点改革之一。近年来,随着课程改革的深入与考试招生制度的不断扩大,普通高中改革显得更为重要与必要。高考改革与高中教育改革有着直接的关联,研究新高考下高中教育改革与发展具有十分重要的价值意义。在当今社会经济发展新形势下,在国家教育现代化新进程中,推进普通高中发展,必须秉持创新发展新理念,追求普通高中多样发展、助推普及发展与实现创新发展为价值导向,即,追求普通高中多样化发展,在理顺高中、高考与高校之间关系上加强学段间衔接,按照全面育人要求,系统推进普通高中学校变革。

一、多样发展

正如《国家中长期教育改革和发展规划纲要(2010—2020 年)》所指出的要"关心每个学生,促进每个学生主动地、生动活泼地发展,尊重教育规律和学生身心发展规律,为每个学生提供适合的教育",特别是"高中阶段教育是学生个性形成、自主发展的关键时期,对提高国民素质和培养创新人才具有特殊意义。注重培养学生自主学习、自强自立和适应社会的能力,克服应试教育倾向"。

促进普通高中多样化发展,积极探索适合学校自身基础的教育教学模式,促进学校全面发展的教育实施,促进高中学校全面提高学校教育质量,使每个学生都有发展与成功的基础与未来,这就是学校多样化发展的价值所在。这种多样化发展在本质上,就是学校办学模式的多样化,学校特色的创建。这种发展集中表现在学校的课程、教学与评价等三个方面。

1. 校本课程

众所周知,课程是普通高中学校人才培养的关键,课程的多元化、丰富性、开放性是培养高中学生全面发展和提高他们综合素质的关键所在。不论是职业学校还是普通高中学校,都必须在国家课程改革的整体框架下建设学校内课程体系及其内容。每所高中学校从服务本校学生、促进本校学生发展的角度出发,思考如何更好地落实国家课程要求,建立起适用于本校学生的校本课程框架,并进行有效的实施。高中学校课程体系的建立,需要结合学校自身办学定位,基于学校所服务的学生人群,有效地落实国家高中课程标准与要求,建立起校本化课程体系,为每个学生创造尽可能多的个别学习、选择学习和未来学习的资源、空间和服务。

就普通高中而言,在确保国家规定的必修课程实施基础上,再增加更为丰富的必修或者选修课程;考虑在确保国家规定的学术性课程科目基础上,建设旨在为学生进入工作与生活实践做准备的相关课程。同样,职业学校在完成专业性技术教育与训练的基础上,可以考虑为学生提供通识性学术与兴趣性特长的教育内容。在当前"职教高考"新制度下,职业学校课程也不能唯"技术"或者"技能"的训练和养成,也要为学生提供更多的基础性、通识性、学术型的知识传授和思维发展的教育。

学校课程校本建设,不仅要求学校不断地提高课程领导力,更需要每个高中教师增强课程意识与课程开发的能力。高中学校依托课程的校本建设,加强学校教师队伍建设。学校不能只是关注教师的学历提升,也要关注教师的专业素养提升,以及教师来源的多元化构成。总之,课程建设必须依靠学校教师的专业知识、专业素养和专业能力。

在学校课程校本建设中,要充分注意和使用校外教育资源,包括校外人员与校外场所,将学校课程延伸到工作与生活的现实世界中。同时,也要注意运用高等教育资源,让学生提前学习大学课程。当前,一些普通高中学校与大学开展合作,在高中阶段为学有余力的学生开始先修大学课程,这种衔接是非常有意义的。实践显示,我国普通高中表现出多样化发展的状况,课程校本建设已经成为诸多学校特色发展的显著特征。

2. 课堂教学

尽管考试招生制度改革旨在引导普通高中学校改革,但是,有关"唯分数"的高校招生制度改革尚没有达到预期的效果。普通高中课堂中传统的应试教学方式仍普遍存在,"考纲"引领着学科教学与课程教学,以学生为中心的课程尚未建立。现有的以教师为中心和以考试为中心的课堂教学,严重影响着学生学习态度、学习动机、学习参与和学习效果。普及化的高中教育,不仅要吸引学生参与其中,而且要切实地提高学生学习发展水平,不论是职业教育还是普通教育,都必须致力于学生的主动学习、自主学习和有效学习。高中课程不能死气沉沉,而应该充满青春的朝气。高中课程的教与学,必须超越说教式的满堂灌输与机械式的训练。

高中课堂的教与学，需要为学生提供学业发展的有效教学、就业准备的必要帮助、生涯发展的正确引领与幸福生活的全面指导。这可能对当前的教师队伍及其教育教学能力是一大挑战，但它们确实是当代高中学生学习与发展的客观需求。

对具有专业定向特点的中等职业教育而言，职业学校不仅要培养学生具有直接就业的工作技能，具有执行工作要求的岗位胜任力，还要具有适应岗位不断变换的学习能力与主动参与工作变革的创新力。当前，以直接上岗就业为导向的职业教育，在一定程度上忽视了培养学生各种基本生活与适应工作变化的技能，在未来转行与转岗的过程中，他们将处于不利的地位。

所以，高中学校必须致力于课堂教学的改革，思考如何在课堂教学中体现出全体学生主动参与，实现有效、高效的课堂教学。例如，有效开展研究性学习，并将它与学科课程教学融合在一起，彻底改变传统的教师讲学生听的教学方式。

3. 考试评价

考试与评价是教育活动的重要工具，是检查学校教育教学结果及其效果的手段。在教育领域，考试作为学业发展的测量标准，其技术日益成熟与科学；评价则强调发展性、诊断性和引领性功能。必须明确的是，考试只是考查教育效果的工具或者手段，并不是目的，考试结果很重要，但也不能"唯考试结果"，考试并不是评价。评价不能唯考试（分数），需要依靠参照标准、多元证据（信息或者数据等）与综合判断。为此，需要有效地发挥考试评价的正向功能，依托考试与评价，促进高中学校多样化发展，改变中小学教育评价实践中的问题。这个问题在 2013 年 6 月教育部出台的《关于推进中小学教育质量综合评价改革的意见》中予以了阐述。

但总体上看，由于教育内外部多方面的原因，单纯以学生学业考试成绩和学校升学率评价中小学教育质量的倾向还没有得到根本扭转，突出表现为：在评价内容上重考试分数忽视学生综合素质和个性发展，在评价方式上重最终结果忽视学校进步和努力程度，在评价结果使用上重甄别证明忽视诊断和改进。这些问题严重影响了学生的全面发展、健康成长，制约了学生社会责任感、创新精神和实践能力的培养。

上述这些问题一直是影响我国普通高中多样化发展的关键性因素。回归考试与评价的初心与本质，建立科学的考试与评价体系，是促进普通高中多样化发展的重要路径。

2020年，中共中央、国务院印发《深化新时代教育评价改革总体方案》，就教育评价改革提出了新思路与新要求，其"主要原则"中包括：

> 坚持科学有效，改进结果评价，强化过程评价，探索增值评价，健全综合评价，充分利用信息技术，提高教育评价的科学性、专业性、客观性。坚持统筹兼顾，针对不同主体和不同学段、不同类型教育特点，分类设计、稳步推进，增强改革的系统性、整体性、协同性。

该方案提出的重点任务有"改革学校评价，推进落实立德树人根本任务"与"改革学生评价，促进德智体美劳全面发展"，其中与普通高中教育直接相关的重要内容有：

> 普通高中主要评价学生全面发展的培养情况。国家制定普通高中办学质量评价标准，突出实施学生综合素质评价、开展学生发展指导、优化教学资源配置、有序推进选课走班、规范招生办学行为等内容。

> 树立科学成才观念。坚持以德为先、能力为重、全面发展，坚持面向人人、因材施教、知行合一，坚决改变用分数给学生贴标签的做法，创新德智体美劳过程性评价办法，完善综合素质评价体系，切实引导学生坚定理想信念、厚植爱国主义情怀、加强品德修养、增长知识见识、培养奋斗精神、增强综合素质。

> 深化考试招生制度改革。稳步推进中高考改革，构建引导学生德智体美劳全面发展的考试内容体系，改变相对固化的试题形式，增强试题开放性，减少死记硬背和"机械刷题"现象。加快完善初、高中学生综合素质档案建设和使用办法，逐步转变简单以考试成绩为唯一标准的招生模式。

可以想见，随着这一教育评价改革方案的实施，一方面，普通高中学校发展的环境将得到有效转变，将有助于普通高中获得更多自主发展空间，有助于整个普通高中多样化发展局面的形成；另一方面，普通高中学校也必须改变内在的办学观、人才观、教学观和评价观，要以更加科学的考试与评价引领学校教学改革与促进每个学生发展。

总之,普通高中教育要走出单一的升学准备模式,普通高中要让每个学生在其中找到自己的位置和明确未来的方向,必须要围绕课程、教学与考试评价等三个关键领域,实施创新与创造。普通高中教育多样化发展,不能是简单的行政主导的贴标签运动,而是每所学校主动发展、积极发展、可续发展的结果,是学校实现全体学生全面发展的表现,是学校办学特色的彰显。

二、学段衔接

普通高中在学校发展的实践中,必须全面而合理地定位高中、高考与高校之间的关系。普通高中必须基于普通高中发展的关键变化与应有特性,科学定位学校人才培养的具体目标,不能唯高考而教育教学,更不能唯高校升学率而发展,必须将每个学生的全面发展、选择发展与优势发展作为学校办学的根本指导思想。

1. 改变思维

高考是国家教育考试制度的内容之一,是国家从高中学校科学选才的有效方式,也是维护国家教育公平的表现。经过 40 年来的实践与改进,我国高考制度与体系不断得到完善和提升。当然,其中也存在一些问题,由此导致了"应试"与片面追求升学率的现象,影响了学生的全面发展。这或许就是不断深化高考改革的重要原因之一。

必须正视的是,随着国家社会经济各方面的发展,以及到 2020 年基本实现国家教育现代化,当前高考及其改革面临的形势以及所处的环境已经发生了根本性的变化,必须重新思考高考的目标定位与功能作用。

2014 年 9 月,国务院颁布《关于深化考试招生制度改革的实施意见》,其中提出的第一条原则就是:"坚持育人为本,遵循教育规律。把促进学生健康成长成才作为改革的出发点和落脚点,扭转片面应试教育倾向,坚持正确育人导向,践行社会主义核心价值观,深入推进素质教育,培养德智体美全面发展的社会主义建设者和接班人。"[1]

将高考看成是检验检查高中教育是否做好全面落实立德树人根本任务的重要手段。不宜把"竞争"与"选拔"作为高考及其改革的价值取向;必须将高考与招生进行区分,高考是招生的一个途径;高考分数不是招生的唯一依据。高中学校必须认真学习《关于深化考试招生制度改革的意见》的要求,要把高考改革作为深化学校内部改革、全面提高育人质量、办人民满意教育的契机和动力。

---

[1] 国务院. 关于深化考试招生制度改革的实施意见(国发〔2014〕35 号)[A/OL]. (2014 - 09 - 04). http://www. gov. cn/zhengce/content/2014 - 09/04/content_9065. htm.

高考是一种考试,也是国家教育治理现代化建设中的一项内容。高考的科学、规范与公正,是高考制度改革追求的目标;高考在人才培养、人才选拔与人才发展的过程中具有重要的意义。在以招生录取为指向的高考制度下,高考也是人才分流的一种筛选手段;但是必须明确的是,高考并不是当今人才成功或者失败的识别器,即使考上一流大学,也不一定是成功,考不上大学也不就是失败。

高考能够为个体成长成才提供机会,但在个体发展的人生历程中,高考的影响或许远远小于高中教育的影响。如果再以"一考定终身"或者"高考论成败"的论调看待高考,显然不是与时俱进的认识和思维。高中毕业生参加高考只是高中生完成高中教育的一种检验、测量或者评价。高中学习必须是超越于高考的全面发展教育的一个重要阶段。

2. 多元衔接

为高等教育培养和输送后备人才,一直是我国普通高中教育发展的主要任务之一。在当前高等教育发展的新时期,高中学校需要关注高等学校的改革与发展,需要关注高等教育人才培养的新要求与新取向。

当前,我国高等教育发展与改革显现出两大特点:一是我国高等教育规模已经发展成为全世界规模最大,实现了高等教育普及化;二是国家大力提升高等教育质量和效益,创建有中国特色的现代高等教育体系。国家探索高等学校分类管理与推出"双一流"建设,都是改革发展的重要特征。

在全面深化教育改革的过程中,我国正在建设现代大学制度和体系。在国家高等教育分类指导与分类管理政策的指引下,未来我国高校在办学定位、人才培养、课程设置、教育教学活动等各方面都将有新进展。进展最显著的可能就是大学自主招生的推进。这种招生方式变化,对于高中学生升学带来了直接影响。可以预见,在自主招生下,学生的综合素质与特长优势将会得到更多关注和青睐,每所学校将难以再在单纯的"应试"教育上获得优势。

普通学校发展尤其是课程与教学改革,需要关注高校的改革与变化,努力为高校输送合适人才。如重视通识教育与注重跨学科人才培养等,实现高中与高校之间的衔接,也就意味着高中同样需要注重通识教育与各学科教学。高中与高校的衔接具有非常丰富的内涵,需要基于人才培养的教育衔接,而非简单的升学。对于高校而言,在高中学校中争夺优质生源无可厚非,但是,这种方式必须有助于促进整个高中学校改革与发展,有助于更多优秀高中学生涌现,而非"掐尖"大战。

总之,高中学校确实是高校生源之地,高校与高中要成为落实立德树人根本任务的教育共同体,要与社会、家长等一起,共同创造立德树人的育人生态系统,共同致力于学生创新精神与创新能力的培育,而不是单一的"生源"供给。在高中与高校的关系上,普通高中学校不能成为大学的附庸,大学先修课程不能成为普通高中学生学习的新负担。

三、全面育人

在贯彻立德树人根本任务的过程中,普通高中改革与发展与整个国家教育改革与发展的要求一样,必须以全面落实立德树人根本任务为中心,按照国家对高中教育改革与发展的要求,结合社会对普通高中学校发展的关切以及高中教育与高等教育普及发展的特点,需要体现全面育人的特征,以育人方式改革为抓手,促进普通高中全面育人的实施,促进普通高中科学而健康地可持续发展,创建人民满意的教育示范,体现高中教育作为基础性教育的价值所在。为此,在实践行动中,普通高中学校需要围绕以下方面开展工作。

1. 生态系统

习近平生态文明思想是习近平新时代中国特色社会主义思想的重要组成部分,也是教育领域改革与发展的指南。教育改革在本质上是系统改革,不仅需要教育系统内部的改革,还需要得到外部政治、经济、文化、人口等社会系统支持与合作。或许,普通高中学校在改变外部环境系统上力不从心,但在建立自身内部生态系统上,则必须全力以赴。作为教育系统的一个学段、一种类型,普通高中学校的内部改革,要优先注重办学理念与育人方式的改革。不能将高考作为学校工作的全部,而是要着力全面提高普通高中学生综合素质,实施有助于促进每个学生成长成人的教育与服务,要创造适合每个同学的教育教学体系,从应对高考到建设良好学校育人生态。

首先,必须端正办学方向,把面向每个学生和促进每个学生发展作为学校教育的任务,切实改变应试教育的实践与影响。不能将所谓的"生源"看成是学校成功的"关键",不能抢"生源"和埋怨"生源"。

其次,思想政治教育和德育工作已经成为高中学校各项工作的中心任务,成为人才培养模式创新的基石,并渗透到学校工作的方方面面,实现教书与育人的统一。

再次,培育一支师德高尚、敬业奉献、能力与水平不断提升的学校教师队伍,积极参与学校育人工作,并以言行身教促进学校育人工作,创建好学校育人的"软"环境。

教师要尊重每个学生、指导每个学生和引领每个学生,建立和谐的师生关系,使教师成为学校发展的重要影响因素。

最后,学校必须注重与学生家长及校外机构合作,建立协同育人的伙伴关系,寻找有助于学生发展的外部资源支持,形成育人合力,增强育人效果。

总之,高中学校既是学生的学习场所,也是学生生活的地方。要以育人的眼光,让学生在高中学校中经历个人成长、学习社会交往、形成独立自我的独特体验。这就是育人生态建设的关键所在。

2. 时代新人

在实践中,全面育人涉及教育的根本问题,即"培养什么人、怎么培养人、为谁培养人"的问题。培养什么人和为谁培养人是整个国家教育的发展方向,对各级各类教育而言都是一样的,就是培养德智体美劳全面发展的社会主义建设者和接班人,即时代新人;"怎么培养人"则是各级各类教育及其学校必须探索和创新的重要任务,就普通高中阶段而言,人才培养就必须遵循普通高中发展使命与育人方式改革要求而开展,以学生为中心发展理念为指导,在培养时代新人下作出探索与创新。

一是注重对"时代新人"的深刻认识。站位在全球化、国家发展、中华民族复兴的战略高度,必须认识到人才培养的国家责任和社会贡献,深刻认识高中学生在高中阶段学习与发展的长远价值,增强学校的国家责任与社会责任。在新时代,普通高中学校不能仅仅满足于将学生输送到高等教育作为任务,更要为学生树立正确的理想信念、形成良好的道德品德、具有终身学习的精神能力以及全面发展的综合素质等提供高中阶段应承担的责任和义务。总之,必须将培养"时代新人"具体细化到高中学校各项工作实践之中。

二是重申学生在学校中的参与。培养创新精神与实践能力,是培养时代新人的重要内涵之一。高中学校在实施五育并举的教育实践中,需要关注到高中阶段学生身心发展尤其是心智发展的规律与特点,需要将学生参与、体验、实践等方式作为育人的重要途径,而不是简单的"说教""灌输""训练"或者"惩罚"。学生在学校中的参与需要展现在学校的方方面面,而不只是学生的社团活动或者集体活动之中。学校规划与管理过程中,要倾听学生声音,而不都是由学校校长或者教师们直接决定。一些高中学校中的学生校长助理,要成为真正的助理校长,要参与学校决策,而不是协助校长传达决策。在课程与教学改革中,同样需要吸纳学生参与,有必要改变教师开发课程的方式,建立教师与学生共创共建课程的新形态;在课堂教学中,要改变单一的按照"分数"或者"水平"来分层教学,可以探索按照学生个人意愿组建学习共同体式教学班,真正使学生成为教学改革的一个参与者,而不再是"被动"的接受者。

三是改进与完善高中学生评价系统。高中学校不仅要有综合素质评价系统,更要有多样化的学生评价制度,鼓励、激励学生发展多元化,尊重每个学生发展,鼓励每个学生个性发展、特长发展和优势发展。这些应成为当前普通高中学校改革实践探索的重点领域,走出过于注重面向"高考"的应试教学困境,以多样化评价为每个学生增添信心,使每个学生在学校中都有获得感、幸福感和安全感,增强学校办学的吸引力与凝聚力,由此改变"千校一面"的状况,促进整个高中教育领域学校多样化发展。

3. 教师引路

美国学者古德莱德在《一个被称为学校的地方》这本著作中描述道:"在校生,特别是中学阶段的学生,学生的异质性越来越大;学校越来越被当作解决重要社会问题的机构。"很显然,这种情况在当前我国普及化高中学校中同样存在。除学习方面的差异之外,学生的家庭背景、入学动机与学习目标都并不一样。所以,学校及其教师工作不能只是教学工作,而是涉及学生发展的各个方面,尤其是人才培养的社会目标与个人目标。前者就是培养公民所需要的素养与技能,如人际关系、公民参与、公民道德以及文化素养等;后者则是指学生的身心健康、创造力、自我实现等方面。

新时代的高中学生具有更多的自我感知和独立性,对学习与发展、教育与工作、自我与社会、现在与未来等各种关系有新的认识。鉴于高中学生的自主意识、自我要求和自身特点,高中学校在全面育人实践中,简单说教或者灌输难以产生理想效果。面对不断变化的世界与信息化社会的发展,学校需要发挥教师的作用,超越"传道、授业、解惑"的传统界定,将优先重视教师队伍建设作为学校发展的基础工作。

2016年教师节期间习近平总书记在北京市八一学校考察时提出了"引路人"标准,这对于高中学校实施全面育人和培育打造高中学校高中素质专业化创新型教师队伍具有重要指导价值。习近平总书记在考察时指出,广大教师要做学生锤炼品格的引路人,做学生学习知识的引路人,做学生创新思维的引路人,做学生奉献祖国的引路人。

高中教师必须具有广阔的视野和多样化的能力,而不只是学科知识与教学技巧。美国学者阿普尔(Michael W. Apple)在其《教育能够改变社会吗?》(*Can Education Change Society?*)一书中引用了学者富尔茨 1995 年的论述:"真正的教师懂得,他的职责并不局限于教师的四周围墙之内","他还要处理一些更社会性的事务"。在当前社会转型与变革的时代,广大教师必须对国家发展、经济转型、教育变革与教师职业有更全面正确的认知。只有这样,教师才能成为学校改革与发展的积极参与者和行动者,才能成为高中学生的示范者与教育者。

在推进全面育人的实践中,很多高中学校开展了学生发展指导活动,包括实施生涯教育与指导、建立导师制等,这些探索要求高中学校及其教师需要有能力实施好生涯教育与指导,并努力成为学生发展的人生导师。这对教师和学校都是一项考验与挑战。与有效传递知识的"教书"相比较,"育人"更需要有专业素养和专业能力。

总之,在实施高中学校改革的实践中,必须依靠教师力量,并以教师作为"引路人"。作为高中学校改革与发展的行动逻辑之一,在实施教师聘用、教师考核、教师晋升、教师奖励等时,需要以"引路人"标准与要求考察和评判每个方面,真正使学校教师成为全面育人的教育者。

第五章　高中育人方式的改革

　　本章以育人方式改革为主题,探讨如何推进普通高中育人方式改革的实施,讨论改变普通高中片面追求升学率思维与走出应试教育模式的途径,以及如何以评价改革促进实践发展。

> ➢ 全面学习和领会我国普通高中发展与育人方式改革的政策要求,全面把握推进普通高中育人方式改革的主要任务与要求,为实践改革找到政策依据。
>
> ➢ 普通高中育人方式改革必须遵循高中学生学习规律,遵循当今最新的学习理论,培养学生终身学习的能力,以学生学习方式变革促进育人方式改革。
>
> ➢ 普通高中需要将高中学生视为青年,将青年工作理论与方法引入到普通高中育人体系之中,将高中学生学习与参与生活生产社会实践有机结合起来。
>
> ➢ 发挥教育评价的作用,改革普通高中学校评价与学生评价体系,以科学评价引领并促进学校育人体系建设,促进普通高中每个学生全面发展的实现。

第一节　宏观政策引领

　　普通高中学校是整个国家教育改革与发展的重要领域之一,新时代普通高中学校的育人方式改革,是习近平新时代中国特色社会主义理论的要求,是坚持中国特色社会主义教育发展道路、坚持社会主义办学方向、坚持改革创新的体现,改革旨在培养德智体美劳全面发展的社会主义建设者与接班人，办好人民满意的教育。

一、重要论述

"十八大"以来，习近平总书记高度重视教育改革与发展，先后发表了一系列关于教育的主要论述。2018 年 9 月 10 日，习近平总书记在全国教育大会上系统地阐述了党对教育的要求。① 习近平总书记在大会上指出：

> 党的十八大以来，我们围绕培养什么人、怎样培养人、为谁培养人这一根本问题，全面加强党对教育工作的领导，坚持立德树人，加强学校思想政治工作，推进教育改革，加快补齐教育短板，教育事业中国特色更加鲜明，教育现代化加速推进，教育方面人民群众获得感明显增强，我国教育的国际影响力加快提升，13 亿多中国人民的思想道德素质和科学文化素质全面提升。

> 在实践中，我们就教育改革发展提出一系列新理念新思想新观点，主要有以下几个方面，坚持党对教育事业的全面领导，坚持把立德树人作为根本任务，坚持优先发展教育事业，坚持社会主义办学方向，坚持扎根中国大地办教育，坚持以人民为中心发展教育，坚持深化教育改革创新，坚持把服务中华民族伟大复兴作为教育的重要使命，坚持把教师队伍建设作为基础工作。这是我们对我国教育事业规律性认识的深化，来之不易，要始终坚持并不断丰富发展。

> 新时代新形势，改革开放和社会主义现代化建设、促进人的全面发展和社会全面进步对教育和学习提出了新的更高的要求。我们要抓住机遇、超前布局，以更高远的历史站位、更宽广的国际视野、更深邃的战略眼光，对加快推进教育现代化、建设教育强国作出总体部署和战略设计，坚持把优先发展教育事业作为推动党和国家各项事业发展的重要先手棋，不断使教育同党和国家事业发展要求相适应、同人民群众期待相契合、同我国综合国力和国际地位相匹配。

---

① 习近平在全国教育大会上强调坚持中国特色社会主义教育发展道路培养德智体美劳全面发展的社会主义建设者和接班人［EB/OL］.（2018 - 09 - 10）. 教育部. http://www. moe. gov. cn/jyb_xwfb/s6052/moe_838/201809/t20180910_348145. html.

培养什么人，是教育的首要问题。我国是中国共产党领导的社会主义国家，这就决定了我们的教育必须把培养社会主义建设者和接班人作为根本任务，培养一代又一代拥护中国共产党领导和我国社会主义制度、立志为中国特色社会主义奋斗终身的有用人才。这是教育工作的根本任务，也是教育现代化的方向目标。

为此，习近平总书记提出"六个下功夫"的要求，即，教育要在坚定理想信念上下功夫，要在厚植爱国主义情怀上下功夫，要在加强品德修养上下功夫，要在增长知识见识上下功夫，要在培养奋斗精神上下功夫，要在增强综合素质上下功夫。

在会上，习近平总书记强调，把立德树人融入思想道德教育、文化知识教育、社会实践教育各环节，教师要围绕这个目标来教，学生要围绕这个目标来学。要深化教育体制改革，健全立德树人落实机制，扭转不科学的教育评价导向，坚决克服唯分数、唯升学、唯文凭、唯论文、唯帽子的顽瘴痼疾，从根本上解决教育评价指挥棒问题。

很显然，普通高中育人方式改革是贯彻落实习近平总书记在全国教育大会上重要讲话的具体措施。普通高中育人方式改革必须回答"培养什么人、怎么培养人、为谁培养人"的教育根本问题，要始终以习近平新时代中国特色社会主义思想为引领，探索新时代普通高中人才培养的有效路径。

二、发展规划

全国教育大会后，2019年2月，中共中央、国务院下发《中国教育现代化2035》，该文件提出"到2035年总体实现教育现代化、迈入教育强国行列的总体目标，推动我国成为学习大国、人力资源强国和人才强国，为到本世纪中叶建成富强民主文明和谐美丽的社会主义现代化强国奠定坚实基础"。

《中国教育现代化2035》提出了实现中国教育现代化的8个基本理念（即更加注重以德为先、更加注重全面发展、更加注重面向人人、更加注重终身学习、更加注重因材施教、更加注重知行合一、更加注重融合发展和更加注重共建共享），提出必须坚持的7项基本原则（即坚持党的领导、坚持中国特色、坚持优先发展、坚持服务人民、坚持改革创新、坚持依法治教、坚持统筹推进），以及迈向中国教育现代化的10大战略任务，其中也包括普通高中教育改革与发展的相关内容。

普通高中学校改革与发展必须与国家教育现代化发展的要求一致。在全面普及高中阶段教育与全面提升高中教育质量的进程中贯彻落实国家的教育现代化建设整体部署,其中面向现代化是高中学校改革与发展的关键。

必须强调的是,普通高中学校必须深刻把握高中阶段教育中"更加注重以德为先"的特殊内涵与具体要求,将以德为先的理念转化为学校改革与发展的具体任务,在人才培养目标、人才培养方式与人才培养实践等多方面予以体现。高中学校必须突出思想品德和理想信念教育在学校改革与发展中的首要位置,以树人为核心,以立德为根本,育人和育才相统一。

2019年3月18日,习近平总书记在北京主持召开学校思想政治理论课教师座谈会时强调,要用新时代中国特色社会主义思想铸魂育人,贯彻党的教育方针,落实立德树人根本任务。他强调,思想政治理论课是落实立德树人根本任务的关键课程。

不能否认,当前高中学校发展中的"以德为先"还重视不够、执行不够、效果不佳。在此背景下,必须坚持把德育作为学校发展的中心任务来抓,以德育统领学校整体发展和学生全面发展。以德为先的教育,要求高中学校高度重视德育课程体系建设、德育工作者队伍建设和学校德育活动开展及其效果。按照"更加注重以德为先"的要求,任何高中学校的特色发展,都不能没有鲜明、有效和创新的学校德育体系。

三、指导意见

2019年6月,国务院办公厅发布了《关于新时代推进普通高中育人方式改革的指导意见》,这是改革开放以来首次以普通高中为对象的国务院专门文件,对于促进普通高中学校健康发展、加快教育现代化、办好人民满意的教育具有重要的战略导向意义,同时也意味着普通高中发展的机遇和机会已经到来。关于针对普通高中育人方式改革的这一文件,充分显示了中央和国家对发展普通高中意义的认可与促进普通高中改革的重视。该文件开篇指出:

> 普通高中教育是国民教育体系的重要组成部分,在人才培养中起着承上启下的关键作用。办好普通高中教育,对于巩固义务教育普及成果、增强高等教育发展后劲、进一步提高国民整体素质具有重要意义。

这一表述为进一步深化普通高中发展与改革确立了基调。该文件以"普通高中育人方式改革"为主题而展开,体现了全面贯彻落实立德树人根本任务的要求,明确提出改革目标是:

到 2022 年,德智体美劳全面培养体系进一步完善,立德树人落实机制进一步健全。普通高中新课程新教材全面实施,适应学生全面而有个性发展的教育教学改革深入推进,选课走班教学管理机制基本完善,科学的教育评价和考试招生制度基本建立,师资和办学条件得到有效保障,普通高中多样化有特色发展的格局基本形成。

该文件提出了"构建全面培养体系""优化课程实施""创新教学组织管理""加强学生发展指导""完善招生与招生制度""强化师资与条件保障"与"切实加强组织领导"等7 方面 21 条要求,将高中育人与课程改革、教学创新、学生指导、考试招生、条件保障、组织保障等有机地结合在一起,体现出整体设计和统筹推进普通高中改革的思想。在"创新教学组织管理""加强学生发展指导"等方面的要求,完全超越了传统的普通高中服务于高等学校培养与选拔人才的简单思维,体现了现代高中发展中注重满足学生个性化和差异化选择、注重面向每个学生全面发展和成人成长的要求。其中,"构建全面培养体系"回答了普通高中贯彻落实习近平总书记在全国教育大会上提出的"培养什么人、如何培养人、为谁培养人"的教育根本问题。因为长期以来,作为高等教育的"预备学校",普通高中始终致力于为高等学校培养和输送人才,实施以选拔为目的的竞争式教育教学,这在一定程度上满足了高等教育招收优秀人才的需求;但也产生了诸多问题,尤其是在高中阶段教育毛入学率达到 90％和高等教育毛入学率超过 50％的背景下,普通高中原有人才培养模式的不合理性更为凸显。因此,强化普通高中全面发展教育的教育方向与教育任务,是育人方式改革的首要任务之一。

推进普通高中育人方式改革,不只是普通高中学校内部的任务,还需要外部系统支持。对此,该文件也予以了保障,即要求各级政府要为普通高中育人方式改革提供政策保障并创造良好的社会氛围。地方政府不仅要指导和督促普通高中育人方式改革的推进,更要关注普通高中育人方式改革实践中遇到的困难和问题,包括物质条件、人员队伍和运行经费等,要为学校解决实际问题提供切实支持,这些在该文件中也有规定与要求。

总之,教育改革始终是顶层设计与基础探索的结合,普通高中改革也不例外,普通高中学校育人方式的改革最终还是要依靠学校的实践努力和有效探索。传统的"应试"惯性很难在短时间内解决,社会与家长对普通高中育人方式改革也难以快速接受,甚至一些地方政府在评价普通高中方面也难以在短期内改变"唯分数"与"唯升学"的手段。为此,普通高中需要将育人方式改革作为学校发展的突破口,对照文件内容与要求,反思学校教育教学中存在的主要问题与关键问题,以问题为导向,确立学校育人方式改革的整体规划和实施行动,建构具有学校特色的科学育人方式,确保每个高中学生获得成长所需的合适教育,推进建设普通高中多样化有特色发展新格局。

第二节 学习变革要求

推进普通高中育人方式变革,观念与方法的改革是关键;推进育人方式变革,与"教"与"育"直接关联。其实,深入理解当代我国普通高中育人方式改革,需要回到教育变革与学习变革的层面。育人方式改革在本质上要顺应新时代的"学习"变革,促进学生学习方式的转变,建立学生学习新范式。

一、新学习观

我国"教育现代化2035"的目标之一就是建立学习型大国,普通高中学校必须为此做好准备,要致力于每个学生的学习能力提高,致力于培养学生终身学习。现代社会发展,尤其是科学技术的发展,正在改变教与学的形态,因此需要以教与学的新观念审视教与学的变革。对"学习"的关注已经超越教育领域,成为国际社会关注的焦点之一。

关于学习的研究或者说学习科学已经成为当前国际教育界研究的热点,包括信息技术的运用和脑科学与神经科学的介入,极大地推动了人们对学习的认识与理解。尤其是信息技术的广泛运用,使学习的概念与内容得到了极大的丰富与延展。与此同时,国际社会对于教育与学习的认识也不断地在发生变化:从强调教育转向强调学习,从终身教育转向终身学习,从全民教育转向全民终身学习。

2015年成立的"国际资助全球教育机会委员会",在2016年发表了《学习的一代:为变化世界而投资于教育》报告,报告提出"让年轻人进入学校并好好学习",不能只是聚焦机会,而是有质量的学习。该报告提出了四方面的转型要求。

第一是"绩效"(Performance),即"要达到成功,任何改革的首要任务都是做好已经得到验证的教学设施基础,强化教育体系的绩效,并把结果放在第一位"。具体建议是"确立标准、跟踪进展和公开信息;投资在产生最佳结果的方面;减少浪费"。

第二是"创新"(Innovation),即"成功的教育体系,必须发展富有创意的新方法以取得更好效果，抓住机会投资于教育领域创新，以提前应对教育的挑战"。具体建议是"强化教育队伍的能力及其多样化；利用技术改进教与学；加强非政府行动者之间的伙伴关系"。

第三是"全纳"（Inclusion），即教育必须对每个人开放，尤其是最不利人群和边缘人群，并需要各国领导者采取特殊措施，缩小学习差异。

第四是"财政"（Finance），即更多更好的教育投资，必须主要基于国家的责任，以确保有质量的教育机会，以及免费教育从学前教育阶段发展到中等阶段。前两项转型，都聚焦了教育系统中的学习效果与结果。①

显然，该报告提出的观点不只是提供教育机会，还强调教育领域中的学习、有质量的学习与学习结果质量。

世界银行作为致力于促进全球经济发展的国际性组织，对教育与学习也开始予以关注。《2018 年世界银行发展报告：学习实现教育的愿景》是该组织第一本完全以教育问题为讨论主题的报告。该报告的核心观点是：让学习成为促进教育的所有行动和努力的中心。该报告首先对"学校教育、学习和教育的愿景"予以分析，指出：

> 学校教育与学习不是一回事。教育是一个意思含糊不清的词语，因此，我们必须给教育一个明确的定义。学校教育是学生在课堂上度过的时间，而学习则是指学校教育的结果，即学生在学校教育中的收获。这一区别至关重要，在世界范围内，许多学生在学校教育中的收获微乎其微。（第 57 页）

该报告基于国际性的国别数据比较，指出全球存在学习危机的三个维度，即三方面表现："惨不忍睹的学习成果：低水平、高度不平等和进步缓慢""学校未能提高学生的学习水平"和"教育体系未能为学校提供有效支持"。该报告认为，需要借助学习促进教育愿景的实现，而且现在恰逢其时。

> 国家将众多的儿童和青年吸引到学校就读，这表明国家已经开启了学习的良好开端。现在正是通过提高学生的学习成绩实现教育愿景的大好时机。真正的教育是鼓励提高学生学习水平的教育，真正的教育是促进人们共享繁荣并减少贫

---

① The Learning generation: investing in education for a changing world, by International Commission on Financing Global Education Opportunity, 2016: 16 - 19.

困的工具。这样的教育将使许多人从中受益匪浅；儿童和家庭积极的学校教育经历将会恢复他们对政府和社会的信念；青年具备了雇主要求的技能；教师更多地响应自己的职业需求而非政治要求；成年工人学会了如何学习，做好了应对不可预测的社会经济变化的准备；具有价值观和推理能力的公民能够为公民社会生活和社会凝聚力作出贡献。（第37页）

世界银行的论述及其观点，难道不值得我们思考吗？我国普通高中学校中学生的学习成绩、学习结果究竟怎么样？是不是存在着不平等？是不是存在着低效果？在加快普及发展的进程中，政府对普通高中的支持又如何？很显然，世界银行的国际研究及其观点，值得我们在推进普通高中改革中借鉴与思考；育人方式改革不只是简单的改变"教"或者"育"的方式问题，而是要回归到学生的"学"上，需要通过学生学习实现高中学校教育的目标，即促进学生的全面发展。

关注结果、关注学习，已经成为世界教育改革与发展的共识。高中学校教与学的变革，必须面向每个学生真正的学习获得，创造更注重质量的教与学体系，回到学生为中心的学习立场。

二、终身学习

在从教育到学习的变化中，有效学习或者说高质量学习日益受到关注，也正在发生变化，促进有效学习，是变革学习的目标所在；在有效学习的概念下，学会学习、终身学习、自主学习、合作学习等思想与方法日益得到认可和践行。学会学习与终身学习已经成为被广泛接受的思想。传统学习理论将学生学习看成是被动的学习过程，强调教师指导，"要学生学"，学生是被动学习者，是"教师教学生学"，学习只是学生阶段的任务，而不是其伴随一生的、持续的学习。很显然，在教育现代化背景下，必须改变这种传统的学习观。要把学习建立在人的主动性、能动性和独立性的基础上，学生要主动学习。教师应当引导学生学会学习，教给学生获取知识的方法，而不应是教会学生死记硬背、被动地接受。这就是学会学习和终身学习的理念。

1972年联合国教科文组织在《学会生存：教育世界的今天和明天》报告中提出了终身学习与学习型社会概念；1996年联合国教科文组织的报告《教育：财富蕴藏其中》再次重申终身学习的概念，阐述了学习的"四个支柱"，即学会学习、学会做事、学会生活、学会共存。

在《2030 全球可持续发展议程》中，全球教育发展目标（SDG4）就是"确保包容、平等、有质量的教育和提升面向所有人的终身学习机会"，其中第一条就是："到 2030 年，确保所有男女童完成免费、公平和优质的中小学教育，并取得相关和有效的学习成果。"①

"更加注重终身学习"已经成为《中国教育现代化 2035》的 8 条基本理念之一。要求将学有所教与终身受益作为衡量教育发展水平的重要指标，提出要加快建成伴随每个人一生的教育，努力为每个人在人生不同时期提供丰富多彩的学习机会，开放优质的学习资源、灵活便捷的学习方式、绿色友好的学习环境，让学习成为生活习惯和生活方式。

教育部颁发的《普通高中课程标准》（2017 年版 2020 年修改）在"培养目标"中明确提出"具有科学文化素养和终身学习能力"，相关表述如下：

> 掌握适应时代发展需要的基础知识和基本技能，丰富人文积淀，发展理性思维，不断提升人文素养和科学素养。敢于批判质疑，探索解决问题，勤于动手，善于反思，具有一定的创新精神和实践能力。具有强烈的好奇心、积极的学习态度和浓厚的学习兴趣。能够自主学习，独立思考，形成良好的学习习惯和适合自身的学习方法。学会获取、判断和处理信息，具备信息化时代的学习与发展能力。

总之，学生具有终身学习的素养与能力，是普通高中育人方式改革与学生学习变革之核心主题，高中学校建设、高中课程改革、课堂教学改革与教师队伍建设等各方面都必须予以积极应对与回应。

培养终身学习能力，也意味着必须改变传统的学习体系，包括学习内容与学习方式等。美国著名教育心理学家、哈佛大学资深教授戴维·珀金斯撰写了 *Future Wise: Educating Our Children for a Changing World* 一书，2015 年该书中文版的书名为《为未知而教，为未来而学》，其副标题是"什么才是有价值的学习"。② 这本书讨论在当前变化的世界中，如何让学生学到真正有价值的知识，全书围绕四个探索问题而展开，这就是：辨别具有生活价值的学习；选择具有生活价值的学习；为具有生活价值的学习

① United Nations. Transforming Our World：The 2030 Agenda for Sustainable Development［EB/OL］. https://sustainabledevelopment. un. org/post2015/transformingourworld.
② 戴维·珀金斯. 为未来而教，为未知而学［M］. 杨彦捷，译. 杭州：浙江教育出版社，2015：247.

而教;建构具有生活价值的课程。

珀金斯认为,基础教育之中,应该培养学生成为"做业余的专家而不是严谨的学院派",不能过于强求专业知识而忽视与生活相关的"软知识";"学习即理解",而且这种理解是"全局性理解",有助于学生明确方向、系统思考和继续学习。该书结语中的最后一段文字值得引用,可供读者反思教育中"独木桥"观。

> 如今,很多教育似乎都在愚蠢地摸索,或者按照过去习惯的方向在独木桥上贸然前进,却很少关注独木桥的真正位置。坦白地说,我们也并不确切地知道"桥"在哪里。如前所述,倘若固执地寻找最完美的终极答案,那么,"什么知识值得学习"就是一个不可能解答的问题,我们的确在"为未知而教"。但是,在一些经过深思熟虑的评判标准和一种使命感的支撑下,我们仍然可以巧妙地摸索着前进。

这本书提及的四方面探索或许指明了普通高中促进学生学习变革的领域,对于认识和把握普通高中学校办学定位和人才培养,尤其是培养学生的终身学习能力具有极大的启示意义。

三、学习方式

任何学习方式都有一定的价值,但要与培养个体主动获取知识和积极学习的动机与能力相联系,要使每个个体形成有效学习的方式方法,涉及学习习惯、学习意识、学习态度、学习品质等方面的培育与形成。在普通高中,学生成为学习的主人,需要重视自主、合作、探究的学习方式。学生学习不能完全是教师安排的,而应该有学生的主动参与;学习也不能只是个人化的、孤独式的学习,而要开展集体式的合作学习与团队学习,超越简单的死记硬背与机械训练。高中学校和教师要为学生提供丰富多样的学习机会与学习活动,如综合性学习、项目式学习、混合式学习、问题引领式学习、探究式学习、合作学习等等。随着信息技术的日新月异,越来越多的学习方式不再受时间和空间限制,线上和线下学习的融合,随时随地的学习,都将是学习方式变革的方向与选择。

著名旅美华裔学者赵勇教授在 2012 年出版了《世界一流的学习者:培育有创造力和创新性学生》,书中阐述了"学习自由"(Freedom to Learn)概念,并提出了"产品指向的学习"(Product-Oriented Learning，POL)。前者主要是指学生在学习中的自主性与领导力，即学生在学习中的投入、主动性和创造性，以及发挥学生的优势和保留学生与众不同的才能。后者则是作者基于对项目制学习（Project-based Learning，PBL)的分类（如表 5-1 所示），在创新性 PBL 模式基础上提出的。POL突出了"产品"，即学生的学习要联系到工作实践与现实生活，要使产品成为真正的产品，回应了当今工业革命中的"创客运动"对教育的影响，使学习具有现实意义，也使学习更有挑战。

表 5-1　三种不同项目制学习模型的特征①

	预期结果	控　制	背　景
学术性模式	学术内容	教师领导	主要是一间教室
混合的模式	有学术条件限制的产品	师生合作	一个或者多个班级，社区
创新性模式	产品	学生领导	学校和社区

随着信息技术在教育领域的不断运用，在线学习方式不断增多，线上学习与线下学习并行，由此"混合式学习"成为信息技术背景下教育改革的一种思想，这种学习方式为学校变革提供了新思维。

2015 年美国学者迈克尔·B.霍恩(Michael B. Horn)与希瑟·斯特克(Heather Staker)合作出版了题为《混合式学习：用颠覆式创新推动教育革命》(*Blended: Using Disruptive Innovation to Improve Schools*)一书。②

他们认为，必须改变孤立的、工厂模型的教育系统，因为在这个系统中，学生的学习是低效的。他们认为，要将以每个学生为中心的学习落到实处，发挥学生的潜能。他们认为，以学生为中心的学习，其中包括两个基本理念：一是"个性化学习"或者说"个别化学习"；二是基于能力的学习或者说"熟悉掌握为基础的学习""掌握学习""基于熟练的学习"和"基于标准的学习"。他们认为，在教育中要将这两种学习结合起来实施，才能实现以学生为中心的学习，这就是他们所说的混合学习（Belended

---

① Yong Zhao. World Class Learner：Educating Creative and Entreprenenurial Students[M]. Crown，2012：199.

② 迈克尔·霍恩，希瑟·斯特克.混合式学习：用颠覆式创新推动教育革命[M]. 聂风华，徐铁英，译. 北京：机械工业出版社，2015.

Learning),该书第一章《什么是混合式学习》对此予以了描述。

他们经过对美国150多个混合式学习项目的研究,总结出了混合式学习的三个部分。一是"在线学习部分",并且是正式的教育项目,但其中学生至少可以自主控制学习的时间、地点、路径或者进度。二是"受监督的实体场所的学习",即学生的学习活动至少有一部分是在家庭之外受监督的地方进行的。主要是学校中,教师或者指导者参与之下。三是"一种整合式的学习体验",即学生学习某门课程或科目时的学习路径。同时,他们从这些混合式学习项目中,归纳出了四种主要的模式:转换模式、弹性模式、菜单模式和增强型虚拟模式。该书还系统介绍了如何实施混合式学习的实践,勾勒了混合式学习的蓝图(图5-1)。

图5-1 混合式学习的蓝图

这个蓝图首先强调了混合式学习的目标与规划,即需要有目标引领的学习方案,SMART是指具体的(specific)、可测量的(measurable)、可实现的(attainable)、相关的(relevent)和有时限的(time-bound)的目标。实施混合式学习的首要任务是理解学生的观点,把提高学生学习动力作为整个学习设计的指导原则。该书作者认为,混合式学习尽管不是灵丹妙药,但还是具有相当大的潜力,需要学校、教师、社区和家长在其中扮演各自的角色,支持这种学习变革。

总之,各种新学习方式产生,对于培养当代高中学生的创新精神和实践能力,成为具有终身学习能力的时代新人来说,都是值得借鉴和探索的。课程(知识)、教学、学习三者之间紧密联系,不可分割,共同构成了现代教学模式创新与学习方式变革。

第三节　青年工作思维

高中教育的特殊性还体现在学生人群即高中学生上。按照联合国《儿童权利公约》中的规定，我国高中学生大多还属于"儿童"期，还没有达到 18 岁，尚未进入青年期。但是，不可回避的是，当代高中学生已经具有青年发展的特点，在身心发展提前的情况下，在思维、思考、思想等方面日益显示出独立性，有主见和个性化；在学习、学业、职业、事业等认识上更有数字化时代、全球化与小康社会给他们带来的影响。

一直以来，普通高中学校中始终存在"说教"多于"指导"、"管教"多于"引导"、"要我学"多于"我要学"等现象，学生在学校中的主体地位得不到保障，以学生为中心的教育只停留在口号而没有转化为实践。问题的症结在于对高中学生的认知，更多地偏向于与义务教育阶段学生一样的"儿童"观（其实这不是正确的儿童观），而不是偏向高等阶段教育学生的"青年"观。因此，普通高中育人方式改革必须具有超越传统教育看待学生的局限，要建立当代中国青年发展的新视野，将育人方式改革与青年成长有机结合。

一、青年地位

习近平总书记一直高度重视青年工作，2019 年《在纪念五四运动 100 周年大会上的讲话》（以下简称"100 周年讲话"）中，为新时代青年发展指明了方向、对青年工作提出了要求。[1]

> 各级党委和政府、各级领导干部以及全社会都要充分信任青年、热情关心青年、严格要求青年，关注青年愿望、帮助青年发展、支持青年创业，做青年朋友的知心人、青年工作的热心人、青年群众的引路人。
>
> 我们要主动走近青年、倾听青年，做青年朋友的知心人。当代青年思想活跃、思维敏捷，观念新颖、兴趣广泛，探索未知劲头足，接受新生事物快，主体意识、参与意识强，对实现人生发展有着强烈渴望。这种青春天性赋予青年活力、激情、想象力和创造力，应该充分肯定。同时，青年人阅历不广，容易从自身角度、从理想

---

[1] 习近平：在纪念五四运动 100 周年大会上的讲话[EB/OL]. (2019 - 04 - 30). 新华网. http://www.xinhuanet.com/politics/leaders/2019 - 04/30/c_1124440193.htm.

状态的角度来认识和理解世界，难免给他们带来局限性。这是青年成长的规律，我们要尊重这个规律。信任是理解的前提。要尊重青年天性，照顾青年特点，经常到青年中去，同青年零距离接触、面对面交流，了解他们的思想动态、价值取向、行为方式、生活方式，倾听他们对社会问题和现象的看法，对党和政府工作的意见和建议。

习近平总书记的上述讲话，对于推进普通高中育人方式改革具有非常重要的指导意义。如何进一步全面贯彻落实习近平总书记青年工作思想，扎实促进新时代中国青年成长成才，是全党全社会关心的大事，也是国家教育改革与发展的主要任务之一。

普通高中教育领域也不例外。事实上，关于青年发展，中共中央、国务院2017年印发了《中长期青年发展规划（2016—2025年）》。为此，未来我国高中学校改革发展有必要引入青年工作视角，在高中学校中将青年工作与教育教学工作有机结合，促进高中学校育人方式改革与创新。

我国高中改革与发展迅速，在高中办学条件改革、课程改革、高考改革、教师队伍建设以及困难学生资助等方面取得显著进展。但是，坚决扭转片面应试教育倾向、切实提高育人水平的要求还十分艰巨。当前高中改革普遍忽视青年工作的要求。调研发现，高中学校发展始终围绕让学生接受高等教育或者获得职业工作为导向，在学校改革发展中并未涉及甚至不提及青年工作，学校对共青团工作也未给予足够重视。普通高中学校仍然以智育为主，德育工作仍然以说教为主，不考虑高中生的青年特点，缺乏对高中生个人意识增强、思想开始形成、寻求独立与要求发声等青年特征的关注。"唯考试""唯分数""唯升学"等不良现象，使高中学生感受不到青春快乐和成长喜悦，青年的主体性得不到实现。

将青年工作纳入普通高中育人改革之中非常必要。需要按照习近平总书记对青年工作的要求，坚决扭转片面应试教育倾向，合理而平等地看待高中学生，在教育的同时注重关心关爱和倾听，注重指导引导和服务，将提高育人水平与增强服务意识能力相结合，使高中学生意识到自己的成长，意识到青年的责任，进而促使他们主动而积极地要求发展。

2021年，习近平总书记在庆祝中国共产党成立100周年大会上说：

未来属于青年，希望寄予青年。一百年前，一群新青年高举马克思主义思想火炬,在风雨如晦的中国苦苦探寻民族复兴的前途。一百年来,在中国共产党的旗帜下,一代代中国青年把青春奋斗融入党和人民事业,成为实现中华民族伟大复兴的先锋力量。新时代的中国青年要以实现中华民族伟大复兴为己任,增强做中国人的志气、骨气、底气,不负时代,不负韶华,不负党和人民的殷切期望![①]

显然,普通高中育人方式改革必须紧紧围绕培养新时代的中国青年为己任,在学校教育教学实践中,必须注重国情与历史教育,尤其是要加强"四史教育",即组织和引导高中学生学习党史、新中国史、改革开放史、社会主义发展史,将个人的学习与成长,与整个国家发展、中华民族的伟大复兴、构建人类命运共同体等结合在一起。这才是普通高中育人方式改革的终极目标。

总之,普通高中育人方式改革要突出教育学生与服务青年相结合,要将青年工作要求与方式融入到普通学校治理、课程改革、教学创新、学生评价、师资建设、校园文化等各个方面,更要站在国家发展的高度,以有效的青年工作促进普通高中育人方式改革。

二、工作策略

习近平总书记 2014 年在北京大学发表的"青年要自觉践行社会主义核心价值观"讲话、2016 年在全国高校思想政治工作会议上的讲话、2018 年在全国教育大会上的讲话以及 2019 年在纪念五四运动 100 周年大会上的讲话,为普通高中教育做好青年工作和深化改革提供了指引。当前,普通高中改革要将《中国教育现代化 2035》与《中长期青年发展规划(2016-2025 年)》相结合,深入推进学校内部改革,推进育人方式改革,促进学校高质量发展。

首先,普通高中教育者要丰富自身职业角色。在实施教育教学的过程中,结合当代高中学生思想动态、身心发展、认知水平等特点状况,尊重学生、关心学生、倾听学生,使高中成为青年成长与发展的重要阵地;努力成为习近平总书记提出的"做青年朋友的知心人、青年工作的热心人、青年群众的引路人",必须改变传统学校作为"管理者""说教者"与"主导者"的"权威"形象。

其次,普通高中要为每个青年发展创造条件。目前高中学校普遍缺乏学生自主活

---

① 习近平:在庆祝中国共产党成立 100 周年大会上的讲话[EB/OL].(2021-07-01).新华网.http://www.xinhuanet.com/2021-07/01/c_1127615334.htm.

动、自由活动和自觉行动的空间、时间和物质条件,当下高中生学习枯燥与生活单调是不争的事实。青年发展需要自主探索与实践,高中要建立学生参与机制,建立学生发展工作体系,实施面向每个学生的教育、指导和服务。要按照习近平总书记提出的"让每个人都有人生出彩的机会"要求,"积极为青年创造人人努力成才、人人皆可成才、人人尽展其才的发展条件"。

再次,以青年成长规律创新普通高中教育工作方法。习近平总书记在"100周年讲话"中总结了青年成长的规律,强调要尊重这个规律,"要尊重青年天性,照顾青年特点,经常到青年中去,同青年零距离接触、面对面交流",这对于高中改进教育教学方法和转变育人方式具有重要意义。学校必须真正做到"学生为中心",认真听取学生对学校发展的意见和建议,要向学生学习,让学生参与到学校改进与改革中,实现学校、教师与学生共同发展。结合高中生特点,将党建要求贯彻到学生工作之中,更加注重思想引领和理想培育,为学生提供丰富多彩的思想建设工作,让他们在参与中认识自己与发现自己,实现习近平总书记提出的"把自己的小我融入祖国的大我、人民的大我之中,与时代同步伐、与人民共命运"的要求。

最后,青年发展成为学校办学追求目标之一。要将《中国教育现代化2035》中的8个基本理念与当代青年发展的时代使命结合在一起,培养学生志存高远,激发学生的奋进潜力,为学生"明大德、守公德、严私德,自觉抵制拜金主义、享乐主义、极端个人主义、历史虚无主义等错误思想,追求更有高度、更有境界、更有品位的人生"做出高中教育的贡献。在学校治理体系建设、课程与教学改革、高考招生改革等重大改革事项中,注重倾听青年学生声音,分析青年学生特点,凝聚青年共识与发挥青年力量,让各项改革成为青年学生学习与发展的实践舞台。

三、社会实践

社会实践是青年工作的重要组成之一,当代高中生需要拥有现实世界的实践阅历。日益发达的媒体时代,使高中生对社会与生活、中国和世界、学习与发展的认识和理解难免有局限,容易受误导和易偏执。现有学校教育为学生提供了系统教育,但不能为学生展示真实社会和真实世界,高度制度化的教育设计与活动,在很大程度上制约了学生对教育外部世界的观察和思考。所以,普通高中必须进一步加强教育与生产生活的联系,让每个高中学生都能看到真实的现实世界和事实,培养他们的正确思考能力。所以,普通高中必须真正有效实施综合实践的课程,运用校内外资源,使每个学生都能够参与到真实的社会实践之中,使学生在参与社会实践中体悟、感悟和觉悟。

参与社会实践活动是国情教育与政治教育的重要方式。当代高中生生活在全面建成小康社会的和平年代,对于国家历史进展和制度都缺少深刻认识,对幸福生活和获得教育缺少感知感恩;同时全球化与新媒体的影响,他们往往会产生诸多不恰当的想法和要求,对中国特色缺少正确认知。学校必须让高中学生走出校园,组织和引导他们参与到当前全面建成小康社会的伟大实践之中,让学生在学习、观察和实践之中学会思考,明辨是非,真正理解"坚持党的领导"与"坚持四个自信"等思想的价值意义,成为具有习近平新时代中国特色社会主义思想的学习者、支持者和践行者。

让学生在社会实践中明白"人民至上"的深刻内涵,牢记"千千万万普通人最伟大"的真正含义。很多青少年崇尚个性、追逐娱乐明星和追求商业成功,高中学生也不例外,这为学校教育带来挑战。学校需要有正面而积极的引领,帮助高中学生做到"心有榜样",自觉践行社会主义核心价值观。在当今中华民族伟大复兴的实践中,各行各业无数创业者、创新者和创造者,是千千万万国家建设的一员;"抗疫"中的广大医务工作者、军人警察、环卫工作者、外卖快递小哥、社区基层工作者等等,就是鲜活的学习榜样。只有让学生亲身接触到这些千千万万普通人,才能让学生真正认识他们的伟大,真正领会"幸福都是奋斗出来的"与"奋斗是幸福的"哲理。

习近平总书记在 2018 年新年贺词中曾说,"千千万万普通人最伟大",2020 年以来我国应对新冠肺炎疫情工作的实践再次证明了这句话的深刻含义。有效抗击疫情,依赖"科学防治,精准施策"政策,更依赖全国人民团结一心、众志成城的行动。毋庸置疑,真正的英雄是广大的医务工作者、部队战士、公安警察同志、社区工作者、环卫保洁工人、广大志愿者、在线超市服务员和外卖快递小哥等等普普通通的劳动者,他们的勇敢、担当、责任和奉献精神值得全社会尊敬、表扬和学习。

在高中教育普及化的进程中,普通高中学校必须聚焦每个学生发展,立足于培养千千万万普通人的素质养成、成长发展与责任担当,"努力让每个人都有人生出彩的机会",使千千万万普通人在生活与工作中做到"生命自觉",这应成为普通高中育人方式改革的价值追求。

第四节　评价驱动改革

评价是一种价值判断,评价与价值和标准有关。在教育领域,评价十分重要,它是引领和促进教育事业发展的重要手段,甚至影响到教育改革与发展的方向。2020 年 10 月,中共中央、国务院在《深化新时代教育评价改革总体方案》中开宗明义地指出,"教育评价事关教育发展方向,有什么样的评价指挥棒,就有什么样的办学导向"。为此,在推进普通高中育人方式改革实践中,必须注重发挥评价的作用,以科学的评价驱动学生学习变革。

一、理解评价

从学科发展角度看,教育测量(measurement)和教育统计(statistics)是产生教育评价(evaluation)学科的基础。从实践来看,教育测量与教育统计更是教育评价的工具和手段。对任何教育对象、教育活动、教育机构、教育者和受教育者等的评价,都需要有收集和整理数据资料。评价活动首先需要就评价对象的相关信息进行有效测量和科学统计。只有当测量是有效度(validity)和信度(reliability)时,收集到的信息才是正确的;也只有当数据的统计分析是合理的、有显著性的时候,评价才能采用这些数据结果。研究和使用教育评价,不能离开教育测量和教育统计这两门基础学科。但是,测量和统计并不能直接产生评价的结果和结论,教育评价必须与教育研究结合在一起。

教育评价中需要研究和分析评价对象的整个脉络(context),包括背景、投入、过程和产出等,需要借助社会学与系统论等理论和方法,审视评价对象及其发展机制等诸多因素,而不能只是停留在表面数据信息结果上。有效的教育评价,需要深入到教育活动的"黑箱(black box)"之中。例如,评价学校的教学质量,不仅要收集学校教学质量的直接资料,而且要分析学校产生这些质量数据的历史,要考察产生这些结果的实际过程等。除学校的硬件设备之外,教师队伍、学生来源等都是影响教学质量结果的重要因素。可以认为,对每所学校的教学质量评价,都应该是一种个案研究。按照学校升学率的高低而排列学校的名次,在严格意义上,不是一种学校评价,最多只是一种不完整的统计分析。这些评价思想与观点正体现了 20 世纪 80 年代国际教育界兴起的"第四代评价"理论。

美国学者古贝(Egon G. Guba)和林肯(Yvonna S. Lincoln)在 1989 年出版了《第四代评估》(*Fourth Generation Evaluation*)一书(该书译者将 evaluation 译成"评估"。在本书中,"评估"与"评价"不作明确区分),他们在对评估发展历史进行分析的基础上,针对以往评估存在的问题,提出了"响应式建构主义评估",其主要观点是:第一,评估是一种带有社会政治色彩的过程,也是一个有赖于公开、有知情权的自我利益实施的过程;第二,评估是一个共同合作的过程;第三,评估也是一个教与学的过程,评估者帮助每个利益相关者阐明自己的建构,这些人也在其中获得学习;第四,评估是一个连续、反复、分歧突出的过程,不可能有一种通用的方法;第五,评估是一个不断有突发情况出现的过程,不可能用一种通用的方法;第六,评估是带有不可预料结果的过程,这里涉及价值定位;第七,评估是一个创造显示的过程。在这些观点的基础上,作者提出了第四代评估的结论:大众化的相对主义胜于狭隘的专制主义;共享责任胜于责任;授权胜于剥夺;理解和欣赏胜于无知;行动胜于无动于衷。[①]

很显然,这种将"利益相关者的主张、焦虑和争议作为组成元素"纳入评价之中与运用建构主义范式实施评价的思想与方法,充分体现了评价对"被评价者"的尊重与给予平等的权利,使评价成为一种具有发展性的建构活动,在推进育人方式改革的实践中,同样能够产生积极的作用。

二、以评促建

作为教育活动的教育评价,是教育管理的手段之一,但不能把教育评价功能只局限在评判等级、奖惩界定和考核评比等方面。教育评价的核心目标需要定位为促进教育发展,包括教育系统、教育机构和教育人员等各个方面的发展。目前,发展性教育评价已经成为国际教育界的共识。我国在教育评价实践中始终坚持"以评促建、以评促改、以评促管、评建结合、重在建设"的评价共识与政策导向。在关注教育结果的同时,高度关注教育过程,重视鉴别问题、分析困难、寻找原因和提出对策等,而不只是满足于获得数据、产生结果和价值判断。

评价驱动的普通高中育人方式改革,必须体现在对影响普通高中育人方式改革的各种影响因素即利益相关者的重视,尤其是要注重回应他们的观点、问题与建议,也就是第四代评估理论中所说的主张、焦虑与问题。所以,评估驱动意味着运用教育评价手段推进育人方式改革中的建构,而不是评判或者结果。

为此,需要将教育评价融合到普通高中育人方式改革的实践中。教育评价与教育管理一样,纳入教育治理体系之中,成为教育常规活动中的一部分。评价收集与育人方式改革相关联的教育数据、资料与信息的任务,内化成日常教育工作一部分,而不是

[①] 埃贡·G.古贝,伊冯娜·S.林肯.第四代评估[M].秦霖,等,译.北京:中国人民大学出版社,2008:186-191.

为了应付评价的临时性"专门"工作。将教育评价与教育监测(monitoring)结合,使评价成为持续过程。借助有效的测量工具、透明的工作程序、正确的数据分析与合理的信息分享,使普通高中育人方式改革的各相关方参与到评价之中。不能将教育评价与行政性教育检查和评比活动混同,评价本身不应该掺杂"行政"色彩,而应富有专业特征。

评价驱动育人方式改革,需要体现建构的特征,主要表现在:如何使高中学校具有正确育人的制度体系,如何使教师在教育教学全过程中践行育人的初心使命,如何使学生进一步明确个人努力学习、全面发展的责任担当。为此,需要就普通高中育人方式改革开展常态化评价,注重旨在解决问题的评价,实现促进更大发展的评价。要在"过程评价""增值评价"与"结果评价"基础上,建立综合评价系统,并将这种评价系统的建立作为育人方式改革的任务之一。评价本身不是目的,但评价需要明确什么是有价值的和什么是没有价值的。如果不关注教育需要改进什么,即使就"增值"评价而言,也只是数值而已,而不是价值追求。关键是建构共识的评价目标,获得被评价者如高中学校、教师和学生及其家长等利益各方而不只是考虑外部(如政府或者委托者)的要求与期待。如学校评价,不仅要使这些被评价的学校接受,而且也要为其他学校所认可,这样评价的价值才能更好地体现。清晰、共享和可实现的评价目标是有效评价的基石,教育评价需要广泛宣传、有效沟通与信息公开,使普通高中育人方式改革的主要参与者即学校、教师与学生同外部专业的评价者之间成为共同参与的互动过程,共同就评价所涉及的教育活动进行观察、分析和研究的过程,成为"对话"与"建构",促进育人方式持续地深入发展。

三、科学评价

教育评价作为专业性教育活动,同样必须承担相应的责任。通常,这种责任落实给评价者。美国评价学会对评价者提出了五条指导原则,包括系统探究、能力、诚实、尊重人和有公众的责任等。教育评价者不仅需要在专业上有足够的素质,而且在道德等方面也需要一定的操守。最基本的,评价者在评价中不应该有个人利益的存在。

基于评价驱动普通高中育人方式改革,按照第四代评价理论,评价首先不能先入为主的预设与结果。普通高中育人方式改革是新时代教育发展的取向,是一种不断探索、不断创新、不断丰富和不断提升的教育实践。评价的责任体现在,尊重普通高中育人方式改革的实践,运用专业视角与科学方法观察和分析现状与问题,在与普通高中一线教育工作者和学生及其家长的互动沟通中,努力形成育人方式改革的共识,认可、总结和推介成功实践。

其次,评价者的角色定位,是育人方式改革实践中的参与者和建构者,而不是来自外部的"旁观者""调研者"或者"评判者"。这种参与意味着与高中学校管理者和教师等建立平等的合作伙伴关系,建立共同认可的目标追求,并自觉地常态化地介入到普通高中学校教育教学的现场与情境中,理解学校实施育人方式改革的前因后果、来龙去脉和复杂关系。总之,评价者也是育人方式改革的行动实践者。

再次,学校教师要有评价的素养与能力。教师是实施育人方式改革的重要参与者,在实施教育教学工作实践中,必须拥有教育评价的视角,能够知道普通高中育人方式改革的目标追求与价值所在,需要树立新时代学生成长的正确观念,不断总结与审视自身的育人实践,检查与反思自身存在的问题与不足,主动与同事、评价者或者专家交流研讨育人实践得失,进而获取改进实践的新思想、新方法和新路径,并转化为自身创新的教育行动。另外,教师要意识到教育评价工作的价值意义,主动参与到评价实践活动中,提供真实想法、真实数据和真实结果,以便评价能够科学实施。总之,育人方式改革需要育人者自我评价的跟进和育人者对外在评价的支持。

最后,需要重申的是评价的社会责任。评价必须在促进育人方式改革发展上做文章和下功夫,要始终围绕有效建构而开展。评价不能成为贴标签,也不宜进行分等级。评价要保护每所学校实施育人方式改革的积极性和创造性,依托评价促进学校实施改革,注重学校的隐私保护与信息安全,保护被评价学校及其相关人员的尊严,不能在道德上、伦理上伤害他们。评价不仅要求关注过程与结果,而且更需要关注产生这些结果的社会影响。这就是评价的社会责任。

第六章 普通高中课堂的突围

本章集中分析当前普通高中课堂中存在的显著问题,探讨在课程改革、高考改革与育人方式改革的进程中,如何推进课堂改革,促进普通高中全方位协同发展。

➤ 鉴于普通高中分学科教学体系与统一高考招生制度的影响,普通高中课堂中缺少学科间合作教学,普遍呈现为考试而教,缺少广大学生的积极参与。

➤ 全面把握高中课堂改革的各项要求,在增加学生选课学习与选课考试的情况下,在课堂中实现教学与育人的有机结合,展现教学发展最新理论的运用。

➤ 实现有序走班教学,应对考试改革要求,需要为有序走班教学的实施而改善学校的相关条件设施,更需要注重传承和发挥我国班级集体教学的优秀传统。

第一节 正视课堂问题

新一轮高考改革无疑为重新审视高中教学带来了契机,也为反思课堂教学提供了视角。在推动高中教学转型的历程中,依然存在诸多实践困境。在理想的改革规划、具体的政策举措与现实的校园课堂之间,还存在突出的问题。

一、学科分离

按照 2020 年国家教育部颁发的《普通高中课程方案》,我国普通高中开设语文、数学、外语、思想政治、历史、地理、物理、化学、生物学、技术(含信息技术和通用技术)、艺术(或音乐、美术)、体育与健康科目和综合实践活动、劳动等国家课程,以及校本课程。这些课程都有各自完整的"课程标准",并且将有相应的新教材。

显然,这种学科分设,实际上造成了学科分离。在实践中,普通高中学校落实这些课程的实施,还是需要保持固有的学科教学体系,按照课程内容实施独立教学。所以,课程改革改变学科内容,但并没有在学科融合上有新举措,没有对班级制分科教学产生更多的积极影响或者改革意义。规范化或者说程序化的传统分学科教学仍在强化,与实施因材施教的教学目标仍有距离,更难以实施跨学科的教学。

这种学科分离导致了课程对于学生个体的整体意义缺失。在实践中,学校设置的每一门学科都很重要,而且是按照学科的逻辑进行,这对于学生而言,可能无法正确认识到每一种课程对于个体的整体发展意味着什么。目前,普通高中的学科教师在具体学科教学中,可能仍然严格局限在本学科领域范围里,不具有跨学科与多学科教育和教学的能力与素养。当学生面临真实生活的问题时,不知如何将碎片化知识整体迁移至具体情境中,知识犹如"储存"在"地下室"的一堆"材料",虽然实现了量的积累,却无法发挥使用价值,难以成为学生问题解决的资源。

普通高中学科分设导致的学科分离,还表现为固化传统的高中教师分科培养与培训制度。当前普通高中新教师培养体系中,在本科与硕士层面培养上,大多还是各个学科独立负责进行新教师培养,学科教学与教育学学科教学之间的衔接仍然不够。欣喜的是,目前我国一些师范院校已经开始设立教师教育学院或者采用"书院"制等方式实施新教师培养,以加强不同学科之间,尤其是学科与教育学之间的融通和贯通,提升新教师对学科教学与人才培养的认识与能力。在高中教师培训中,按照学科类别开展教师培训活动仍然普遍存在。这种方式未尝不可,但不能只是局限在本学科范围之内,还是要让高中学科教师了解整个高中教育教学改革进展与要求,要将学科教师从本学科教学的单一视角提升为面向每个学生发展的多元视角。

学科分离的另一个实践表现就是,普通高中学校按照学科类别进行分别管理与组织。按照不同学科在日常教学管理、教学指导与教学研讨上分别开展活动,导致学校中不同学科教师在教学上缺少交流、研讨、协商与协同的机制与机会。普通高中校本研修与校本教师培训上,缺乏多学科的集体教学研讨,缺少以共同学生(教学班)为对象的教学研讨。即使是同一班级的任课教师,都是相互独立,彼此联系不多。

在高等教育普及化的时代,尤其是高等教育日益重视通识教育、博雅教育或者基本教育的背景下,有必要深入研究普通高中课程与教学的发展去向,必须在加强教育教学与学生生活、社会变化、科技进步之间的关联性上采取新举措。普通高中实施学科设立的教学,或许仍是一种教育教学方式,但是在坚持和实现以每个学生发展为中心的理念下,在学科分设的教学中,需要加强所有学科课程教学之间的相互贯通、相互支持和整体协同,真正服务于每个学生全面发展的教育需要。这需要在教师培养、教师培训、校本教研、教学管理等各个方面予以相应的改革。

二、功利教学

在寻求变革的时代,不能回避当前中小学课堂教学中的灌输式教学现状,"教主导学"甚至"以教强迫学"的方式方法仍然普遍盛行,尤其是在"考试大纲"规定的高考招生制度下,普通高中的应试教学本质上也是灌输式教学,是一种"功利教学"。这种教学的最大问题就在于,片面地将考试分数作为学习的结果,忽视教育中"育人"的初心,没有从学生个体在德智体美劳五方面发展作为教学指向,这也就是"唯分数"现象。

普通高中功利教学的表现之一,就是希望建立一种成功的"教学模式"。一直以来,人们沉浸在迷恋"教学程序"之中,将"教学设计"作为实际课堂成败的模板,将教学评估作为评判教学是否符合课程与教材标准的手段。在实践中,诸多学校热衷于追求成熟的"教学模式",热心于移植(甚至直接搬用)外来教学模式。借助这种统一的教学模式来提高学生的考试分数,同时也有利于学校领导开展教学管理与对教师教学的评价。创建真正促进每个学生全面发展和终身发展的教学模式值得鼓励,但只是聚焦考试分数的"教学模式"就值得怀疑。所以,可以认为功利教学在一定程度上扼杀了学校教师教书育人的创造性。

功利教学的表现之二,就是教学中没有学生的"地位"。功利教学向学生传递这些课程与学科的内容,旨在让学生获得考试分数,而不是将课程与学科作为促进学生学习、学生发展的载体。高三学生在节假日和寒暑假补课,似乎也是天经地义,因为这是学校组织、家长支持和政府允许的。问题是,学生是不是愿意假期补课呢?补课是否征求过学生的意见?尽管过去20年多来我国基础教育改革与发展初见成效,但是标准导向与应试导向的功利主义、工具主义教学现象还是深深"扎根"于当前我国高中学校课堂之中。即使在当前注重技术与教学如何的背景下,对技术的理解和运用还较多地停留在功利与工具的思维上,还缺少将技术作为教育创新与教育变革的要素。本书将在后文对技术与教学融合问题予以详细论述。

功利教学的表现之三,就是加速教学进度,提前分班教学,课程有主副之分,考试主导课堂教学,3 年课程教学计划在 2 年内完成,专门用 1 年的教学时间开展复习,似乎都已经成为普通高中教学常态。高中课堂教学不只是课程内容的传递,还是高中学生学会成长,学会思考,获得发展思维的重要阵地,每门学科对于当代青少年发展而言,都具有自身的价值。如果始终以"高考"为导向实施教学,显然是不恰当的,在很大程度上局限了教学的其他功能,如培养学生的社会情感能力、发散思维能力和社会实践能力等。

功利教学在新高考实施之后,仍然盛行。实施"两依据一参考"(依据统一高考成绩、高中学业水平考试成绩,参考高中学生综合素质评价信息)的高校招生,标志着高校人才选拔评价将由单一转向多元,凸显了高中教育追求学生全面而个性化发展的目标定位。但由于招、考的不分离,高校自主招生制度不完善,"总分评价"依然是决定学生能否被录取的主要标准,唯分数的观念仍难以冲破。为了获得最高分数穷尽所有力量,"分数"和"应试"决定教学,高中教学变成了高考教学。

功利教学在我国普通高中领域根深蒂固。新高考政策颁布之后,一些普通高中学校提出"分层教学",似乎是从学生学习基础与需求出发,但实际上还是一种功利教学,是为了便于统一教学或者说"教学效率"更高,这并非真正的因材施教。在"分层教学"班级中,教师还是需要根据每个学生的差别与差异开展个别化教学。无论分层还是不分层,都需要按照国家课程教学标准实施,都需要实现课程标准的要求。其实,课程改革方案中提出的"教、学、考"一致,仍然显示着功利教学的导向。

三、课堂乏力

所谓的课堂乏力,是指普通高中学校课堂中普遍缺少学生气和学生参与,课堂教学氛围沉闷,导致教学效果存疑。2019—2020 年间,我们研究团队在我国东部某省区开展教学指导行动研究。在项目实施之初,首先对该区 4 所普通高中学校课堂进行了观摩与诊断。该区经济高度发达,每年高考成绩突出,处于全省领先位置。但是,观察到的课堂教学现状却并不乐观。

研究团队先后在 4 所普通高中各观摩了 10 节日常课,包括 5 个学科(语文、数学、外语、物理、历史),合计 40 节课堂教学。之后,还在每所学校举行一次中层以上校领导班子座谈会,研讨学校发展与教学工作情况。我们与学校就课堂教学现状达成的共识是:"课堂中高考驱动的应试教育教学根深蒂固。直接表现就是,教师勤于'育分',

疏于'育人'。给学生造成沉重的学业负担,长期应试'刷题'单调枯燥,造成学习动力枯竭,导致厌学,倦怠现象,影响学生身心健康与成长成才,也使教师产生职业倦怠。"

如果进一步从课堂学科教学来看,语文、数学、英语、物理和历史5个学科在4所不同学校课堂中的表现会存在差异,但基本上还是趋同,特点与问题相同。这里不妨罗列一些课堂观察记录与评论。

语文学科(高一和高二各1节作文课)

两节作文课都是高考作文应试辅导课,两位教师教龄均在10年以上,敬业、负责。高一教师作文课局限于应试文章写作训练,对当前高考作文改革的前沿信息了解不够,高二教师能够依据语文课标修订稿的具体要求来设计教学目标,方向正确。两节课都显得重心太高,教师拉着学生走,教学互动明显不够,学生的能动性没有激发,只是配合教师教学;积极建构与考试要求相适应的教学内容,脱离学生生活与日常感受,不能做到边教边评。

数学学科(高一与高三各1节课)

两节课的共同点:讲与练相结合,知识点教学与试题讲解,训练数学解题技能。整体倾向于知识与技能学习,而对于数学思维方式的讲解有欠缺。高一数学课堂采用平板电脑教学,有基于大数据的互动,但言语互动尤其是小组合作、师生言语互动等比较缺乏。而高三课堂以教师主讲为主,教师讲解高考试题,整个过程师生互动较少,教师始终较少关注学生,学生只是被动地跟着教师的思路走。

物理学科教学(4所学校8节课)

教师们能够按照传统教学方式上课,注重教材、注重讲述、注重解题等,有改革教学方式的尝试和愿望,教学过程比较完整。但是,课堂中,看不出物理学科的教学特征特色,看不到面向全体学生、学生主动参与的普遍现象。基本上以知识性传授为主,联系学生生活的情况较少。

历史学科教学(1所学校的2节课)

两节课都以教师讲解为主,教师提出问题,指定学生回答问题,随后教师补充并在PPT中呈现答案,间或有少量的一对一互动。师生互动效果不太理想,教师提问缺乏一定的生成性或探究性,缺乏方法指导,学生参与积极性较弱。教师对于"学"情的掌握不够,课堂中教学反馈基于教师的理解角度,要么进行补充,要么进行纠正,而不是学生的学习进展。

上述观察和记录的现状还是发生在一些所谓教育教学质量比较高的普通高中学校。在其他一些地方的普通高中学校,课堂教学的现状或许更不理想。

普通高中课堂中,跟不上教学的学生人数不会少。基于课程标准的教学与追求高考升学率的教学,对于高中普及化发展进程中最"底层"的普通高中学生而言,是一个极大挑战。

显然,这些课堂缺少生气、生机与"生产"的现象,就是一种教学"乏力",影响教育教学整体质量。导致课堂乏力的原因是多方面的:一是应试导向使教师的教不敢有创造性的发挥,为考而教不会犯错;二是要求教师研究课程与教材,而忽视要求教师在课堂围绕学习而展开教;三是课堂教学是相对封闭的,课堂中究竟发生了什么,没有外人知道,简单的讲授法或者回答式是最轻松的;四是任课教师可能缺少让学生全面参与或者主动提问的意识、勇气和能力。

要使普通高中课堂重现生动活泼的场景,课堂充满高中学生的青春活力,回归到立德树人的育人初心,教学改革势在必行。课堂教学的问题,一方面是学校与教师的问题,另一方面也不能回避教育政策问题。在大力推进普通高中多样化发展的背景下,国家在课程与教学上的标准是否也需要有适应性的改变或者调整呢?课程与教学的现象或者问题,其实都与整个普通高中教育教学的办学定位与人才培养目标有关。当前,需要以高中教育普及化发展与高等教育普及化发展的新形势,重新审视高中教育或者普通高中教育的变化与取向,要以国家教育现代化发展的新视野,推进与深化教育教学改革。尽管本书在前文已经就当前我国高中教育与普通高中教育的发展予以了比较充分的理论阐述,提出了与高中教育改革有关的诸多建议,但就普通高中课堂教学而言,还需要进一步明确改革要求。

第二节　明确改革要求

推进普通高中教学改革,与普通高中育人方式改革、课程改革、高校招生改革等关联在一起。近年来,课程改革、考试招生改革和育人方式改革中,都对普通高中教学改革提出了相应的要求,或者创造了相关条件。同样,现代教学理论发展,也对教学改革与教学发展提出了要求。

一、选科学习

一直以来，普通高中存在片面追求升学率与应试教学的现象，这往往被归结为受到考试招生制度的影响。推进考试招生制度改革，成为促进普通高中教育教学改革的重要呼吁。2014 年 9 月《国务院关于深化考试招生制度改革的实施意见》颁布，文件中明确提出了实施改革的第一条基本原则：

> 坚持育人为本，遵循教育规律。把促进学生健康成长成才作为改革的出发点和落脚点，扭转片面应试教育倾向，坚持正确育人导向，践行社会主义核心价值观，深入推进素质教育，培养德智体美全面发展的社会主义建设者和接班人。

随后上海市和浙江省作为全国第一批高考改革试点地区启动考试改革，并逐步发展到 2021 年的第四批 7 个省份，至此，全国共计有 21 个省市自治区进入高考综合改革。这些省市高考改革的一个共同点就是，增加了学生对考试科目的选择，即有了更多的选择权。

第一批：2014 年上海、浙江 2 个省市。上海市考试科目 3＋3（语文、数学、外语必考），选考科目为 6 选 3 模式（政治、历史、地理、物理、化学、生物 6 门任选 3 门）；浙江省考试科目 3＋3，选考科目 7 选 3（比上海多一门技术学科）。

第二批：2017 年北京、天津、山东、海南 4 个省市。基本上都是考试科目 3＋3（语文、数学、外语必考），选考科目 6 选 3 模式（政治、历史、地理、物理、化学、生物 6 门任选 3 门）。

第三批：2019 年河北、广东、江苏、福建、湖南、重庆、辽宁、湖北 8 个省市。考试科目 3＋1＋2（语文、数学、外语必考），选考科目物理、历史必须 2 选 1，政治、地理、化学、生物 4 选 2。

第四批：2021 年甘肃、黑龙江、吉林、安徽、江西、贵州、广西 7 省（区）。考试科目 3＋1＋2（语文、数学、外语必考），选考科目物理、历史必须 2 选 1，政治、地理、化学、生物 4 选 2。

在高校录取上，各地按照国家提出的"两依据一参考"进行，即依据全国统一高考成绩和普通高中学业水平选择性考试科目成绩、参考学生综合素质评价择优录取。

纵观 2014 年以来全国各地考试招生改革实践,在统一高考背景下,普通高中学生在学习上有了一定的选择权,这种学习选择对学校教学改革提出了新要求,也提供了创新空间。新高考给予学生的"选择权"是考试次数与考试科目等选择,这对学校的传统教学带来了直接冲击,学生选课与选考使学校教学组织形式需要重新组合,而"两依据一参考"则要求教学必须关注学生个性、能力与特长的培养,选课走班教学等新形式应运而生。

同时,《普通高中课程方案(2017 年版 2020 年修订)》提出了新的三类课程划分,即,普通高中课程分为必修课、选择性必修课与选修课,为学生选择学习课程内容提供了支持。其中,必修与选择性必修都属于国家课程。

> 普通高中课程由必修、选择性必修、选修三类课程构成。其中,必修、选择性必修为国家课程,选修为校本课程。
>
> 必修课程,由国家根据学生全面发展需要设置,所有学生必须全部修习。
>
> 选择性必修课程,由国家根据学生个性发展和升学考试需要设置。参加普通高等学校招生全国统一考试的学生,必须在本类课程规定范围内选择相关科目修习;其他学生结合兴趣爱好,也必须选择部分科目内容修习,以满足毕业学分的要求。
>
> 选修课程,由学校根据学生的多样化需求,当地社会、经济、文化发展的需要,学科课程标准的建议以及学校办学特色等开发设置,学生自主选择修习。

显然,考试改革与课程改革都为高中学生选择学习提供了支持,尽管这种选择还是有限的,但毕竟有了选择之门,这在一定程度上,或许有助于改变学生学习的态度和学习参与的表现。

选科学习与学生毕业参加高考有关,不能将选科学习与高考分数进行"功利"性关联。为此,在学校教学实践中,有必要加强对学生的指导与引导,使他们能够真正实现学习选择,或者说选课学习,服务于学生的兴趣、潜能和愿望。

二、教学育人

考试招生或者教学并不是整个普通高中教育的全部,只是影响普通高中教育的因素。深化普通高中改革与发展，需要有更加系统的政策引领。在 2018 年全国教育大会之后，2019 年《国务院办公厅关于新时代推进普通高中育人方式改革的指导意见》正式出台。这也是 21 世纪我国关于普通高中改革与发展的一份高级别文件，文件就普通高中课堂教学改革作了专门论述：

> 深化课堂教学改革。按照教学计划循序渐进开展教学，提高课堂教学效率，培养学生学习能力，促进学生系统掌握各学科基础知识、基本技能、基本方法，培养适应终身发展和社会发展需要的正确价值观念、必备品格和关键能力。积极探索基于情境、问题导向的互动式、启发式、探究式、体验式等课堂教学，注重加强课题研究、项目设计、研究性学习等跨学科综合性教学，认真开展验证性实验和探究性实验教学。提高作业设计质量，精心设计基础性作业，适当增加探究性、实践性、综合性作业。积极推广应用优秀教学成果，推进信息技术与教育教学深度融合，加强教学研究和指导。

这里对普通高中课堂教学提出了全方位的要求，其核心就是尊重学生发展规律，体现教书育人本质，使以学生为中心的教学思想成为有效的教学实践。2020 年教育部颁发《普通高中课程方案（2017 年版 2020 年修改）》，再次重申"大力推进教学改革"。

> 深入理解普通高中课程改革要求，准确把握课程标准和教材，围绕核心素养开展教学与评价。关注学生学习过程，创设与生活关联的、任务导向的真实情境，促进学生自主、合作、探究地学习，注重对学生学习过程的评价，推进信息技术在教学中的合理应用，提高课程实施水平。

> 健全以校为本的教学研究制度，建立平等互助的教学研究共同体，倡导自我反思与同伴合作，营造民主、开放、共享的教学研究文化，鼓励和支持教师进行教学方式改革的探索，形成教学风格和特色。

> 完善教学管理制度，创新教学组织形式和运行机制。科学安排每学年授课科目，特别是控制高一年级必修课程并开科目数量。合理安排教学进度，严格控制周课时总量。探索建立行政班和教学班并存等多种教学组织形式。统筹教师调度、班级编排、学生管理、教学设施配套等资源和条件，为走班教学的实施提供

保障。

总之，普通高中教学必须在学生的成人、成长、成才等终身发展上发挥作用，为每个学生的不断学习、职业生涯和社会参与做准备，需要摒弃"考试主义"和"高考主义"等教学文化，逐步回归其作为教育的本体性价值追求，即为每位学生全面个性化发展创造条件和提高服务。这一价值取向与当前"核心素养"（key competence）盛行的国际教育改革取向一致。随着人工智能日益运用于生产生活之中，大量的常规认知技能和程序性体力劳动等工作将被机器替代，越来越多劳动者需要从事那些计算机无法替代的工作，完成这些工作不仅需要专家思维（expert thinking），需要复杂交流（complex communication）和决策力。这些素养的培养恰恰是课堂教学中不可忽视的重要领域，普通高中的课堂教学同样也不例外。

三、遵循理论

遵循教育发展规律，是深化教育教学改革的前提。现代教育发展日益改变着传统"教学"术语，不断丰富"教学"的含义。鉴于对"教学"的认知与理解，现代教学理论呈现出多元发展趋向，并对教学提出诸多新的见解。学者熊川武在其主编的《教学通论》中，介绍了四种教学理论发展趋势。[①]

第一种：有效性趋势。这种理论强调教学的科学性或者技术性，反映出对教学的效率关注。其中"有效性教学"就是典型术语，但是其中对"有效性"的认识与解读并不一致，有些是基于投入与产出的"效率"，有些是基于"学生学习的结果"，还有的是基于"预设的目标"是否达成。有效性教学的要素主要是：教师品质、教学技能、教学风格、教学模式、教学艺术。而有效性教学的影响因素，在教师个人层面主要是：教学观念、教学专业知识、教学机智、教学效能感。

第二种：关怀性趋势。这里强调的是对师生的人文关怀，尤其是教师关怀学生。关怀或者关心，是后现代思想在教学上的体现，代表人物就是学者内尔·诺丁斯提出的"学会关心——教育的另一种模式"主张，体现出了伦理学在教学上的要求。如何实现关怀或者关心，并不是一件简单的事情，需要具有公正、公平和人文的多视角考量，具有道德的含义及其要求。关怀也是人本主义心理学的核心以及在教学上的应用，重

---

① 熊川武. 教学通论[M]. 北京：人民教育出版社，2010：18-31.

视教学对学生感情、意志和需求等因素的关注,强调教学就是帮助学生主动学习、自我实现,在教学中要信任学生,相信学生能够解决问题并获得发展,建立和谐的师生关系,树立合适的教师期望。

第三种:建构性趋势。这是当代建构主义思想在教学中的体现,其核心思想是:关注学习者已有的结构(包括感情结构和认知结构),要求教学建立在学生已有的结构基础上;对学科概念进行多元表征,教学针对每个不同学生的建构而开展;纠正学生的错误或者错误概念,意味着让学习者建构自己的意义,让老师、同伴与学习者共同获取社会普遍认可的知识;引导教师和学生进行反思,包括知识的认识、信仰和理解;讨论、合作、协商和分享意义。

第四种:反思性趋势。也称为批评性趋势,强调对教学的反思与探索,即反思性教学,凸显教师不断的学习。反思性教学的特点是追求教学实践合理性,要求教学有明确的教学目标,这种目标在现有条件下能够产生最大的价值,而且在教学实践中实现;反思贯穿于计划、实施与评价三个教学环节。

纵观这些不同类型的理论,尽管各自关注焦点与问题不尽一致,但都显现了对"学生"与"学习"的关注。这就是现代教学论遵循以学生发展为中心的特点,离开"学",教也就失去了基础与目标。在当前教育普及化发展与信息技术广泛运用于教育的背景下,教学的发展、变化及其要求,也在不断地增多与提升。

《学会教学》(*Learning to Teach*)是一本教学名著,2005年我国陕西师范大学出版社引进了该书第六版影印版,作为我国教育科学分支学科系列教材之一。作者理查德·阿兰兹(Richard I. Arends)从四个部分论述了"学会教"的内容:第一部分"今日课堂的教与学",阐述教学艺术的科学基础与不同课堂中的学生学习,在指出教学科学性的同时,指出了教学的复杂性及其问题;第二部分"教学的领导力",介绍教学计划、作为学习社区的班级、班级管理以及评估和评价等要求;第三部分"教学的互动",介绍课堂教学的具体方法,如"呈现与解释""直接教学""概念教学""合作性学习""问题解决的学习"和"班级讨论"等具体教学方式;第四部分"教育的组织",介绍了"学校领导和协作""阅读与使用研究成果"和"一线教师开展行动研究"。[①]

《中国教育现代化2035》提出的"更加注重以德为先""更加注重全面发展""更加注重面向人人""更加注重终身学习""更加注重因材施教""更加注重知行合一""更加

---

① 理查德·I·阿兰兹.学会教学(第六版)[M].丛立新,译.上海:华东师范大学出版社,2007.

注重融合发展"和"更加注重共建共享"的基本理念,对于教学改革与教学发展而言,同样是必须遵照的指南。当代普通高中的课堂教学必须体现面向每个学生、促进每个学生全面发展的教学目标,注重创新教学方式与开放课堂教学的教学改革,让每个学生在课堂教学获得参与、表现和进步,真正使课堂充满生命的活力。

常言道,教有法,教无定法。教学是一种实践,也是一种艺术。教学理论能够为教学实践提供指导,但教学实践关键还在于从实际出发,运用各种理论和方法,开展促进每个学生发展的教学。对于每个教师而言,不断地学习如何教学、不断地反思教学和不断地改进教学,是新时代教师的专业品质之一,普通高中教师也不能例外。

第三节　实施有序走班

面对普通高中教学实践困境,必须实施教学改革与创新。在当下,首先要聚焦新高考要求实施走班教学,"选课走班教学管理机制基本完善"已经成为我国普通高中教学改革的目标之一,"有序推进选课走班"是"创新教学组织管理"内容之一。"走班制"教学旨在满足考试选择需求,为每个孩子提供适合的教育教学服务。但是,究竟什么是有效的选课走班教学? 似乎尚无定论。在班级授课制的情况下,实现选课走班教学,必须有序开展,不能盲目和盲从。选课走班教学,不只是一种新的教学班级形态,而是对学校教学设施设备提出了新要求,对学校教学管理与教师的教学能力也提出了挑战。

一、条件保障

高考改革不只是简单的考试内容与形式发生变化,其实是整个教育教学思想观念的改革,对高中学校教育教学产生全方位冲击。选课走班教学只是表现之一,但它直接影响了高中学校传统的教育教学管理与组织。实践显示,学校的设备设施、学校管理、师资队伍和课程资源是制约选课走班教学实施的四大因素。

第一,选课走班教学要求学校增加教室数量。据测算,实施选课走班教学,每所高中学校的教学班数量可能至少要扩大 1.2 至 1.5 倍,目前一些高中学校将功能教室、实验室等作为走班教学场所;在教室增加的同时,教学仪器设备设施必然也要跟进。按照现有的学校建筑标准,走班教学势必会面临教室及教学仪器设备设施紧张的情况。对高中普及压力大、在校学生数还在增加的中西部农村普通高中学校而言,没有多余的教室或者房间用于为增加的教学班提供教学场所。走班教学的设备设施要求与目前国家与地方普通高中学校建筑标准之间有不一致性。

第二，选课走班教学对学校教育教学管理能力提出了高要求。走班教学可能出现"一人一课表"的情况，学校在课表安排、学生管理、教学研究、学生评价、考试管理、成绩分析等各个方面都要有相应的变革或者调整，大幅增加学校教育教学管理的复杂程度。如果从教育公平视角看，在高中学校在选课之后的教学实施上，如何做到各种选课组合的平等对待、各个科目的同等配置（如师资），也是一个大的挑战。在改革高中教育的背景下，教学公平仍是一个不可忽视的话题。

第三，选课走班教学必须增加开设更多课程教学班，要求增加上课教师数量，教师要有开发课程的能力，这些对教师能力与学校教师队伍结构产生了影响，学生选课必然会影响到学科之间教师结构的变动，而且是每年均会产生变动。这对教师队伍建设与管理带来了新的课题。

为了推进走班教学，普通高中学校各项条件必须得到有效改善。在这方面，上海走在了前列。2021年，上海市教育委员会等十部门联合发布《关于推进普通高中学校建设的实施意见》，意见提出的主要目标是：

> 到2025年，基本实现学校校舍建设从行政班教室向学习空间延伸，教育装备从标准化向个性化转变、从共性标配向个性定制延伸，实现以学生为中心的大规模因材施教，推进基于人工智能的个性化学习和高中教育数字化转型，建成一支高素质专业化创新型"四有"教师队伍，课程教学改革成效显著，形成本市普通高中学校高质量、多样化、有特色的发展局面。

为了实现这一目标，该意见还有《上海市普通高中学校校舍建设标准（试行）》《上海市普通高中学校学习空间装备建设要求（试行）》《上海市普通高中学校信息化建设要求（试行）》《上海市普通高中学校教师队伍建设要求（试行）》和《上海市普通高中学校课程与教学建设要求（试行）》等5个附件，分别阐述了上海市推进普通高中育人方式改革，包括实施走班教学制，在加强普通高中学校建设上需要采取的行动措施和具体要求。

在普通高中学校办学（标准）条件、经费拨款水平与教师配置标准等没有改变的情况下，全面实施选课走班教学显然是困难重重的，更何况一些地方还存在大班额或者超大班额的现象。对于大多数学校而言,应在学生选考组合与学校现有条件匹配的基础上,再考虑如何推进选课走班教学。

综上,选课走班教学不能盲目推进。政府部门要尽快为学校解决选课走班教学面临的实际困难,学校和教师要尽快适应选课走班教学的要求,并以此为抓手促进学校变革和教学改革,在原先的教学组织模式上改进和创新,也不失为满足选课教学需求的实施路径。

二、选课指导

选课走班教学与新高考方案直接关联,"文理不分科"的新高考仍然要求学生选择考试科目。在实际选考选科中,学生和家长往往注重竞争式升学目的而实用主义地考虑选什么考试科目最能得到更有利的总分数,而并非政策设计所希望的中学生遵循自己的兴趣、潜能和特长选择科目领域。这种实用主义的选择其实并不"实用",因为学生不可能了解到高考中自己的真正"队友"。如何选课就成为走班教学和有效教学的前提,培养和提升学生(及其家长)合理选课的能力,也是高中教育教学的任务之一。

首先,学校对学生选课有更多认识和理解。赋予学生选择课程的权利与机会,是坚持以学生为中心教育理念的体现。但更重要的是,需要学校、教师和家长等共同参与教育和引导学生如何选择与学会选择,提升他们的选择能力。对于学生的选择,也不宜过于强化或者固化,应该让高中学生明白选择的含义、选择的方法、选择的过程与选择的结果,学会正确对待选择。选择是一种能力,但选择之外还需要适应,选择与适应在个体成长中同样重要。选什么课是重要的,但怎么选或许是更重要的。要借助选课指导,引发学生的反思与思考,增强他们成为学习主人的意识和素养。

其次,运用发展指导提升学生选择能力。在普通高中学校,实施学生发展指导非常必要,建立普通高中学生发展指导制度已经成为政策要求。当前,必须教育与引导当代高中学生认识自我、认识社会、认识国家、认识未来,将个人发展与国家发展、社会发展结合在一起,而不只是关注升学与获得工作。学生选课与选考,可以着眼于自己的学科兴趣、能力和未来的生涯规划;但更要获得适应未来社会发展所需要的必备品质、重要知识和关键技能,要能在变化的社会中实现自我发展与终身发展。选课指导是高中学校实施学生发展指导的一项重要内容,不仅是学业指导,也是理想引导、生涯辅导与人生教导,服务全人发展指导。

第三,加强高中学生选课指导、引导和服务。高中学生还缺少独立选择的能力,学校与教师要对学生选课予以恰当的指导甚至干预,而不能任其完全地自由选课。当然,这一前提是学校及其教师具有这种指导和引导的能力。学校要重视学生选课的合理性,预防外在商业机构的负面影响。在商业气息日趋浓厚的社会,一些商业机构"瞄准"了这种选课"商机",借助为学生提供各种测试或者所谓的专业指导,进而影响学生选择。这种商业服务未尝不可,但关键是,高中学生仍具有可教育性、可塑造性和多种发展潜能,不宜过早地为他们"贴标签"。所以必须回到教育的专业立场,使学生选课具有最大的价值意义。因此,必须高度重视指导学生选考与选课,这是培养学生学会选择和具有选择能力的一个方面,也是高中学校人才培养的任务之一。

事实上,学业、职业、事业与社会发展之间的关系是非常复杂的,在一个不确定的后现代社会。指导是教育的一种手段,需要将指导与教育有机地结合在一起,着力培养学生具有正确的人生观、价值观和世界观,着力培养学生具有应对变化的意识、素养和能力。

三、班级建设

选课与选考对学校常规班级教学及其管理带来了冲击。对于不同的学生而言,选课、选考和走班的含义不一样。或许选课走班对于自觉性强、自主学习能力强、自理能力强的学生而言有很大优势,他们有一定的选择能力,能够选择自己感兴趣、有潜力的学科来学习;但对于选择能力不够或者因基础局限而导致选择少的学生而言,选课走班对于他们的价值可能并不大,他们的选择或许被动与被迫。选课走班学习既不能加大班级同学之间的隔阂,也不能扩大学生学习结果之间的差距。在实施走班教学过程中,仍然必须关注和强化班级作为集体的教育价值意义。为此需要在选课走班教学的同时,加强班级集体建设与教育。

第一,强化班级同学关系。班级是培养集体主义的重要形式,而不只是班级授课制的需要。班级具有共同目标、相互帮助、共同学习与共同进步的班级文化与班级精神,是传统班级制教学的优势。高中是学生个性发展与特长发展的关键时期,也是学生开始自我认识、观察社会和思考未来的重要阶段;高中学生的同伴交往、同伴影响和同伴学习等,是树立集体意识、养成集体精神和具有集体参与能力的重要路径。选课走班教学之后,有必要继续注重具有教育价值意义的班级集体建设;不宜在注重个别化教学的同时,失去传统的班级制优势。这当然需要教育实践、教育理论与教育政策三方面予以尽快的回应。

第二，增加班级集体活动。选课走班教学影响了传统意义上的班级活动与班级集体建设。实施走班教学之后，传统班级同学们共同在一起学习与生活、班级集体活动、同学间共同话题都会减少，学生的集体意识开始淡化，班级的任教教师增多但与班级学生交流时间或许减少，这些势必会影响班级集体的形成和班级集体教育价值功能的发挥。是不是所有的教学科目都要实现选课与走班，或许是一个值得研究的课题。每个学科都实现选课走班，班级的价值意义或许真的会失去，集体主义教育可能就会更多地流于口号与说教，而不是来自学生的学校生活经历、体验与感悟。在走班教学下，究竟如何增加班级集体活动，成为一个新课题。

第三，提升全体教师教学责任。首先是对班主任工作的要求，在实施走班教学之后，班主任需要投入更多的时间了解每个同学各方面情况，需要做更多的调查、协调和指导工作，加强"行政班"与"教学班"之间的信息流动和教育互动，发挥传统班级集体的教育价值，探索建立新型育人方式，使选课走班教学不仅满足学生高考的需要，也真正促进每个学生个性化发展。其次，对于每个学科教学班教师而言，必须具有更多的"育人"意识和能力，在教学过程中，注重育人责任，保持与班主任或者其他任教教师之间的交流与合作，共同促进学生学习成绩提升和身心健康成长。最后，学校有必要建立起加强学校、教师、学生、家长等多方相互联系的机制与平台，共建、共享班级中每个学生的学习进展情况。

这里再介绍一下叶澜教授创立的"生命·实践教育学"所提及的班级建设要旨。这在李家成的《班级日常生活重建中的学生发展》一书中有充分的论述。[①]

> 学生的生命存在与发展需要班级；尤其是相对于欧美国家学生的学校日常生活，中国学生的班级日常生活更具有典型性和世界贡献。

> 对于学生来说，班级提供了具体的、特定阶段不可缺失的生命时空、群体与组织关系和实践活动。

> 班级就是学生的日常生活世界。由此出发，我们就可以通达本真的教育。它

---

① 李家成.班级日常生活重建中的学生发展[M].福州：福建教育出版社,2015：30,36-37.

发生在真实的班级生活中,是一种综合融通的教育,是与终身教育直接沟通的教育,是直接生成整体的人的教育。

无论怎样,教学改革都需要遵循教育发展规律,传承原有成功经验,坚持育人理念,在不断实践探索的基础上,创新发展新方法、新模式和新思想。

第七章 普通高中教学的转型

本章分析普通高中教学如何摆脱考试指挥的应试教学模式,自上而下和由外而内地改变教学预设、教学控制与教学话语,改变传统的控制式教学,促进教学整体的转型发展。

➤ 打破教学是"黑箱"的传统思维,建立开放的教学与研究相结合的体系,使教学活动与教学过程可见,促进教学多元,实施循证教学,提高教学效果。

➤ 聚焦教学中的问题解决,面对不同学生设立不同学习目标,运用教育教学智慧,促进教师与学生积极互动,使班级中每个学生成为积极的学习参与者。

➤ 建构高中教学新生态,需要按照人才成长的要求系统规划,全面推进课程与教学的各项要求,将协同育人理念转化为高中教学实施的关系共同体。

第一节 打开教学之门

讨论教育改革与学校变革,如果不涉及课堂的变化或者改变,显然学校变革还是外在的、外围的。这里将"开放课堂"作为我国普通高中教学转型发展的一种策略、一种呼吁,缘起于对日本学者佐藤学教育改革思想的认同。佐藤学高度关注"教室",并自诩"与教室里的学生和教师同呼吸,这是我观察的出发点"。他的著作《静悄悄的革命:创造活动的、合作的、反思的综合学习课程》中,第一部分是"教室里的风景:向创造性学习迈进",第二部分是"改变教学:学校改变",学校改变的第一步就是"相互开放教室"。①

---

① 佐藤学. 静悄悄的革命:创造活动的、合作的、反思的综合学习课程[M]. 李季湄,译. 长春:长春出版社,2003.

教室确实是学校教学的重要场所,即使在当今互联网的背景下,班级授课还是不可或缺的。聚焦课堂,必须成为普通高中教学发展的焦点,建立开放课堂是促进教学改革与发展的第一步。

一、教学可见

任何改革与发展需要立足于现状,而且现状必须清晰、客观、真实和全面。开放课堂的第一目标就在于,使日常教学具有可见性,有透明度,即教学可见,而不再是"黑箱"。佐藤学在其著作中说,"关起教室来上课的教师不能称之为公共教育的教师。因为他们只是把教室、学生当作私有财产,把教师这一职业私有化而已",这非常值得深思。教室的打开或者说课堂的开放,意味着教师的教学置于公开的境地,可能会招致各种评论与指点,也使教师教学的不足与课堂的问题"露光";只要不开放,课堂教学始终就是"黑箱",连上课教师自身也不知道自己的课堂教学究竟如何。

需要让更多的人知道课堂中的情况,让课堂教学能够使更多人看得见;只有看得见,才能对课堂教学予以分析、研究和诊断,进而为改进或者改革课堂提出有针对性的建议。这里的教学可见就是指教师与学生在课堂中各种行为清晰而真实地公开显现,或许这种可见并没有"外人"去看,但应该保持任何时候"外人"都可以去看。这种可见,将对教师上课产生直接的压力,并转化为改革教学的动力和获得教学进步的机会。目前,基于技术的"视频录像课"其实已经成为课堂开放和让教学可见的有效工具。

一直以来,班级授课的课堂往往是"关门"的,课堂教学往往是教师个体的行为。对于这种密闭式的教师教学评价主要是学生考试成绩的分数,或者是学生们主观性的问卷调查。当然,进入课堂教学现场的观摩与评价也时有开展,但这往往是有准备、预先通知的,甚至是教师预先有准备的"演示",这就是所谓的"公开课"或者"展示课"。这种"公开课"的效用与价值已经普遍受到质疑与争论。公开课需要回归到常态的教学,常态化教学的公开课,才是教学研究与教学改进的真实基础。

在实践中,一些普通高中学校注重课堂教学改革,注重课堂模式建构,注重教学效率提升,力求实现教学的"可见"。但是,这些学校追求的教学"可见"往往是"高、大、上",更多是结果的、文本的甚至是功利的。其实,展示真实、整体的课堂教学场景,让课堂教学活动为更多人所知道,才是促进教师不断反思如何改进教学和优化教学的最大促动力。如何在现有"公开课"制度的基础上,使每节课都成为公开课,使教学真实可见,应该成为学校教学改革的一个方面。简单地说,当前的"推门听课(观课)"必须成为学校教学管理、教学研讨与教学发展的基本原则,成为实现教学可见、教学公开的路径。

二、教学多元

开放课堂意味着教学多元,不再寻求规范而统一的课堂,而是允许或者鼓励教师在课堂中的创造和发挥;这种教学多元在本质上就是尊重每个教师的课堂教学实践,尊重教师的专业自主。《自主课堂》一书中对"课堂环境"术语的界定是:

> 为便于学习而选定的物理环境,在其中有复杂的不可缺少的交互作用。课堂环境有多种方面,包括社会、文化、个人、政治、物理、经济、组织、发展、情感、道德、宗教和心理等。在这种错综复杂的环境里,主要的活动是交流、发展新的个人内省认知,以及人际间的相互了解。[①]

尽管课堂教学有一定的规范甚至标准,但是课堂教学过程往往需要教师对学生及其学习进行即兴反应。面对不同教学情形下的即兴反应有不同的表现方式,这要求教师有即时决策、思考、改变或者调整的行为,以便使课堂教学成为建构与生成的过程。显然,教学需要教师具有必备的专业知识、专业自主性和实践创造性。正因为课堂教学实践的复杂与课堂教学的变化,在教学管理、教学评价、教学督导等方面需要增加弹性(变式)、认同差异(风格)、尊重多样(个性),而不宜强调趋同与一致。在教育发展与教师队伍建设取得成就的背景下,对我国基础教育领域教师队伍而言,任课教师不仅学历有保障,而且从事教学有资质与资格,开展课堂教学有基本质量保障。

遗憾的是,当前一些中小学校都在谋求建立教学模式,强调模式运用,试图让课堂教学也成为"全校一致"。课堂教学是教师、内容、环境、学生等多种要素共同构成的,不是教学设计的机械实施,而是教学过程的动态发展。在不同课堂中,或许教学内容是相同的,但是学生不同、教师不同、环境不同,课堂教学实际过程往往也不同;不同学科的特点不同,相同班级的不同学科课堂教学也很可能是不一样的;即使是同一个教师,在不同班级的教学也很难一样的,因为学生与环境变了。实践显示,"同课异构"的教学旨在改变课堂教学模式化与固化的现象,得到了诸多普通高中学校的欢迎和一线

---

① Dale Scott Ridley,Bill Walther. 自主课堂:积极的课堂环境的作用[M]. 沈湘秦,译.北京:中国轻工业出版社,2001:151.

教师的积极参与。

当前,普通高中体系具有等级性特点,仅就学生而言,不同等级学校学生之间具有显著的差异性,甚至差距性;在推进普通高中多样化发展的进程中,每个高中学校学生人群特殊性也日益增多。以学生为中心的教学理念,势必意味着课堂教学实践形态的不同。为此,在以学生为中心的课堂理念下,对"优质课"需要重新认识和理解。

三、循证教学

当然,教学多元并不意味着教学中没有标准或者规范,而是要求对教学有更深刻的认识。开放课堂的教学可见与教学多元,意味着需要更多的反思和研讨,是基于真实课堂教学的教学反思与教学研讨,为究竟什么样的课堂才是成功的问题寻找理论支撑与"证据"答案。

学者斯蒂芬·L. 耶冷在其《教学原理》一书中提出,优良教师具有四项特质:首先,关心他们任教的学科;第二,关心他们的学生,也相信学生的学习能力;第三,热爱教学工作,乐于指导学生,有成就感;第四,能够将10条有效教学原则付诸实践之中。这些原则就是:①

1. 意义性:激励学生并协助他们把主题与其过去、现在和未来的经验进行连结。

2. 先备条件:评估学生的知识与技能水准,仔细地调整教学,让学生做好下一个阶段学习的准备。

3. 开放沟通:能确实指导学生所要学习的内容,以专注学习内容。

4. 编选和组织精要的内容:协助学生专注且建构重要的内容,以利于对这些内容的学习与回忆。

5. 教具(或学习辅助器材):协助学生使用各种设施,让学习更快更容易。

6. 新奇:变化教学刺激学生以维持学生的注意力。

7. 示范:向学生展示记忆、思考、行动与解决问题的过程,以便为他们做好练习前的准备工作。

8. 积极而适切的联系:提供记忆、思考、实作与解决问题的练习,让学生能够

---

① Stephen L. Yelen. 教学原理[M]. 单文经,等,译. 上海:华东师范大学出版社,2003:1-6.

应用并促进自身的学习。

9. 愉悦的情境与后果：让学习令人感到愉快，学生就能对学习内容感到舒适，而且让学习令人满意的话，学生就能持续学习，且能应用学习内容。

10. 一致性：让目标、测验、练习、内容和教师的解说彼此一致，才能让学生学习所需的内容，而且能在教学以外的情境应用所学的内容。

尽管这些教学原则及其相应的教学流程还存在一些争议，因为教学本身就是多样、变化和有差异的，但无论怎样，这些教学原则对于如何成功教学还是非常有价值的，可以运用这些原则设计教学、实施教学和开展教学评价，也可以按照这些教学原则不断改进教师的教学能力。

在实践中，往往有"二八法则"，就是说20％的努力产生80％的成效。因此，在工作中要注重产生成效的关键要素，从而使工作更加省力、更加愉悦。教学也同样如此，在教学实践中需要教师具有教学的智慧与教学的技巧，不是简单地运用或者搬用一些原则或者原理，而是要基于教学成功的关键要素。由此，"循证教学"应运而生，并在医学与农学领域已经得到普遍运用。这种以实证为基础的教学，也被专家们引进到了基础教育之中。

美国学者杰夫·佩第撰写的《循证教学：一种有效的教学法》在2013年引进我国，该书系统地介绍了循证教学的内涵及其操作方法。全书有10个部分26章内容，全面系统地介绍了"循证教学"的来龙去脉。该书第一部分"什么是循证教学"，分别从"我们需要循证实践，而不是习惯做法""学习是理解，不仅仅是记忆"和"动机"三个方面予以了阐述。作者认为，循证实践就是采用最佳方法，理解学习过程，发现并解决问题。循证教学实践的原则就是：教师需要掌握所有证据才能作出合理的决断；知其然是不够的，还需要知其所以然；找出教学情境中缺乏的影响成功的关键因素并予以解决；根据上述证据经常检视自己的教学过程。他认为，循证教学不是规定应该做什么，而是表明如何才能最好地实现教学的价值观、重点和目的。所以，他认为，学习是一种积极的理解过程，是所学内容的个人阐释，而不是所学内容的完美表征。在他看来，教师必须了解学生的学习机制。第二部分"什么方法最有效"介绍了诸多关于教学的研究，寻找影响教学的关键要素，即教学方法，并在第三部分"最佳教学法"分别阐述，这些方法分别是：反馈或者学习性评价、全班交互教学、图形组织者和其他可视化表征、"决定、决定"法、合作学习和互惠教学。由此，得出了第四部分"循证教学的七项原则"，即"高质量学习和成绩的七项基本原则"：学生必须认识到学习的价值；学生必须相信自己能够完成；挑战性目标；关于目标达成度进展情况的反馈和对话；建立信息结构进而建立意义；时间与重复；既教内容也教技能。

还值得提及的是，该书的第八部分"自己的证据"，提出了教学需要教师根据自身的反思与实验，寻找促进自身教学成功的证据。[①] 这一点是非常有启示意义的，"教师即研究者"形象跃然纸上。

在实践中，往往将教学改革与应试目标对立起来。实际上，循证教学也为如何"应试"提供了启示，因为"应试"教学同样需要有证据支持。当前普通高中教学改革急需改变片面注重"应试"的现象，尤其需要改变没有"证据"的盲目的应试教学。任何形式的教学，或者学生学习，都要基于学生积极主动参与和不断反馈调整的教学，以及教内容与教技能的并重，而不是长时间一成不变的死记硬背与机械刷题。不同的学生有不同的学习，需要有不同的教学支持服务，在普通高中学生多元化的背景下，课堂教学需要多元。

第二节　问题解决策略

问题驱动或者问题解决是一种受欢迎的改革与发展思路，教学转型发展也不例外，但关键是要鉴别出当前普通高中教学中的问题究竟是什么。如果说，教学就是促进学生学习，那么教学就是要解决学生的学习问题。这种问题仍然是复杂和多元的，学生的学习与教师的教、教学环境等联系在一起。从教学实践现象出发，识别与甄别出哪些是影响教学发展或者说学生学习成功的关键性要素或者说突出问题，需要成为高中学校实施教学改革的重要任务。在推进普通高中育人改革与实现教学转型发展的进程中，始终聚焦当前普通高中教学的"问题"，每所高中学校都必须精准把握影响学校人才培养的教学问题究竟是什么，围绕这些问题而实施教学改革。这里提出解决教学问题的三方面策略。

一、基于目标

目标是教学的基础，普通高中人才培养的目标决定学校教学的实施与发展。当

[①] 杰夫·佩第. 循证教学：一种有效的教学法[M]. 宋懿琛，等，译. 广州：广东教育出版社，2013.

前,我国普通高中学校具有等级制特点,即传统的重点中学制度,普通高中阶段招生按分数录取的方式,使这些等级(或者类别)不同的学校在人才培养上有不同的定位。在不同的人才培养方向上,教学势必不一样。

省市级重点高中或者示范性高中,注重培养精英人才,必须按照精英人才的教学方式进行,如在教学中注重学生的自我学习、开放学习和提前学习,如选修大学课程等。这种追求"卓越"的教学,重点在于激发学生巨大潜能和培养他们批判性思维和创新创造精神等,为高等教育输送优秀后备人才。这些中学往往将"竞赛"作为学校教学的一种方式,鼓励和支持每个同学发展和强化自身的学科学习优势。

但对于那些一般的"普通"高中而言,学生基础与学习目标可能与上述重点中学或者示范性高中的同学不一样,学校教育教学最需要的是按照国家课程标准实施,努力使这些学生成为合格的高中毕业生,而不能按照追求"卓越"的重点中学要求来实施教学。其实,即使在一所普通学校内,如果实施分层、走班教学,也需要教师根据班级中学生学习的基础而予以合理的教学目标定位,要根据教学内容的不同或者教学难度的差别而确立更为合适的教学设计与方法。

美国传统教育心理学学者加涅在其《学习的条件和教学论》中指出,"为不同的学习结果提供不同的教学"。他将学习结果分为5种:智慧技能、认知策略、言语信心、态度和动作技能。教学就是一系列教学事件与这些学习结果的联系,即产生学习过程,并促进学习结果的达成。每个教学事件之中,都是教学的技巧、行动。为此,加涅从认知心理学角度提出了促进学习结果产生的9个教学事件:(1)引起注意;(2)告知学习者目标;(3)刺激回忆先前的学习;(4)呈现刺激;(5)提供"学习指导";(6)引出行为;(7)提供反馈;(8)评价行为;(9)促进保持和迁移。加涅认为,时间、动机和个别差异也是影响教学的变量。加涅认为,并非这些所有教学事件在每种学习结果情形下都需要,对于中学生而言,有了一定的学习经验和认知策略,则教学将更加依赖他们自己的学习。[1]

显然,加涅的学习结果,其实就是学习目标。这种结果或者说目标在不同学生、不同学科上表现均不相同。对于教学设计、教学实施、教学管理与教学评价而言,就需要差异化对待。教学具有鲜明的学校、学科甚至教师的特点与特征,与学校人才培养目标定位直接关联。

---

[1] R. M. 加涅. 学习的条件和教学论[M]. 皮连生,等,译. 上海:华东师范大学出版社,1999:278-295.

由此,在推进普通高中教学改革中,需要每所学校确立和实施合适的教学方式,切忌照搬所谓的外部模式,或者服从统一的教学经验。无论怎样,人才培养目标定位的不同,需要教学有相应的定位,包括学科教学与课堂教学,教学要求、教学方式及其教学评价都需要有不同的形态;符合人才培养目标的教学,才是有质量的教学。换个角度说,任何一节课堂教学都需要目标定位清晰,而且实现目标的教学活动合理。

在教学目标定位上,还有一个教学与考试的关系问题。这是影响当前普通高中发展的一个因素,面向"考试"的教学普遍存在,也导致对普通高中教学的批评。当前普通高中作为高校人才选拔的主要阵地,作为学生进入高等学校大门的学段,为"应试"而教,其实合情合理,无可厚非。问题在于,高中的教学除了"应试"的任务之外,还需要发挥更多的功能。高中教学也是全面发展教育人才培养体系中的重要路径,在教学中促进每个学生的全面发展、提升全体学生综合素质方面的价值与任务不可忽视。即使是"应试"的教学,也必须注重效率、质量和学生的感受与体验;"应试"的教学要成为学生努力进取、应对挑战、学会成人的重要经历,而不是传统意义上的"劳其筋骨"的身心疲惫。

换句话说,"应试"的教学同样需要在学生的动机激发、责任担当、思维培养与技能训练上下功夫,这些素养或者技能本质上就是素质教育,也是切实提升应试效果或者说考试成绩的路径。不能将发展素质教育与全面提升学生综合素质,与追求高考分数对立起来,就普通高中教育的特殊性而言,竞争性的"应试"也是需要的,关键是,要将"应试"的教学予以合理定位和科学处置。

二、教学机智

在课堂教学中,教学设计必不可少,且十分重要;但是,教学过程是动态变化的,不可能按照教学设计所预计的,需要教师在实际教学中根据教学进展,尤其是学生学习的情况,及时地调整、改进或者重组教学活动,真正使教学成为对话、建构和生成。教学设计只是教学的准备,在教学中不能死守教学设计的步骤、程序及其内容。"计划"赶不上"变化"是现时代的特征,在变化的教育背景下,高质量教学在课堂中要具有"弹性",需要基于出现的变化或者问题而及时变化。所以,课堂教学改革不能再将重点放在教学设计上,而应将重心转向对教学实践过程的分析和改进。当代教育家于漪老师有句名言——"一辈子学做老师",正是表达了教师需要不断改进与提升教学的价值内涵。这种课堂教学的教学素养或者说能力,也可以看成是一种教育的实践智慧,需要每个教师不断地学习、总结、反思和改进。

加拿大教育学者马克斯·范梅南撰写了《教学机智:教育智慧的意蕴》一书,为教师理解教学和实施教学提供了指引。[①]

该书对"教育学"(pedagogy)予以了系统的阐述。在他看来,教育学的理念是"心向着孩子","所关心的是孩子的自身及其发展";教育的时机就是"盼望着成人行动"和对孩子的"生活经历的背景十分敏感";教育学的性质就是"爱和关心学生""对孩子的希望"和"对孩子的责任感";教育学的实践是"理解",即"一种敏感的聆听和观察",还是"反思和行动"。基于这种"实践"观,范梅南提出了教育机智的概念与思想,并分别专章论述"教育机智"与"机智与教学"。他认为,教学中机智具有重要性,"机智能在意想不到的情境中进行崭新的、出乎意料的塑造","机智能够将小事变得有意义","机智在孩子们的心灵上留下痕迹"。

> 教育智能与机智指的是那种能使教师在不断变化的教育情境中随机应变的细心的能力。教育情境是不断变化的,因为学生在变,教师在变,气氛在变,时间在变。换言之,教师不断地面临挑战,在意想不到的情境中表现出积极的状态。正是这种在普通事件当中捕捉教育契机的能力和将看似不需要的事情转换使之具有教育意义的能力才使教学的机智得以实现。教学的机智总会对学生的本性有所触及,这一点确实是每一位教师的愿望。(第246—247页)

范梅南认为,"机智的教师更易于发现困难",这里"困难"是指学生学习中出现的困难,也包括学习的焦虑与紧张等心理状况。他还认为,"机智对孩子的兴趣感兴趣","机智的纪律产生自律","幽默的机智创造了新的可能"。

高中学生具有身心发展的阶段性特征。在高中课堂的教学过程及其教学实践变化有着更多的变化,要求教师具有更多教育教学机智。这种教育教学机智是一种教学技巧,也是教学艺术,更是教育教学经验。事实上这就是教师教学的专业化,教师需要专业化的培养,好教师则是在教学实践中成长起来的。

教学机智体现在课堂教学的各个方面,教学机智或者教学技巧不是回避问题或者

---

① 马克斯·范梅南.教学机智:教育智慧的意蕴[M].李树英,译.北京:教育科学出版社,2001.

应付问题,而是要解决问题、满足学习和深化学习。即使在讲解、讲授学习中,也需要有教学技巧和教育智慧,引导和组织课堂教学活动,这在美国学者特雷弗·克瑞的《有效讲解和提问的技巧》一书中有比较全面且实用的解答。[①]

作者在书中总结了学习讲授者即教师应该具备的15种技能:"1. 思考更有活力的引入方式""2. 定义关键词或概念""3. 将讲解与具体经验相联系""4. 举例(包括正例和反例)""5. 插入任务""6. 使用专门术语""7. 形成规则或原理""8. 有效运用连接词以增强意思表达""9. 利用'语言学技巧'""10. 使用重复和强调""11. 采用合适的节奏""12. 将要点编号""13. 使用幽默""14. 将讲解和其他知识相结合""15. 建立反馈环"(第31—47页)。

作者指出,上述这些技能属于基本技能,在实践中还必须注重关注对象,即学生特点,务必基于班级学生情况而采取最恰当的技巧,在讲解时要提出认知要求,保持流畅,克服矫揉造作,也可以使用视听刺激。

提问是课堂教学中的基本方法之一。特雷弗认为,有7方面的基本教学技能,它们分别是:"准备关键问题""使用合适的语言和内容""提示和提供线索""面向全班学生提问""采用学生的回答,即使是错误的回答""时间问题及在问题间暂停"和"提出循序渐进的认知要求"(第110—120页)。

而且,教师提出的问题要注意到认知的"高价问题",不同类型的问题具有各自的适用性。6种不同类型的问题是:回忆性问题、理解性问题、应用性问题、分析性问题、综合性问题、评价性问题,其中后4种属于高阶问题。

该书还专章论述"学生也能提问":"将学生提问纳入课程时间""必须欢迎学生提问""鼓励学生将提问作为一种学习方法""倾听学生的提问"和"一个提问的班级"(第132—140页)。

此外,作者还提出,提问时要避免的一些事情:"不合适的搭配""缺乏准备""忽视语调控制""仓促行事""特殊习惯""齐声回答"(第145—149页)。

显然,这些教学机智或者教学技能在当前的普通高中课堂教学中是不够普遍的,甚至是很少的。现有的诸多教学设计之中,甚至所谓的"学案"设计教学之中,都是以课程内容为主的教师讲解传授、学生接受与练习(巩固),缺少给予学生思考的机会、时间和表现。培养与提升高中教师的教学机智与教学技能,应该成为教师培训之中的重

---

① 特雷弗·克瑞. 有效讲解和提问的技巧[M]. 朱晶,译. 广州:广东教育出版社,2013.

要任务之一;缺少这些教学技能与教学机智,教学专业化与教师专业化就是一句空话。

三、师生互动

师生关系是整个学校教育系统中的要素,师生关系对于学生学习与成长有着至关重要的影响力,这一点已经成为共识。同样,课堂教学的教师与学生关系对于教学的影响也十分巨大。在教师教与学生学的关系问题上,也普遍认可教师主导与学生主体的思想,即使从教转向学,学还是离不开教,需要教师教促进学生学的实现与发展。在实践中,如何协调主导与主体的关系,其实并不容易。

当前,包括高中教育在内的基础教育课堂中,学生积极参与的课堂教学其实并不常见,现状并不令人满意。一是教的"讲堂"普遍存在,问与答的机械式场景也不少见。在应试导向下,考试学科的教往往是精心设计的,是基于课程与考纲的要求,而不是基于学生现状与需求,导致刷题式寻求标准答案的解题课盛行,不只是在高三课堂,而是自高一课堂就开始。二是课堂中缺少的就是学生的思考和提问。过去要求教师编写教案,现在要求教师编写学案,似乎在探索从教向学的转变。但问题是,教师编写统一的学案,与以往的面向全体学生的教案一样,都只有一个版本,按照学案的教学与按照教案的教学在课堂实践中看不到区别或者改进。三是在处理教与学的关系上,还是教师中心,而不是学生中心,具体表现就是:对所有的学生采用同一种教学方法,没有因材施教;不鼓励学生深入学习,局限于死记硬背,没有开展联想、自由提问和其他更高层次的思维活动;学生往往是被动的学习者,没有创造环境条件。最关键的是,这样的课堂中,学生没有思考,接受为主,甚至被动接受。对于高中学生而言,这样的课堂显然是缺乏吸引力的。再进一步说,课堂教学是教师负责,而学生可以不负责的。

显然,课堂教学改革与发展,必须在课堂中教师与学生关系上创新建构,要符合现代教育学和心理学理论的思维,改变课堂中教师"讲"与学生"听"式的展开,将学生主动参与、积极互动(与教师或者同学)、广泛联想与深度思考作为课堂教学的关键要素,由此促进学生对课程与教材的深入学习。师生关系十分重要,是教学改革中不可忽视的因素。

美国学者乔纳森·伯格曼和亚伦·萨姆斯撰写了《翻转学习:如何更好地实践翻转课堂与慕课教学》一书,系统介绍了他们实施翻转学习的实践及其观点。[①] 他们将

---

① 乔纳森·伯格曼,亚伦·萨姆斯. 翻转学习:如何更好地实践翻转课堂与慕课教学[M]. 王允丽,译. 北京:中国青年出版社,2015.

翻转学习实施的要素归结为三个方面：精心编辑的课程内容、好奇心驱动(给予学生选择)与师生关系的影响力,这三个因素的结合,才是实施翻转学习的关键。

> 好的教学本质上是一种人与人之间的互动,在互动中学生的兴趣和热情得到激发。学生意识到他们希望向老师学习更多,而不仅仅是内容,他们需要富有热情、善于关怀的专业人士帮助他们追求卓越。(第43—44页)

> 师生关系的确非常重要,学生不是与内容建立关系,而是与人建立关系。如果一个学生的老师喜爱莎士比亚,那么这个学生很可能也喜爱莎士比亚。与学生建立密切关系是好的教学的核心。(第55页)

两位作者在书中并没有阐述与"技术"相关的内容或者要求,如视频制作等,并指出"相关的技术问题不能轻易解决"与"翻转课堂只是用视频替代讲课"的误解,而是突出介绍了教师作为"变革者"在实施翻转课堂中的思想与行动,即教师在课堂中的角色变化,与学生关系的变化,进而实现学生学习的进步。

总之,师生关系必须成为教学改革的重点,教师必须认识到当前高中学生发展的特点及其需求,尤其是自己面对的学生人群,要运用个人专业、努力与工作赢得学生的认可、尊重与接纳,教师必须将自身的不断学习与改变作为教的重要资源,引领学生学习、思考、成长与发展。

第三节　优化教学生态

全面深化普通高中教学改革,必须坚持以新发展理念为引领,聚焦学校与教学实践中的关键问题和不足之处,以创新思维和创新行动驱动问题解决。2015年10月,习近平总书记在党的十八届五中全会第二次全体会议上的讲话中提出,"以新的发展理念引领发展",他在讲话中指出:

> 理念是行动的先导,一定的发展实践都是由一定的发展理念来引领的。发展理念是否对头,从根本上决定着发展成效乃至成败。实践告诉我们,发展是一个不断变化的进程,发展环境不会一成不变,发展条件不会一成不变,发展理念自然也不会一成不变。

创新发展注重的是解决发展动力问题。

协调发展注重的是解决发展不平衡问题。

绿色发展注重的是解决人与自然和谐问题。

开放发展注重的是解决发展内外联动问题。

共享发展注重的是解决社会公平正义问题。

坚持创新发展、协调发展、绿色发展、开放发展、共享发展,是关系我国发展全局的一场深刻变革。这五大发展理念相互贯通、相互促进,是具有内在联系的集合体,要统一贯彻,不能顾此失彼,也不能相互替代。①

2017年6月,习近平总书记在中央全面深化改革领导小组第三十六次会议上提出:"注重系统性、整体性、协同性是全面深化改革的内在要求,也是推进改革的重要方法。"②

很显然,这些新发展理念是全面深化教育教学改革、推进国家教育现代化发展的指导思想与行动纲领。推进普通高中教育教学高质量发展,提高学校教学质量,改进课堂面貌与促进学生学习必须从建构新的教学生态入手,系统性、整体性和协同地促进教学改革与教学发展。

一、系统规划

教学改革与发展是整个普通高中教育改革中的一个重要部分,但也只是整个教育改革的一小部分。然而,普通高中教学改革与发展显然涉及整个教育系统,而不只是普通高中内部的事情。作为衔接义务教育与高等教育之间的学段,也作为高中教育学段的一个方面、一种类型,普通高中教育与教学具有自身的使命与定位,但也离不开义务教育与高等教育的上下关联。为此,在深化普通高中教学改革的进程中,必须系统

① 习近平.习近平谈治国理政[M].北京:外文出版社,2017:197 - 200.
② 习近平.习近平谈治国理政[M].北京:外文出版社,2017:109.

设计各项改革。

第一，科学定位高中普及化发展的人才培养目标。基于国家教育现代化发展，以深化教育体制机制改革为抓手，进一步落实和明确普通高中人才培养目标定位。2017年5月23日，习近平总书记在主持中央全面深化改革领导小组第三十五次会议上强调：

> 深化教育体制机制改革，要全面贯彻党的教育方针，坚持社会主义办学方向，全面落实立德树人根本任务，构建以社会主义核心价值观为引领的大中小幼一体化德育体系，注重培养学生终身学习发展、创新性思维、适应时代要求的关键能力，统筹推进育人方式、办学模式、管理体制、保障机制改革，使各级各类教育更加符合教育规律、更加符合人才成长规律，更能促进人的全面发展，着力培养德智体美全面发展的社会主义事业建设者和接班人。[①]

2019年《中国教育现代化2035》发布，文件明确了国家教育改革与发展的整体蓝图，也对普通高中改革与教学改革提出了要求。这为深入思考和设计普通高中教学改革发展提供了支持。当前，需要将普通高中教学改革与发展定位在全面落实立德树人根本任务上，始终以整个国家教育现代化建设为指向，将教学与育人相结合，服务于创建中国特色社会主义教育体系与教育强国的需求。所以，普通高中教学改革与发展必须跳出普通高中学段范畴，而是以整个国家教育发展为背景，审视教学的意义与定位，赋予教学更多新的含义与职能，教学作为实现学生全面发展的手段，而不只是应对考试的方式。

第二，将教学作为普通高中学校变革与发展的重要手段。一方面，教学需要成为实现普职融通和促进高中学校创新发展的路径。在我国高中阶段教育两类学校（即普通高中与职业高中）分离的现实背景下，普通高中在实施学术教育的基础上，增加职业教育的内容，为学生走入职业世界和社会生活做准备。这种增加不仅对普通高中课程设置提出了要求，而且也对普通高中学科教学提出了期待，即学术学科的教学必须与生产生活有更多的联系，在学科教学中增加与职业、工作、生涯有关的知识传授与生涯理论，使教学成为融通学术与职业的通道。显然，教学改革与发展需要与学校课程设

---

① 新华社. 习近平主持召开中央全面深化改革领导小组第三十五次会议[EB/OL]. (2017-05-23)[2019-04-20]. http://www.gov.cn/xinwen/2017-05/23/content_5196189.htm.

置结合在一起。在高中普及化发展的背景下,普通高中教学改革需要与课程改革联动。

另一方面,教学必须突破教学只是"智育"范畴的传统思想,教学要成为整个教育即"五育"实施的路径。为此,教学需要成为当代学校变革与发展框架中的重要要素而予以规划和设计,不能就教学而讨论教学改革。

第三,将高中教师队伍建设与教学改革相联系。教师是实施教学的主体,高质量的教学离不开教师的努力和贡献。推进普通高中教学改革,教师树立正确的人才观、教育观和教学观,具有丰富的学科知识、教育学知识、教学法知识以及学生与学习的相关知识,具有开展教学实践的技能、技巧与智慧,这就是新时代呼唤的高素质专业化创新型教师。普通高中新教师培养与在职教师培训,都需要将教学改革与发展的要求与内容体现在培养与培训之中,需要重视并强化教学职业专业化,不能在实践中片面追求高学历。

当然,普通高中教学还涉及学校建设问题,设施设备与校园环境等各个方面,势必也涉及教学经费需求以及高中学校招生与高校招生等相关事宜。总之,普通高中教学改革必须有系统思维、系统规划和系统实施。

二、整体推进

在国家加快教育现代化进程的背景下,全面深化教育领域综合改革,需要进一步解放思想、大胆实践、积极创造,要努力使中国特色社会主义教育体系建设成为全面发展与整体提升的国家教育发展示范。为此,在普通高中教学改革与教学发展层面,不仅需要系统设计,更需要整体推进。

第一,全域实施教学改革。改革往往是试点先行,但是当前普通高中教学领域需要全面改革,以改革促进教学发展和教学提升。正如前文已经阐述的,课堂教学具有复杂性,教学需要多元化,课堂教学模式难以普遍复制与搬用。这就要求每个地方、每类学校、每所学校、每个学科、每个教师等各个领域,全面实施和探索适合于学生学习、有利于学生发展的课堂教学改革。课堂教学改革要成为普通高中课堂教学发展的常态,在教学改革中,教师学会更好地教书育人,真正使学生成为全面发展、终身学习、知行合一的时代新人。同时,教师也获得不断提升职业成就感和工作满意度。

在全面实施新课程新教材的背景下,需要全面推进普通高中的课堂教学改革;即使那些尚未采用新高考方式的地区及其学校,同样需要将课堂教学改革作为普通高中教育发展的重要举措,在课堂教学方面实现面向人人、人人发展的教育现代化。

第二,优先关注条件改善。在过去,为了发展,为了目标,我们在教育发展实践中往往是迎难而上,主动进取,在困难下实现目标和获得发展,20世纪末我国实现"两基"目标就是鲜活实例。随着国家社会经济发展、综合实力全面提升,尤其是在教育投入有了更大保障的基础上,教学改革需要获得更多物质条件支持。教学经费与教学条件,是推进普通高中教学发展的重要因素,前文在讨论"有序走班"中已经论及"条件保障"。

当前,整体推进普通高中教学改革与教学发展,不仅要关注课程改革,而且要同步关注教学设施设备的提升与完善。没有基本的信息技术设施条件,希望实现技术与教学的深度融合是一种"空谈";没有系统、有效的教师培训跟进,希望教师在课堂中改变以"讲"为主、开展对话与互动,显然也只是一种"愿望"。

总之,新形势下整体推进普通高中教学发展,需要将改善办学条件和提升教师队伍作为优先事项,高度重视和率先建设。毫无疑问,教学条件的改善与提升,将使课堂教学改革具有更大的创新发展空间。

第三,评价改革引领发展。教育评价是教育改革的重要方面,正如中共中央、国务院印发的《深化新时代教育评价改革总体方案》中所说,"教育评价事关教育发展方向,有什么样的评价指挥棒,就有什么样的办学导向"。2018年习近平总书记在全国教育大会上专门强调,扭转不科学的教育评价导向,坚决克服唯分数、唯升学、唯文凭、唯论文、唯帽子的顽瘴痼疾。在推进普通高中教学发展上,学生评价、教师评价和学校评价都需要围绕促进学生全面发展、教师教书育人、学校立德树人的国家教育发展要求,而且更要注重政府在促进普通高中教育教学发展上的科学履职,在保障和促进教学改革与发展上有正确定位、服务意识和主动行为。在实践中,不能将现有的"高考"等同于"评价";高考成绩是教学的结果,但产生考试结果的原因则各不相同,需要系统分析和综合判断的合理评价。具体到普通高中学校,课堂教学评价需要将学生、教师、课程等因素综合起来,切忌简单的、清单式的、外来的、即时的评价。

本书已经论述评价改革的相关要求,这里补充强调的是,荷兰学者雅普·希尔伦斯等人在其著作《教育评价与监测:一种系统的方法》一书中的观点:"教育监测与评价是系统教育改革的固有部分,是在筹备改革与改进项目时各种合理的规划方案不可或缺的组成部分",为此需要:

- 在目前的改革模型和计划方案中纳入监测与评价的动力因素；

- 将设计和转型监测与评价看作一个独立的改革项目，契合目前全球对教育质量的关注；

- 强调制度化的监测与评价在教育改进中的杠杆作用，挖掘其带来的创新与学习潜能，也就是说要彰显教育监测与评价的作用。①

所以，在整体设计教学改革的行动计划中，必须同步将监测与评价作为改革整体方案的一个部分予以规划与实施，这是教育改革的系统观，也是整体推进教育教学改革生态建设的需要。

三、关系协调

协同育人已经成为教育改革共识，同样也是建构普通高中教学改革新生态的重要因素。教学改革必须依赖更多力量的共同参与，而不是学校、教研组或者教师个人的事情或者任务。之前提出的"开放课堂"，也就是意味着课堂不只是任课教师个人的领域，而是一个公开或者公共的教育场域。尽管有专业的、隐私的或者其他因素的束缚或者限制，但对于旨在改进、提升教学质量的公共教育而言，课堂必须面向利益相关的群体开放。只有开放，才能开展协同育人的教学。

国际知名心理学家、后现代社会建构论奠基人肯尼思·J.格根在其著作《关系性存在：超越自我与共同体》一书中论述了"关系型教育"思想。他的观点是：当今教育必须超越培养个体的立场，"既然所有的知识都是一种共同体的创造，有效的教育理应增进人们对关系过程的参与"；"教育的目标不再是生产'独立自主的思考者'——这种人只是神话里才能看到——而是促进某种关系的进程，后者最终能够促进更大范围内的关系的持续流动和扩展"。所以，他提出了以关系为目标的教育，强调教与学中，教师与学生都是具有多重存在的参与，即教师和学生都是带着已有的关系而参与教学，"共同参与创造意义、理性和价值的关系过程"。他在提出的"关系教学法的实践"中分析了四种关系圈：师生关系、同学关系、课堂与社区、课堂与世界，其中包括"对话课堂""合作式课堂""服务式学习"等内容。

---

① 雅普·希尔伦斯，塞斯·格拉斯，萨利·M.托马斯.教育评价与监测：一种系统的方法[M].边玉芳，曾平飞，王烨晖，译.北京：教育科学出版社，2017：16-17.

相比之下，对话课堂概念的新近研究则强调完全参与的交流形式，具体而言，这种学习方法包括：(1) 将参与者扩展到学生全体，防止少数比较武断或口齿伶俐的学生垄断整个讨论；(2) 减少对讨论方向的控制，以便让学生真正关心的问题成为讨论的焦点；(3) 充分相信学生的理解能力而不是去更正他们；(4) 讨论的目的不是为获得唯一真理，而是对理解内容的扩展，对话取向不鼓励一份讲稿反复使用的"听装式演讲"(Canned lectures；即灌输式报告——著者注)，以及内容和程序固定不变的演示文稿(PPT)，而是鼓励教师颠覆自身全知全能者的角色。①

这些观点事实上与协同育人的思想基本一致，但格根并没有把学生与教师或者其他教育参与者对立起来，而是将学生也看成是"育人"或者"教学"的参与者和建设者，这更符合以学生为中心的思想。为此，这里用"关系协调"作为建构教学生态的第三项策略。这种关系协调主要包括以下方面。

第一，教学与育人结合。对于这一点已经形成了广泛共识，关键是要在教学实践中落实和产生效果。在实现教学与育人的统一中，一是需要实现教学与德育的融合，最重要的是在教学过程中体现德育要求、融入德育内容、体现德育方法和达到德育效果，使学科教学具有德育价值、德育意义和德育成效；更直接地说，学校课堂教学始终注重培育和践行社会主义核心价值观。二是教学中要关注学生情感与社会技能的培养，注重培养学生自主和独立，引导每个学生的思考与思维，将学科教学与学生终身学习、全面发展和知行合一等联系在一起。三是教学与学校的办学定位、管理制度、校园文化等联系在一起，发展和形成育人为导向的教学文化，发挥教学更大的影响力，促进学生的成长成人。

第二，建立教学合作体系。我国中小学校中有备课组、教研组、年级组等各种教研组织，似乎是比较有组织的教师合作。但回到学科教学的课堂，教师合作效应并没有体现。当前我国普通高中课程改革中倡导的跨学科教学项目制教学等难以实施，就是缺少教学合作的表现，相互不开放的课堂更使教学合作难以实现。所以，建立教学合作的体系，首先需要教师之间合作，包括相同学科教师之间、不同学科教师之间、同一班级任教教师之间、教师与教研员之间、青年教师与资深教师之间等等，在课前、课中与课后有全程合作与交流、研讨与反思、分享与改进等。如果说，要求实现校内外教师

---

① 肯尼思·J. 格根. 关系性存在：超越自我与共同体[M]. 杨莉萍，译. 上海：上海教育出版社，2017：250–277.

之间合作是困难的,那么同一所学校内不同教师之间教学合作活动应该成为学校教学文化之一。在推进技术与教学深度融合的背景下,广泛的教师教学合作更有可能,有必要将教学合作纳入现代学校治理体系建设中。这也就是建立学校教学共同体。

第三,促进师生互动关系。教学始终是教师与学生的相互作用,教就是促进学。在人本主义理论与建构主义理论等视野下,课堂本身就是以学生为中心的对话、建构与生成,就是一种互动式的教学。这里不仅注重教师在学习上的指导、引导和支持,还强调学生之间的共同学习、研究与分享,将学生看成是教学中的主动发展者。现代学习科学发展,对教学中师生互动提出了越来越多的证据和要求。学者苏珊·A.安布罗斯提出了基于学习科学的教学策略的"聪明教学 7 原理":学生已有的知识会促进或阻碍其学习;学生组织知识的方式会影响其学习方式和知识运用;学生的动机决定、指引和维持他们的学习活动;为了使学习达到精熟水平,学生必须获得相关成分技能,通过练习整合这些技能,并且知道何时运用所学的技能;伴随反馈的以目标为导向的练习,能提升学生的学习质量;学生的当前发展水平和课堂中的社会、情感和智力气氛相互作用,共同影响他们的学习;要成为学习者,学生必须学会监控和调节自己的学习方法。[①]

显然,重视和强调以学生学习为中心的课堂,并不排斥教师教的价值与意义,而是要求教师不断提升教的素养、知识与实践能力。师生互动的实现,也将使课堂中"谁"做主或者"主导"与"主体"的关系讨论失去意义。

最后,在关系协调的教学生态建设上,学校、家庭与社会之间的协同与合作同样是不可缺少的。学校开展探究性、研究性学习与社会实践活动,需要家长的认同和支持,需要社会的资源与帮助。总之,教学改革必须获得家长认可和社会支持,这一点不需再多论述。

总结本章全部论述,普通高中课堂教学改革作为普通高中教育改革发展的重点领域,必须正视当前教学中的实际现状及其问题,必须按照深化教育教学改革的政策要求与理论要求,扎实推进课堂教学改革。同时,要注重利用信息技术,厘清技术与教学深度融合的目标定位,探索信息时代课堂教学变革的实践路径。最重要的,还是要按照新发展观,推进高中教学转型发展,实现课堂教学的开放,建构高中教学新生态。

---

① 苏珊·A.安布罗斯,等.聪明教学 7 原理:基于学习科学的教学策略[M].庞维国,等,译.上海:华东师范大学出版社,2010.

第八章　学校变革的理论探析

　　学校变革是世界各国教育改革的热点,未来学校建设将成为国际社会关注焦点。为此,本章讨论现代学校制度建设下的学校变革理论及其取向。

> 现代学校制度建设是学校变革的理论基础,学校必须遵照组织发展与建设的内在要求,具有独特价值追求,建立和谐内部关系,确保学校持续发展。

> 从 20 世纪 90 年代起,未来学校建设就成为国际社会关注的重点,UNESCO 和 OECD 先后提出过未来学校建设设想,有助于我们思考普通高中学校变革。

> 当代学校变革整体上呈现出以下三方面特征:学校运行的自主性,学校办学的开放性和学校发展的创新性。这些也是学校具有独立运行机制的特性。

第一节　现代学校制度

　　2019 年 10 月,《中共中央关于坚持和完善中国特色社会主义制度推进国家治理体系和治理能力现代化若干重大问题的决定》颁布,它为建设现代学校制度提供了政策支持,并为推动我国当代学校变革和发展指明了方向。国家现代化治理体系建设要求,同样适用于当前教育普及化时代的高中学校制度建设。作为现代教育的专业机构,包括高中在内的所有学校,都具有自身独特的价值和作用,而且学校作为机构与其他类别的组织机构有着不一样的特点,校本思想在学校建设与发展中,日益得到重视和认可。学校是现代教育系统的基本组成单位,是实施人才培养的重要阵地。作为组织的学校,符合现代组织理论对"组织"的界定,同时又具有区别于非教育系统组织机构的特征,是一种聚焦学习与发展的学习型组织。现代学校制度建设中日益重视学校作为一个组织的要素、结构、特点等规范与要求。在组织理论的框架下,学校发展呈现出了自主、开放和创新的特点,使学校具有自身可持续发展的基因。学校(办学者)、学生与课程在学校发展中的角色与作用处于不断的变动之中,处置好三者之间的关系,是现代高中学校发展的关键所在。

一、学校属性

分析学校制度与学习组织属性会发现作为现代学校,至少具有价值、关系和生产等三方面关键属性。

1. 价值

毫无疑问,学校在社会政治、经济层面具有重要的价值意义,是社会政治、经济、文化及教育多方面发展的产物:一方面是顺应外部社会需求与要求而产生的;另一方面,又在促进外部社会进步而发展。所以,学校的价值与作用并不能完全局限于促进学生个体的成长,同样要体现社会政治与经济发展的需求,要促进人类文明与进步。所以,学校既是社会政治、经济、文化和教育发展的产物,又是社会政治、经济、文化和教育可持续发展的动力。

在社会发展的不同阶段,学校价值呈现变化。在当今社会背景下,我国坚持以人民为中心已经成为新发展观,由此就必须重新审视"生命至上"的学校价值及其实现途径。在相同背景下,学校发展存在不平衡,学校的价值观选择在其中发挥了关键性影响。

本书已经对高中学校的价值定位予以了充分的论述,但普通高中学校的价值使命不仅在于个体的学习与发展,还在于使整个教育体系进入有序的良性发展阶段。普通高中既要满足个体全面发展的需求,还要服务国家发展和民族进步的现代化发展。因此,学校变革与提升,必须始终围绕当代高中学校的价值定位,即使在技术改变学习方式与教育形态的情况下,高中学校始终是落实立德树人系统的重要环节。

2. 关系

从社会学角度看,学校不仅是个体成员相遇的场所,也是一个政治的空间,因为学校总是由一些内在或外在的群体,从某种策略性的角度而创办、管理与运作的。如政府创办公立学校,宗教团体创办教会学校等。在自 19 世纪末出现的学校教育体制中,公立学校教育与私立学校教育的关系始终是一个焦点。只是各个国家因为历史、文化、经济及其传统等因素的不同，在学校教育的体制中，公立学校与私立学校所扮演的角色是不一样的。不同的举办者，对学校的要求与影响是不一样的。

现代教育也已经成为一种极其复杂的社会组织系统，其中的学校发展，不仅来自外部的因素如政府的政策、社会的关心和学生家庭的支持等，而且学校的发展也来自学校内部管理者的投入、教育者的努力和受教育者的参与等。学校处于社会环境之中，学校本身也与各方人员关联，如教育者与受教育者、受教育者的家庭、受教育者的未来雇主，政府及其社会等，他们在学校及其教育实践中的关系，对学校建设与发展具有十分重要的影响，这些关系是学校作为组织的重要属性。

在高中学校中，这些关系多元且多样。第一，高中学校是整个教育系统、学校系统中的一个环节，具有前后衔接或者联结的关系；第二，在高中学校系统中，学校之间具有合作、竞争与发展的关系，还有学校属性不同（如举办者不同等）的影响；第三，高中学校与政府、家长、社区等相联结的关系；第四，在学校内部还有管理者、教师与学生的关系，办学目标与课程、教学、制度等内在关系。

这些诸多的不同关系，对于高中学校发展及其变革具有直接影响，处理和协调好这些关系，是促进当代学校科学发展的前提基础。显然，普通高中改革不只是普通高中自身的事情，它首先与国家发展中等职业教育有关，与整个教育发展规划有关，也与人民群众对教育的期望有关，更与当代青少年发展及其特点有关。由此，就不难理解高中教育不纳入义务教育范畴的观点。

3. 生产

从经济学角度看，学校是培养劳动者的场所，显然具有生产的性质。人们普遍认为，教育行业也是产业。学校除了将年轻人培养成为社会的劳动者之外，还具有社会化的职能，学校教育旨在促进社会生产力提高。学校及其教育在个体发展和社会进步两方面都发挥了极其重要的作用，国家和政府历来都十分重视学校的建设与发展。

在现代社会中，学校建立与运作都有一定规定。《中华人民共和国教育法》明确规定，"国家制定教育发展规划，并举办学校及其他教育机构"，"国家鼓励企业事业组织、社会团体、其他社会组织及公民个人依法举办学校及其他教育机构"，但"任何组织和个人不得以营利为目的举办学校及其他教育机构"。因此，设立学校必须符合一定的条件，在享受权利的同时，还必须履行义务和责任。

学校在实施人才培养即"生产"的过程中，作为组织的学校需要有清晰且可持续的运行机制与系统，如学校的战略规划、运行机制、管理体系和反馈系统等，以及学校的内在文化，由此确保学校的运行与发展，实现"生产"的目标；同时，运行机制与系统结构的差异，又构成了学校发展多元化的格局，丰富了教育生产的"供给"。

在教育普及进入高等教育阶段的情况下，高中学校的"生产"属性、机制与运行方式必然要发生变化，要顺应新的价值需求，更要让各种关系方式变化或者重组与改变。普通高中学校内部的"生产"涉及办学定位、办学模式、课程设置、教学体系、教师绩效与学习结果等诸多方面，在变革中必须系统考虑、整体推进和高质高效。

二、学校要素

从现代组织学与管理学角度来看，组织是一种由个人组成并能完成特定目标的社会结构。组织类型各种各样，组织规模大小不一，组织功能也丰富多样。在现代社会中，学校、银行、公司、工厂、运动队、政党等都是组织的具体表现形式。基于上述的属性界定，这里具体阐述现代学校的基本要素。这些要素同样存在于普通高中学校之中。

1. 结构与人员

所谓结构是指组织中规范成员之间关系的模式与规律。这种结构有两个层面：一是规范结构，反映组织"应该做"的方向；另一个是行为结构（事实层面），表示组织"真实"的运作情况。这两层结构之间既不可能完全一样，也不可能完全不一样。因为组织中的成员毕竟是有主观能动性的个体，他们有各自的需求和感觉，并非由规范所控制的。

就学校而言，学校有明确的规章制度，以确保学校沿着既定的目标前进，这就是规范结构；但在学校实际的运作中，必然有一些与要求不符合甚至是背离目标的现象，这就是一种行为结构。研究学校，必须从学校的规范结构与行为结构两个层面入手。要促进学校的良好发展，则首先必须促使学校的规范结构科学、合理和正确，同时努力使行为结构与规范结构相一致。

人员是指组织中的个体，每个组织中有许多不同角色的个体，而相同个体在不同组织中所扮演的角色也是不一样的。组织中人员必须有恰当定位，包括个人的自我定位和组织的行政性定位。不同环境下的人员定位是不一样的，传统组织理论强调组织的结构而忽视个体的重要性。秉承以人为本的现代组织理论，十分重视个体在组织中的角色和作用，个体不仅是组织生存的基础，也是组织变革的力量。过去，在论述学校中的人员时，往往指教师与学生，其中教师包括学校校长、任课教师和学校的后勤人员等。不过，从现代学校教育发展的趋向来看，作为组织的学校，其人员结构除上述的教师与学生之外,还涉及学生的家长和学校所在社区的人士。这对进一步思考学校发展有十分重要的意义。

当前,我国普通高中学校的内部结构主要有两种情况。一种是传统的自上而下的行政结构,即书记、校长组成的学校管理高层,主要负责学校规划、制度制订和战略部署等;中间是分管德育、教学、学生管理、后勤与科研等管理机构,维持学校日常运行,人员就是各主任与相关行政人员;最基本的就是年级或者学科组等。

另一种内部结构就是鉴于学校规模大、班级数多,而实施按照年级区分的扁平式组织结构,每个年级为一个相对独立的完整组织,有各自独立的负责年级的教学管理、教师管理、学生管理等的年级部,每个年级部都有一位具体负责人,通常是副校长。学校授权各个年级部各自管理,年级部之间形成相对独立又相互竞争的关系。在年级部门之间,教师每年可以有适当的流动,当然,学校有一位"大"校长与书记。

2. 目标与过程

目标是组织的重要要素,它是组织成员行动的指南。在一个成熟组织中,不仅要有显性目标即书面的文字性目标,而且往往还有未成文的隐性目标,即存在于组织的文化氛围之中,它可能对显性目标的实现起促进作用,也可能阻碍显性目标的实现。因此,建立组织,必须要注重建立组织的显性目标,而且要注重建立有助于这一目标实现的组织文化,借助组织文化建立与显性目标一致的隐性目标。

所谓组织文化,就是指组织中各成员相同的信仰、期望与价值观结合之后而形成的一种组织规范。它可以是组织内成员间正式交互作用而形成的产物,也可能是非正式的交互作用而形成的结果。组织文化的表现形式可能是有形的,也可能是无形的,但它始终存在于组织之中。它体现为组织中团体或个体看待问题的角度与处理问题的方式上的相对一致性。

任何学校都应该有自身明确的发展目标,以指引学校的发展方向,这就是学校的显性目标。同时,为了确保这种目标的实现,学校还必须营造有利于这种显性目标实现的隐性目标,这就是我们通常所说的学校文化。对新学校而言,这两种目标的建立同样重要,而对于老学校而言,确立新的显性目标和改造老的隐性目标任务更为艰巨。

组织的建立与发展是一个动态的过程,随着外部环境变化,组织内部也不断发展,这就是历史。学校发展过程通常是四个时期。(1)创立期:即建立学校的初期。学校作为组织的各个要素还没有完全健全,学校的创立者尤其是校长需要承担各种责任,其能力十分重要。这一阶段各项决策必须慎重,以便为学校的发展奠定良好的基础。

（2）成长期：学校建立了比较完备的规章制度，人员配备齐全，教育教学进入正规化阶段，学校办学特色和学校文化处于形成之中。（3）成熟期：学校建立了完备的组织结构，尤其是学校管理结构清楚，学校运转自如，形成了学校自身的组织文化。（4）转型期：学校内部结构的稳定，人员相对固定以及学校目标实现相对容易，因而此时的学校比较排斥外部的新观念、新方法，易于故步自封、不思进取。在实践中表现出学校的运作僵化，改革意识不浓。此时，学校要进一步发展，必须进入一个转型期，重新更新组织。

建立和发展组织，需要考虑的内容有以下方面：组织目标如何制订，组织人员如何选聘和培训，如何使人员为完成目标而努力，组织内的权利系统如何设计，如何获取资源并有效使用，如何面对外部环境与影响。就学校而言，学校必须制订自身的办学目标，遴选合适的师资，并提高他们的积极性，制订规章使各成员各守其分，有效地筹措办学经费，并与社会保持良好关系等。

很显然，高中学校变革首先要重新确立目标，对于处于不同发展阶段的学校而言，目标调整或者目标变更都是不一样的，在不同发展时期要有合适的符合本阶段的发展目标。

3. 设施与环境

任何组织都必须有物质设施及其装备，这是组织运转的基本条件。在一定程度上，设施条件会制约组织的运转。但设施的完善性并不是组织取得成功的必备因素。就学校而言，办学条件可以为学校教育取得成功提供基础，但它不是决定学校教育成功的必要前提。在现代社会中，科学技术的应用，如信息技术设施，业已成为组织设施中的一个重要方面。因此，在规划学校发展的过程中，必须对"设施"因素有一个正确的认识。

任何组织的独立性都是相对的，任何组织都需要与环境发生相互作用和紧密联系。组织目标的确定和实现与外部的环境有关，组织中的人员在组织之外还有其他社会角色。学校目标的制订与整个社会的教育目标及政策相关联，同时学校中的教师在学校之外，可能还是家庭中的家长和社区中的成员。因此，撇开环境包括时代环境、社会环境、地理环境的人文环境等，单纯讨论学校的建设与发展，也是不现实的。

设施与环境都有物质方面的客观因素即硬件，也有基于人员的主观性因素，包括人员能力和社会舆论等软件。促进高中学校变革，必须注重硬件与软件的协同变化。

第二节 未来学校建设

早在 20 世纪 90 年代，国际社会对社会变革与技术发展背景下的教育就予以了充分的关注,尤其是 21 世纪全球教育发展的趋向。这里简单介绍两份国际组织委托研究并发表的报告,它们都涉及了"未来教育"与"未来学校"的相关材料。

一、德洛尔报告

1993 年,受联合国教科文组织总干事的邀请,成立了由时任欧盟主席雅克·德洛尔担任主席的"国际 21 世纪教育委员会",委员会中的 15 位委员都是世界各地的知名人士,大多数是政治家、科学家、经济学家、社会活动家,还有行政人员和少数教育界人士,其中就有作为教育专家的我国中央教育科学研究所时任副所长周南照教授。此外还有 14 人组成的特别顾问。

历经三年的研究与工作,1996 年该委员会向联合国教科文组织提交了《教育:财富蕴藏其中》报告(又称"德洛尔报告"),并公开发表[①]。该报告强调教育在社会发展和人类发展中的基础性作用,提出将德育放在突出位置,并提出教育的四个支柱,即学会认知、学会做事、学会共同生活和学会生成,认为终身学习的概念是进入 21 世纪的关键所在。

该报告专门论述了"中等教育:人生的十字路口",其中的很多观点值得我们在当前推进高中教育改革与高中学校变革的实践中思考和参考。

正规教育系统引发的许多希望和批评,似乎都集中在中等教育身上。一方面,家庭和学生往往把中等教育视为提高社会和经济地位的途径;另一方面人们又指责中等教育不平等,没能充分地向外部世界开放,总的说来,未能使青少年不仅为接受高等教育,而且为进入职业世界做好准备。此外,人们还认为,所教授的学科内容缺乏针对性,对态度和价值观的培养没有给予足够的重视。现在,人们普遍承认,为了实现发展,居民中应有更多的人接受中等教育。因此,明确中等教育为青年人今后过成人生活做好准备应该做些什么是很有益的。(第 117 页)

该报告认为,应重新考虑中等教育的内容和组织安排。需要"中等教育的多样化",充实和更新课程内容,关心教育质量问题与为生活做好准备的问题,培养学生今后为预见和适应重大变革所需的性格素质,有能力应对冲突与暴力,有创造能力和同

---

① 联合国教科文组织.教育:财富蕴藏其中[M].联合国教科文组织总部中文科,译.北京:教育科学出版社,1996.

情心,成为未来社会的公民。中等教育不能将"那些学业失败者、辍学者或者在高等教育中找不到位置的人"丢在一边;要使课程结构多样化,进一步重视教学内容和为职业生活做准备的改革目标。

该报告还强调了"职业指导"在中等教育中的重要性及其要求。值得关注的是,这里的职业指导关注学生在各种学科中进行选择。

> 职业指导有助于不同的学生在各种学科中进行选择,它不应对今后可能的选择关上大门。教育系统应有足够的灵活性,以便根据个人差异安排学习单元,建立起能沟通各门课程的桥梁,以及如上指出的那样,为在工作一段时间后可能重新回到正规教育中来作出安排。(第21页)

> 职业指导的前提是建立在将教育标准与青少年未来个性预测巧妙结合基础上的评价工作。学校应能对每个学生的潜力形成一个正确的评价。……因此,中等教育应进一步面向外部世界,并应使每个学生能根据自己的文化程度和在校学习情况调整自己的发展方向。(第122页)

这一研究报告对后来全球教育改革与发展产生了显著影响。遗憾的是,20多年过去了,报告中提出的问题在当今教育实践中仍然广泛存在,诸多建议尚未成为发展实践行动,这在我国高中教育领域也不例外,如多样化与职业指导方面,没有显著改变。所以,在推进我国现代高中学校制度建设与学校变革上,必须认真考虑这一报告中有见地的建议与观点。在高中教育普及发展的背景下,高中不能成为大学的附庸或者预备场所,应为每个学生的未来发展服务,普通高中增加职业教育与指导更是迫在眉睫。

二、经合组织方案

联合国教科文组织发布"德洛尔报告"之后,1996年,经济合作与发展组织(OECD)教育部部长会议在法国巴黎举行,要求OECD对"面向未来的学校教育"这一观点予以评估和分析,之后,项目正式启动。2001年OECD秘书长发布了《明日的学校教育:什么学校面对未来》(*Schooling for Tomorrow: What School for the Future*)报告,阐述了OECD对未来学校与未来教育的认识和看法。[1]

---

[1] 经济合作与发展组织.面向未来的学校[M].李昕,曹娟,译.北京:教育科学出版社,2009.

该报告认为,学校的外部环境正在发生深刻变化,其中包括:童年问题、代际问题和老龄化社会;性别和家庭;知识、技术与工作;生活方式、消费和不平等;地缘政治,即国际化、国家和本地等。这些外部环境对教育的本质、结果以及目的产生着重要影响。同时,学校发展的各种相关问题凸显,包括学校系统的变化、学校组织形态的变化、信息通信技术的运用、各种评估认证体系的建设以及教师与教师政策的变化,促使学校发生变化。报告中提出,普及教育发展,使义务教育与非义务教育同步扩展,以使得"强制性界限已经变得模糊"。该报告专门论述了"学校向学习型组织方向的发展",就被人称为"工厂模式"的传统学校发展提出了如下问题:

问题是:当今的学校是仍然以这种"工厂模式"为主,还是已经转化为满足当今和未来社会需求的"学习型组织"?学校和教育系统在多大程度上愿意去打破传统学校的教学模式?在创造和传授知识方面,学校系统在多大程度上已经转型为"学习型组织?"(第48页)

在综合考虑与分析外部环境变化与学校内部系统因素的情况下,OECD提出了"未来学校教育的六种方案"(表8-1)。这些因素变量主要是5个方面:(1)态度、期望值、政治支持;(2)学校目标和功能;(3)组织和结构;(4)地缘-政治因素;(5)教师。他们认为,这些方案不是完全实证的预测,也不是单纯的规范性的远景展望,而是希望这些建构性的方案成为学校发展的一种选择。每一种方案产生的方式也是不一样的。

表8-1 未来的学校教育方案

类 别	方 案	内涵/特征
现状演化	方案一: 强大的官僚系统	强大的官僚体系和制度; 既得利益拒绝根本性的学校变革; 学校的资源和形象方面仍然存在着问题。
	方案二: 市场化模式的扩展	广泛存在的对教育系统的不满导致了学校系统的改革和公共教育基金方面的改革; 教育对"市场货币"需求的快速增长,指标和认证; 教育供给方面的多元化,不平等的加剧。

类　别	方　案	内涵/特征
重塑学校	方案三: 学校成为主要的社会中心	高度的公众信任感; 学校作为社区和社会资本集结中心; 组织/专业的多元化,社会平等度的加强。
	方案四: 学校成为专门学习型组织	高度的公众信任和资金支持; 学习型组织中的学校与教师之间的联络网的扩展; 注重质量和平等的特质。
去学校化	方案五: 学生网络与网络化、社会化	对学校组织的普遍不满和拒绝; 正规的学习过程中还缺少对信息通信技术的有效运用和对"网络化、社会化"的反思; 各个利益群体中可能存在的严重的不平等问题。
	方案六: 远离教师:消融方案	教师资源的严重短缺无法适应政策措施的要求; 资金削减、冲突、教育质量下降都导致了一种"消融"的状态; 危机导致了大范围的改革创新,但是未来到底怎样还不确定。

　　该报告指出,"这些方案展望的是未来15至20年的学校教育",希望在描述这些方案的基础上,"实现对变革过程的某种干预"。20多年过去了,尽管各国都致力于教育改革与学校变革,但庞大的学校系统改革并非易事,学校变革的显著进展似乎尚未显现。当今教育与学校发展的外部环境变动更大,但学校内部的因素及其固化的结构,尤其是传统"教育"概念与观念(价值观),仍然是促进学校变革的最大障碍。

　　上述两份报告的发布尽管已经过去了20多年,教育实践似乎没有显现出报告所期待的结果与成果,或者说进展不明确。但无论怎样,它们的价值意义包括学术意义、政策意义和实践意义,在当下还是不能忽视的。这为我们思考我国普通高中教育改革发展与学校变革提供了启示。

　　第一,政府、社会和学校共同成为学校变革的力量。推进普通高中学校变革,不只是普通高中学校内部的事情,需要强有力的改革措施自上而下地驱动和干预,也需要社会的支持与包容。可以说,在我国高中教育从精英转向大众化再转向普及化的快速变动中,政府、社会和学校甚至教育研究者都没有在这种快速变化中醒悟过来,普通高中还更多停留在培养精英的思维之中,升学率仍是影响普通高中发展与创新的"指挥棒"。当前,在推进普通高中改革与发展的实践中,必须始终以立德树人指引育人方式,坚持国家教育现代化发展基本理念,逐步调整高中教育发展政策,引导和培育社会对教育的合理认知。同样,高中学校也应有积极改革的探索与创新发展的努力。

第二,不断更新高中教育办学定位和发展方向。高中学校及其教育的目标与定位,是影响学校变革的前提与基础。在高中教育普及发展的背景下,高中办学定位必须发生变化,传统的普通高中与职业高中分离的现状需要改变,人才培养的普职融合必须是高中学校的显著特征,需要考虑如何将两类学校并行发展模式转化为两类学校相向而行的融合发展。这种发展并非就是传统意义上的与普通高中、职业高中并行的综合高中,而是真正的培养全面发展、适合青年成长规律和符合社会要求的高中学校与高中教育。这种学校变革其实在我国已经开始,本书在后文介绍的山东职业学校改革案例就是参照。当前,不仅需要在政策上重新思考和定位"普职协调",更需要高中学校从人才培养视角实施和推进普职融合,为全体学生终身发展服务。高中教育需要直接对接外部世界的现实生活和现代科技与生产的变化,而不能只是对接高等教育;前者是面向每个学生的,后者只是面向部分学生,而且也是不够的。

第三,普通高中学校变革需要时间。普通高中学校变革是一项影响整个教育系统与社会系统的事情,并不只是普通高中内部的事情;庞大的具有惯性的教育系统变革是困难的、艰巨的和长期的。上文提及的两份报告已经过去了 20 多年,其内容及其观点似乎就针对当下的教育与学校,与我国教育所面临的现状也基本相似。在全球化的今天,中国教育现代化发展已经有了与国际先进教育发展"同步"的迹象。打破传统的固有发展思维与发展模式,是教育创新发展的目标,但同样是艰巨的任务,需要自上而下的顶层设计与自下而上的实践探索,二者相互作用。但无论怎样,都不能急于求成。

第三节　学校变革取向

学校教育旨在为社会培养未来公民,在变化的世界中,学校本身也是不断发展的。在教育变革的新时代,学校改进、学校改革与学校变革都已经成为现代学校发展的主流和立场。纵观世界学校改革发展的理论与学校实践,可以发现当前高中学校发展的三种主要取向,或者说现代学校发展的三个方面。

一、学校自主

作为一种组织存在的学校,无论是公立学校还是私立学校,其产生与建立可能具有政治目的,或者经济目的,或者文化或者宗教目的等等,但学校自身的运转及其发展,都是相对独立的,由此而产生各种各样的学校类型以及质量不均衡的办学质量。在权力下放业已成为教育领域改革与发展的显著特征的新时代,毫无疑问,过去往往依附于政府行政部门或者某个团体的学校,现在将拥有更多的办学自主权,包括学校办学目标的确立、学校人员的组合、学校教与学的策略以及学校设施的建设等。自主性将成为未来学校办学的重要取向。

1. 学校能力

校长是学校的法人,从法律上体现了学校的自主,这同时也明确了以校长为首的学校全体人员是学校发展的原动力。因此,学校的自主要求学校必须充分发挥校长及其全体师生的主动性、积极性和创造性,以及学校也必须将家长和社区等纳入学校发展的资源范畴。

自主的学校,对学校人员提出了更高要求。学校的自主,要求学校全体人员认识自身在学校发展中的角色定位,要树立主体意识。例如,为了学校的发展,全体人员要不断学习教育科学理论和国家教育政策与法规,树立正确的教育思想,在学校工作中要有创新意识和实践能力。学校不仅要有自主的办学目标,更要有自主建立学校办学目标的能力,尤其是学校所有人员参与学校活动的能力。从目前学校机构的能力情况来看,学校的机构能力建设是一个十分重要的课题。

2. 民主管理

自主的学校要求在学校管理中充分体现民主的特征。在学校管理中有领导者与被领导者、管理者与被管理者之分,但这种关系完全只是角色的区别,而不是主动与被动的关系。在自主的学校管理中,所有的师生员工都是学校的主人,都可以参与学校的管理活动,并行使各自应有的权利。在民主原则下,要充分发挥师生的主体精神,学校的所有师生员工都是学校的主人。他们既是学校管理的客体,同时也是管理的主体;既参与管理,又接受管理。在自主的学校管理中,学校领导要尽量扩大决策过程的开放程度,充分考虑师生的各种要求和意向。在实际的工作中可以采取相互之间面对面直接的协商对话,增进学校人员之间的沟通与理解,增强广大师生在实现学校决策目标中的一致性,提高学校组织目标的达成度。

3. 依法治校

学校的自主,并不意味着政府不干预学校,或者学校可以排斥政府的干预。事实上,学校作为教育机构,其社会责任是不可推卸的。因此,即使是民办学校或者私立学校,在国家体制的框架下,尤其是政治体制的范畴内,更要遵守国家教育政策与法规的约束,更要接受教育行政部门的管理和指导。只有这样,学校的自主发展才会向更好的方向和有更大的空间。

此外,学校的自主,也并不意味着学校可以不与外部其他机构包括其他学校进行合作与交流。事实上,现代学校发展的趋向表明,在强调学校自主的同时,也凸显了学校开放的又一特征。

二、学校开放

信息时代来临,使教育发生了根本性变化。正规教育、非正规教育和不正规教育等三种教育形式更加鲜明,而且相互间的关系更为紧密。学校不再是所有教育的唯一场所,包括正规教育。

1. 应对社会问题

教育与社会之间关系的变化,对学校产生了直接影响。当前,教育问题的社会化与教育问题的社会化,已经是非常显著的特征。例如,政府讨论教育的发展政策已经上升到了提高民族素质、增强综合国力、参与国际竞争等战略高度;在讨论解决国家、社会问题时,将教育作为一个战略选择而予以高度重视,我国"科教兴国"已经成为基本国策。

随着社会的发展,越来越多的人关注学校教育,学校作为专门培养人的场所,其原有的甚至是"至高无上"的地位受到了质疑与冲击。学校的办学方向、学校的教育思想、学校的课程设置、学校教师队伍的结构与素质以及学校的办学设施等,必须接受社会各方面的审视。与此同时,学校中的问题也不只是教育的问题,越来越多的社会问题在学校出现,包括抽烟、毒品、怀孕、枪支等,这些现象在一些欧美工业化国家中已经十分普遍。我国目前正处于急剧的社会转型过程中,这些问题也开始显现。总之,学校的发展必须解决学校中的教育问题与学校中的社会问题,而这些都必须依靠全社会的参与和共同的努力来加以解决。

2. 运用社会资源

在网络时代,终身教育与终身学习已经从理念转变成为实践。即使就在校的青少年而言,学校中的教师、课堂以及教材已经不再是他们接受学习的唯一资源。学习化的社会已经来临,学校必须重视思考自身的功能定位。

学校作为教育的一个载体,在纷繁复杂的世界中,要寻求自主的发展,不可能是自我封闭的发展,而应该在这个普遍联系的时代,充分利用外部的资源,为自身的发展奠定基石。因此,学校的开放不只是新时代环境下的被动开放,而更应该是主动、积极的自我开放。

因此,现代学校要增强开放意识,更充分注意到如何利用校外资源发展学校,包括多渠道筹集人、财、物等教育资源,利用社区特点办出学校特色,从而以高质量的教育回报社会、回报家长。例如,学校可以在学校的管理与运营中借助诸如"社区教育委员会""家长委员会"等团体的力量,为学校发展出点子、找问题和筹资源等。

与学校的自主一样,学校的开放同样对学校的机构能力提出了更高的要求。学校的开放意味着学校要与外部建立联系,这种联系可能是教育的,也可能是非教育的;建立联系的机构可能是教育机构,也可能是非教育的,或者是个人的。因此,开放的学校要求学校有处理各种关系的能力。而这种能力并非只是限于学校的领导层面,而是对学校全体人员的要求。学校的开放也意味着学校将面临积极和消极两方面问题的挑战,因此,学校必须具有鉴别的能力、抗腐蚀的能力。因为,在未来学校的实践中,学校将会遇到越来越多的问题、机遇和挑战。

3. 参与社会活动

学校的开放也意味着学校除完成正常的教学任务之外,还必须积极参与其他社会活动,为社会提供更多的服务,促进地区的发展。例如,学校要利用学校资源参与社区文化活动,参与社会宣传,以及努力为当地居民提供咨询和培训等。通过这些活动,将学校融合成社区的一个重要组成部门,从而真正实现学校的开放性。在建设学习型社会过程中,高中学校必须成为社区的学习中心、文化中心和科普中心。

三、学校创新

创新是时代的主旋律,是进步的不竭动力。邓小平同志早在 1983 年就指出,"教育要面向世界,面向未来,面向现代化",其本质与创新的要求完全一致。教育必须适应时代的要求,必须具有不断发展的生命力。而没有创新,就不会有本质意义上的发展。2002 年 9 月,江泽民同志在《庆祝北京师范大学建校一百周年大会上的讲话》中就强调指出,要实现中华民族伟大复兴的历史任务,"必须不断推进教育创新","教育创新,与理论创新、制度创新和科技创新一样,是非常重要的,而且教育还要为各方面的创新工作提供知识和人才基础"。当前,"创新"已经成为习近平新时代中国特色社会主义思想的核心理念之一,位于"五大发展理念"之首。

1. 增强竞争

过去,在计划经济社会体制下,学校缺乏自主,不需要开放,只要听从上级教育行政部门的安排和指挥,基本上处于被动的地位。这在一定程度上压抑了学校管理者及师生的积极性,使学校墨守成规。但随着教育改革的不断深入,竞争将成为各学校间发展的显著特点,学校的创新更需突出。因此,讨论学校的改革与发展,创新是其中一个核心主题。

学校作为社会组织,有其自身的发展过程及其规律。无论是新学校的建立,还是现有学校的改革与发展,都必须有创新的因素包含其中。目前各级各类学校在数量上并没有十分短缺的现象存在,因此,学校的建立和发展必须有其自身与众不同的特点,包括学校办学目标、服务对象、教与学、资源来源以及办学特色等。或许只有在人无我有、人有我精的目标原则指引下,学校的发展才会壮大,这其中没有创新的介入,显然是无法进行的。

2. 组织变革

学校创新意味着学校要建立创新的新型组织。这不仅要求学校领导人员有创新精神和创新能力,更要求学校建立和制订适合学校创新与发展的新目标和新制度。设立新的战略目标和打破原有的学校常规,是学校创新发展的基础前提与关键领域。创新的学校管理应该是管事而不是传统的管人,这样就可以突破原有的人际关系的束缚如上下级关系、师生关系等,而充分激发出每个个体的积极性和主动性。建设风清气正的学校组织文化,营造育人的校园环境,是高中学校组织变革的价值追求。

3. 人员发展

学校创新需要有高素质的、符合创新要求的教师队伍。这其中包括教师必须有渴求学校创新的愿望,有参与具体学校创新发展的行动及其必要的能力,尤其需要教师有积极改革教与学的能力和水平。现在,培养学生的创新精神和实践能力已经成为我们实施素质教育的首要目标,如果教师仍停留在过去的经验型教学,在课堂中忽视学生的主体性,满足于基本知识的简单传授和基本技能的机械训练,那么发展素质教育和落实立德树人就只是口号而已,这样的高中学校必然是落后的、陈旧的。

也正是在这种创新的努力探索中，学校人员能力得到了发展，得到了提升；所以，创新学校的又一特征在于促进学校组织内所有人员的发展，而不只是学生，还应该包括教师发展、校长发展和家长发展。只有这些与学校有关的所有人员得到发展，才是学校创新的终极理想目标。

第九章 普通高中变革的策略

本章基于学校变革的理论探析,在"新阶段""新理念""新格局"的要求下,阐述普通高中变革植根于国家教育现代化发展的战略部署,致力于培养时代新人的行动策略。

➤ 学校变革成为每一所普通高中发展的时代使命,遵循人民当家作主的发展理念,体现教师为主,使学校在整个生态中得到发展,推进育人方式改革。

➤ 促进普通高中学校变革需要以先进的教育思想为指导,采用基于课程与教学改革的系列行动,实现以科学的学校发展规划引领学校有特色的全面发展。

➤ 实现普通高中变革,关键在于激发学校办学活力,建立学校变革的内部动力与外部引力,按照政策与法律规定,实施学校管理和提升学校管理能力。

第一节 面向全体学校

当前我国教育已经进入普及化发展的新时代,高等教育普及化已经成为现实。学校不再是精英教育时代的人才培育与选拔机构,而是服务于每个人成长与发展的专业场所,致力于促进人人出彩、人生出彩的教育理念;学校是培养每一个人的,不能放弃或者抛弃一个学生,教育不是为了培养少数精英。习近平总书记曾经说过,"努力让每个人都有人生出彩的机会",这其实就是教育现代化的本质,是坚持以人民为中心的教育发展观。

一、校校成功

当前,教育领域存在各种类型的学校,这些学校的办学思想、办学条件、办学模式、学生对象及其社会区域环境都不尽相同。要让每个学生通过学校教育都能够人生出彩,势必要求办好每一所学校,使每所学校都成为学生满意、家长满意、社会满意和政府满意的学校。每所学校都有自身办学成功的特点与特色,每所学校都是实行五育并举、全面发展的学校,才能建立多元多样化的办学格局,才能解决人民群众对教育期待的不平衡不充分的问题。

1. 目标差异

校校成功并不是统一标准下的办学成功,而是学校基于自身办学目标定位而取得的成效和成果。首先要求建立一个面向每所学校的公正的教育评价体系。建立包容并促进每所学校发展的现代教育治理体系,必须突破"分等""排名"的行政管理思维与方式。促进每所学校创新发展,须不看原先"等级",更不能看成绩排行榜。

普通高中办学质量评价固然重要,但是普通高中办学条件标准达标或许更加重要。政府对普通高中学校的评价应该更多在于学校办学条件,确保每所学校发展的基础;普通高中学校的质量应该更多地由社会评判。政府规定统一的普通高中办学质量评价,与推进普通高中多样化发展之间是不完全一致的、是存在冲突的。对照办好每所学校的指向,一些地方还在给普通高中学校评等级、挂牌子、给专项的行为,显然是不合理与不科学的。

2. 优势发展

校校成功就是每所高中学校发展都有自身优势。普通高中育人方式改革的本质,就在于实现每个学生的因材施教,使每个学生在高中阶段都获得学习成功,为未来发展奠基。这种学习成功与发展,不能唯分数与唯高考。在普及化教育的背景下,普通高中学生人群规模扩大,学生个体之间存在广泛差异性。

普通高中学校坚持以人为本的教育发展观,要求学校教育与培养每个学生成为合格的社会公民,具有社会主义核心价值观、必备品质和关键能力,而且也要求学校为学生个性发展、特长发展和优势发展创造条件和积极支持,这就是因材施教的体现。这就要求学校必须结合学生情况,探索广泛适合全校学生发展的办学实践,确保每个学生都有人生出彩的机会。每个学生发展的多元和多样,也就决定了每所学校都成功的途径与模式多元多样,即学校取得发展的独特优势。这种独特优势其实也就是学校特色。

当前,在推进特色学校建设的过程中,政府要将特色高中建设作为促进每所学校办好、办成功的抓手,在人、财、物等资源配置方面,首先确保办学条件与政策的公平对待,并且给那些急需帮助和支持的学校予以优先、重点的对待,实现差异化教育服务,从而推进全体学校发展。

3. 关注难点

校校成功意味着基于学校实践及其发展基础的创新发展,是自身实践的改进、改变与改向。当然这对政府长期实施的统一的教育行政与管理或者教育治理来说是一个挑战。面对这种每所学校都主动探索与改革的情况,教育管理者必须多视角多维度管理与治理学校,要体现对学校实践与学校探索的尊重,不能简单地、自上而下地程序化干预。各方要给予学校改革与发展的时间,要注重对学校改革实践过程的系统、理性的观察与分析,注重对结果是否"增值"的研究与分析,将综合评价的思维纳入对学校的治理之中。

但这并不意味着政府或者外部社会放弃对学校的指导、辅导、扶植与帮助。在实践中,高中学校之间还存在各种差距与差异,学校发展的内在能力还需要提升,甚至学校的办学方向和定位也有待更新,这些就要求外部社会与教育管理部门对那些困难地区的高中学校与发展困难的高中学校予以专门的重点支持。当前,需要继续做好以往薄弱高中学校改造工作,加大对农村高中学校建设的支持力度,促进高中普及发展背景下普通高中多样化发展,实现整个普通高中教育的全面提升。

二、教师当家

国家一直高度重视教师队伍建设。2014 年教师节,习近平总书记在北京师范大学讲话时指出,"各级党委和政府要从战略高度来认识教师工作的极端重要性,把加强教师队伍建设作为基础工作来抓"。2017 年党的十九大报告中提出的治国方略之一是"坚持人民当家作主"。按照这些要求,普通高中学校改革与发展必须高度重视教师队伍,不仅要注重教师师德师风建设,也要激发教师参与改革、主动改革的积极性和创新性。

1. 教师作用

教师在学校改革与发展中具有重要地位,发挥着关键作用。政府与高中学校要从教师的招聘、待遇、管理、培养和使用等各个方面,系统思考如何建立有活力、高质量的学校教师队伍;从教师职业专业化、教育发展新阶段、社会主义市场经济体制等建构当代中小学教师的职业岗位体系。

不能再按照传统的编制、职称来做教师队伍建设，要实现教师岗位与待遇、权利与义务、奖励与处罚等方面的对等。要对新时代的青年人才进入教育行业、担任教师职责、履行教书育人有新的认识和考量，培育和发展新时代新一代高中教师。

当然，教师当家作主，需要教师具有教育教学的素养与能力，能够有效地参与到学校改革实践之中。现代学校变革需要具有正确的教育思想理念，需要有科学的教学专业能力，需要有团队协同与合作的能力，更要有教育与引导学生发展的能力。

2. 校长角色

英国学者路易丝·斯托尔和加拿大学者迪安·芬克合著的《未来的学校：变革的目标与路径》一书中提出了"激励型领导"的思想观点。她们认为，变革的社会要求对领导重新定义，为此她们：

> 提供了一个新的领导模型，关注教育的人道主义的一面，而非仅仅强调行政式的通行议程，后者会加剧个人主义、竞争和标准化，我们相信这个模型适合于各种正式或非正式的场合中各个不同阶段的领导。（第116页）

> 领导就是传达给个人或者小组激励型信息，其目的是领导者和全体职员一起建立大家共享的愿景，这种愿景就是为了学生而不断增加大家的教育经验，并促使大家按照这种愿景行动。（第124页）

她们提出了激励型领导的四个基本前提假设：第一，乐观主义，即领导者对他人持有一种高期望值；第二，领导者尊重每个人的个性，尊重就是一种鼓励大家对问题的讨论和不同意见；第三，领导者的特质之一就是信任，这是在学校内建立公民社会的基础；第四，领导者的行为建立在目的性的基础上，即关心、支持和鼓励他人的选择。

由此，她们提出了激励型领导的四个维度：领导者从个人激励自己；领导者从专业角度激励自己；领导者从个人方面激励他人；领导者在专业上激励他人。她们认为，激励型领导更具有道德上的目的，可以帮助教师们教和学生们学。

这种激励型领导或者说激励型校长的界定，对于我们重新思考社会变革、教育变革与学校变革下的校长角色具有参考价值。这种激励型校长或许就是作为学习型组织的现代学校的校长定位。

校长是学校的领导者，但校长也应定位于高中学校教师队伍中的一员，需要处理校长与学校管理者在学校中的定位,尤其是校长在学校中的角色,理顺校长与教师之间的关系。千万不能将校长与教师对立起来讨论与思考,但校长也不能疏离教师、远离教学与脱离学生。中小学校长应该来自教师、服务教师和促进教师发展,使学校发展成为学生发展与教师发展的命运共同体,由此使教书育人成为教师职业发展的自觉追求和积极创造。在建立和谐、民主、进取、团结的教师团队中,必须有校长的合理定位及其积极贡献。

在推进学校变革的进程中,如何建立现代高中学校的校长制度,是一个不可忽视的课题。校长制度与学校究竟有多大的自主权、教师在学校中有多高的地位、校长岗位要求等直接关联。当前,需要考虑传统的行政任命制与目前推行的校长职级制究竟如何进一步发展的问题。

3. 党建护航

这是不可忽视的,是中国特色社会主义制度优势在学校中的体现。强有力的教师党建,是学校体现坚持党的领导的基础与关键。加强教师党建,一方面可以发挥党员教师的先锋模范作用,另一方面是要凝聚非党员教师的政治站位和积极进取之心,学校党建要注重与学校教师学习进修、业务研讨与师德师风建设的融合和统筹,真正将教师党建工作落到实处,成为教师在学校中当家作主的坚强基石。

学校党建是提升教师队伍的一大法宝。学校通过党建机制和党建活动,及时传递国家教育改革与发展的重大政策与重要精神,使学校中每个教师具有更高的实施立德树人的政治自觉与行动自觉,将德育与日常教育教学工作相结合,以及自觉地实施教育教学改革探索。

综上所述,在学校变革中,教师党建具有丰富的含义,也有多方面的要求。首先要求教师有自我进取和发展的思想与行为,将自身发展纳入学校变革之中;其次,要合理定位校长作为领导者在学校中的角色,校长对教师的高期待和激励,将真正促使教师党建在学校发展中产生影响力。

三、开放办学

开放是新发展观之一,坚持开放是整个国家发展与国家教育发展的重要指引。开放旨在解决发展内外联动的问题,而且需要有一种机制解决这个问题。普通高中学校变革与发展也不例外,需要以开放为抓手,促进学校办学的发展与成功;开放办学应该成为每所普通高中学校变革的重要选择。

1. 时代要求

在全球范围,呈现从教育到学习转变的趋向,从全民教育转向全民学习,日益强调学习的作用,这显示,传统制度化学校教育不再等同于教育,大教育概念已经形成并被普遍认可。学校需要与外部建立广泛联系,共同致力于教育,如企业、社区、家庭等,建立广泛合作的网络关系,共同实施教育促进人的全面发展、社会经济协调发展和构建人类命运共同体的目标。

毫无疑问,学校发展需要超越传统的学校范畴,甚至传统的教育范畴,而且要以开放理念,引领学校发展。例如,在开放过程中,让学生走出校门,知晓国家发展、了解社会特点、体验职业工作、学会与人交流等,增强教育内容与社会生产生活现实的联系,在学习知识的同时增长学生见识,丰富学生对社会与国家、行业与职业、个人与家庭、学业与生涯等方面的认知。

总之,学校不只是教育或者学生学习的唯一场所,要想让学生得到更好发展,就必须引导和组织学生从课堂、课程、教材与课本等转向在更广泛的社会生活实践中学习。这就是教育变革迫使学校开放的缘由。

2. 生态系统

现代教育是一个生态系统,是社会系统中的一个方面,学校则是教育系统中的一个方面。学校教育发展需要有良好的生态环境,建设良好的教育生态系统,是教育现代化的需要。

开放是每个生态系统的重要特征。教育生态系统的建设,不仅需要教育内部的努力,也需要教育外部的社会参与和改建;教育与学校必须意识到,在建设教育的社会生态过程中,教育与学校必须有所作为,而不是被动影响与消极应对。当前,我国社会中普遍存在教育焦虑现象,校外教育与培训活动发展迅猛但无序、高价且低效,如何使校外教育和校内教育有机结合,同样是每所学校必须考虑的问题。

普通高中学校必须充分关注社会变化、科技变化、文化变化以及教育系统的变化,将自身定位于教育生态系统建设的一个子系统,积极寻求与其他子系统的联合与协同。例如,普通高中学校必须关注高等教育的改革与发展,寻找人才培养上的相互衔接;必须关注现代科技发展和产业发展,加强高中教育与现实生产生活的联系。

3. 育人方式

普通高中育人方式改革,首先是要在育人目标上达成广泛共识,尤其是学校与社会关切、家长期盼之间的一致性。这就是对人生出彩、人人成长的深刻认识。在教育普及化发展的新形势下,学校要主动与社区、家庭合作和联动,宣传和传播现代教育新思想和新理念。积极介绍和阐述学校办学思想和理念,使学校教育、社区教育、家庭教育三者产生合力,共同确立共识的学生发展目标,并努力促进每个学生的最合适发展。

学校的科学育人,不能是温室的"育苗",而是要将教育置于开放的社会环境与现实生活中,不仅要有正面的引导与教育,而且要组织学生到现实社会中观察各种真实现象,让学生有真实的社会生活实践与体验,进而对教育与学习有更多的认识和理解。促进学生的思考,进而培养"接地气"的现代高中学生,而不是只知道"考试"的考生。

现代高中学校重视指导与辅导工作,在传授学生学科知识和培养基本素养与品德的同时,还注重指导学生认识社会、认识生产、认识职业、认识人生等与生涯发展有关的诸多事项。当前,我国普通高中注重开展学生发展指导,注重实施生涯教育与指导,这是育人方式改革的需求。尽管这是合理要求,但纵观当前高中学校的教师能力,实施学生生涯教育与指导,不能只是依赖学校班主任或者专职教师,而应该鼓励学校内外更多教师与人员参与,实施开放式生涯教育与指导。一是将生涯教育与指导和学科教学相结合,使学生在学科学习中获取相关知识和技能;二是邀请各行各业校外人员,包括杰出的先进或者普通的群众,与学生一起探讨生涯与职业的相关问题;三是还可以借助网络,为学生提供生涯教育与指导的个性化服务平台,发挥互联网在教育中的运用价值。

综上所述,面向全体普通高中学校的发展与改革,必须注重调动学校改革的积极性,培育和支持学校的主动变革与实践探索。同时,需要各级政府支持,需要全社会的支持,为学校开放办学与提高人才培养质量贡献应有的教育责任。当前,在促进高中学校改革发展上,必须重点关注贫困地区的普通高中学校,关注地处农村的普通高中学校,中央和省级政府要给予重视和支持。

第二节　实践路径选择

明确时代发展对学校改革与发展的要求,是实现学校改革与发展的第一步,重点是要在实践中切实落实各项改革要求,实现学校高质量发展。学校发展不仅要依靠校长,更要依靠教师和学生,还要充分利用发挥外部社会参与学校改革与发展的作用。为此,这里提出国家教育现代化发展中,促进普通高中学校变革的实践路径。

一、理念先行

理念是发展的先导,普通高中学校变革也必须遵循理念先行的实践路径,走出高中教育精英化的思维,明确和强化普通高中普及化发展的正确教育方向。鉴于普通高中学校现状,必须继续强化以学生为中心与以德为先的学校变革理念。

1. 学生中心

每所高中学校都应该坚持以学生为中心的理念,并落实到学校办学实践中。教育现代化旨在促进每个学生的全面发展和终身发展,以学生为中心的教育教学思想是坚持以人民为中心发展理念在教育中的具体体现。学校改革与发展必须回到学生立场,充分认识到现代教育是为了满足学生需求和促进学生成人成长,而不是管制或灌输。必须充分认识到学生尊严、自由、个性,遵循学生发展的身心特点,在平等的氛围中,使学生得到全面发展。

以学生为中心也意味着面向每个学生,确保全体学生在教育教学中的地位。在学校教育教学改革的过程中,必须注重广大学生的参与,要注重倾听学生的意见和声音,要发挥学生在其自身发展中的主体作用和积极作用,要尊重学生的个别差异性,寻找和创造适合每个学生的教育教学方式方法,真正实现因材施教和知行合一的教育教学。更加注重面向人人的教育理念要成为学校发展的实践结果。这对于学校管理、课程体系、教学实施、教育评价等而言,都必须有相应的改革与改变。特别需要关注那些往往容易被忽视的学生人群,学习成绩比较一般或者跟不上教学进度的学生,不能对他们另眼相待和置之不理。学校改革与发展就是要给予每个学生在学校中有最适合的学习,使每个学生能够完成高中阶段学习与发展任务。课堂教学中,必须关注每个人的参与,不能以应对高考和获取高分为指向,而忽视这些最需要帮助的学生。只有做到校园中、课堂中每个学生积极参与,才是一个生动活泼、充满青春朝气的活力校园与活力课堂。本书第二章中"国际知名高中"案例,都显示出了学生参与的学校特征。

普通高中学校变革须具备教师(含校长及管理者)成人视角,也要有学生未成年人的视角。学生参与还必须体现在学校管理制度与教学改革之中。高中学校必须建立学生参与学校建设与管理的制度化机制,让学生有机会参与到学校建设规划之中,让学生参与到教学改革之中,平等地看待与分析学生的观点和建议。

2. 以德为先

培养德智体美劳全面发展的社会主义建设者和接班人是基本的教育方针,在教育实践中,必须将以德为先作为五育并举的前提,以德育引导教育与学校变革。在立德树人根本任务的引导下,学校必须以具体的实践回答"培养什么人、怎么培养人、为谁培养人"的教育根本问题,以德为先必须成为当前每一所学校的办学方向。这是坚持社会主义办学方向的体现,也是建设中国特色社会主义教育现代化的关键。

德育必须作为普通学校改革与发展的中心任务,将德育与智育、体育、美育、劳动教育有机结合在一起,实现"五育融合";需要创新与时代适应的学校德育体系,切实推进"三全育人"的体系建设;要加强在实践中开展德育,注重建立积极的学校文化氛围,实现文化育人;发挥学生中德育的主体作用。促进学校教育、同伴教育与自我教育相结合。此外,还需要充分考虑信息技术背景及其信息技术的参与,让技术成为促进德育创新的新选择。

3. 校本管理

学校发展与学校变革中的"学校为本"(School-based)即"校本"的概念已经得到越来越多的认可和接受,校本的理念也应该成为当前学校变革的重要理念。其含义在于,尊重学校自主权,立足于学校办学基础,促进学校整体发展。校本的概念区别于以往传统行政制度下"千校一面"的状况,即学校只是上级教育行政部门的执行者,只需要按照上级的要求与部署而实施各项学校活动。

世界银行的专家认为,校本的概念意味着上级政府对学校的授权,是赋权于校长与教师,强化他们的职业动机,实现校本管理,其中也包括增强家长参与和学校所在社区的参与,共同参与学校决策。校本管理通常是通过成立学校管理委员会而实现。这种校本管理可以涉及的方面是:监测学校行为,如考试分数或者教师和学生的出勤情况;为学校筹资和创造捐赠;任命、暂停、解雇和开除教师,确保教师工资按时发放;批准年度预算(往往较少),包括制定预算和每月检查财务情况。校本管理实践中,在下列活动方面也是权力下放:预算分配;雇佣或者解雇学校教师和其他人员;课程开发;购买教科书和其他教育材料;设施改进;监测和评估教师行为和学生学习成果。校本管理的优势在于:能够得到家长的更多投入和资源;资源更有效地使用;通过资源的更有效率和透明使用产生更高的教育质量;一个开放且受欢迎的学校环境;学校决策中本地相关人员的参与提升;改进学生的行为(更低的重读率和辍学率与更高的分数)。①

将校本或者校本管理思想引入普通高中学校变革之中,是高中学校突破与创新的

---

① Barbara Burns, Deon Filmer, Harry Anthony Partinos. Making Shools Work: New Evidence on Accountability Reforms[M]. The World Bank, 2011: 88 - 90.

一种理念,值得在实践中运用。

二、行动跟进

在新理念指导下,普通高中学校变革必须注重实施具体行动,在行动实践中不断优化与完善。

1. 转变方式

将育人方式作为学校改革发展的关键载体。在全面落实立德树人根本任务的过程中,必须注意到教育发展及时代变迁。需要改变陈旧的"灌输式""说教式"教育教学形式,尊重学生的主体地位及其参与作用,这就是"育人方式"改革的基本含义。当前,必须把学校教育与学生现实生活紧密结合,将课程与教材跟社会生产生活现状关联,基于学生的生活现状实践而开展有效的教育教学,让学生了解外部社会的变化,以激发其内驱力和学习动力。学校教育不仅要"五育并举",而且要不断开放教育时空,让学生在学校之外的社会中也获得有效教育,在实践生活中体验与感悟教育。

当前,必须继续深化综合实践活动、校外教育活动、研学旅行活动等,必须将教育与学习紧密结合,让学生在学习、观察和实践中思考,培养出具有独立思考能力的时代新人。

2. 课程建设

将课程建设作为学校改革与发展的重点领域。课程是学校教育的重要载体,是教育中的核心要素之一。课程需要体现国家要求、社会趋向和教育本质,同样也需要符合个体身心全面发展的要求。在国家课程建设得到强调和保障的基础上,更需要创造面向每个学生的丰富而可选择的学校课程体系。

这种课程体系包括:一是聚焦个体的成长成人,提供生活生命类课程,让学生在学习中明了生活含义、生活价值和生命价值,学会尊严、获得体面、承担责任;二是超越传统的学科体系,建立跨学科综合类课程,让学生能够更好地应对当前日益复杂的世界,具有更多跨学科创新思维和实践能力;三是注重真实的实践活动,完善社会活动类课程,让学生在实践中活动中,知晓社会与建立新的学习观;四是开展自主的学习探究,建立创新探究类课程,培养学生自主学习、探究学习、合作学习的能力,更好地应对现代科技发展对人才素养的要求。

3. 教学改进

将教学改进作为学校改革与发展的新常态。教学不仅是科学,而且是一种艺术;

教学不能是简单机械的重复,而应该是教师创造的艺术。必须认识到教与学的共生关系,在课堂教学实践中,教师必须依据所面对的不同学生而采取不同的教学方式方法,用最优化教学实现教学效果最大化。这就是教学改进或者说教学创新。教学改进或者教学创新,意味着教师在实践中要不断地改变自己,用创新思维和实践行为不断优化教学,恰当而有效地使用现代信息技术,不断发现学生和重塑良好的师生关系,使教学成为师生双方的积极互动和有效生成的教育生活,而非千篇一律的重复讲授或者单向灌输。

必须鼓励和支持教师的教学改进行为和教学创新活动,尊重教师在课堂中的教学改革,而且要给予适当的指导和帮助,包括专业指导和设施设备的支持等。

三、自主发展

自主创新已经成为我国国家发展的关键词之一,自主创新是高质量发展的关键要素。这在教育领域同样如此,学校发展还必须依赖自主创新,不宜简单照抄照搬。本书介绍的国际知名高中与我国特色高中建设的实践,都体现了学校自主办学、积极创新和不断改进的特点。具体来说,学校自主发展包括以下三方面含义与要求。

1. 一校一品

发挥学校办学的创造性和创新性。自主创新就是培育学校可持续发展的内生力,创建学校最合适的发展路径,使学校成为人民满意、政府满意、师生满意的场所。当然,学校的自主探索与创新发展,需要得到各方的宽容与包容、支持和鼓励;尤其是政府部门不能简单地限制或者禁止,而是要对这种自主探索进行观察、跟踪和研究。同样,政府部门也不能参与办学,过度介入。当前一些地方政府急于推出的教育集团化办学与学区办学模式方式,或许需要冷静、需要观察和需要研究。

学校自主探索是实现教育现代化发展中"一校一品"新格局的基础。学校有创新精神和创新能力,能够充分激发出学校中每个个体的积极性、主动性、创造性,使每个教师具有参与学校创新发展行动的愿望与能力,使培养学生创新精神和实践能力成为成果。在基础教育领域,多样化发展与特色发展的要求,不只是适用于普通高中学校,也同样适用于义务教育阶段的所有学校。只有这样,学校才能真正实现每个学生都有人生出彩的机会。

2. 科学规划

科学的学校规划引领发展。自主创新要求学校办学方向明确,行动扎实,效果显著。作为具有活力的中小学,在办学实践中不仅能够有效贯彻党和国家教育方针,而且有着自身独特的办学思路、办学规划、办学实践和办学成效。这就是中小学制订发展规划并有效实施的缘由之一。当前,中小学制订学校发展规划已经成为普遍要求,一些地方教育行政部门已经将制订学校发展规划作为评价学校的一个指标。

学校发展规划是学校办学思想与办学理念的凝练,是学校发展的标志。在实践中,学校发展规划不是应付上级检查的工具,不能只是挂在墙上,或者存在于学校档案中;学校发展规划不是校长个人的工作思路与计划,而是学校发展中围绕人的发展而作出的系统设计、科学部署和实践指引,关乎学校中每个人的发展:使教师成为"四有"好老师,使学生成为德智体美劳全面发展的社会主义建设者和接班人。实施学校发展规划,需要持久的激情、努力进取的精神、不断提升的能力和稳定长效的机制。

3. 共同发展

学校是师生生命共同体。这不仅是指校长和教师在学校建设与发展的共同参与和协同贡献,也包括学生与家长的认同与支持,将学校打造成为生命共同体。在生命共同体的框架中,学校中的管理者与被管理者、教师与学生、学校与家长都不是对立的,而是相互尊重与信任、相互关怀与依赖、相互学习与进步的和谐关系,大家达成了共同的学校理念与追求目标,以实践和行为展现社会主义核心价值观中"自由、平等、公正、法治"集体文化,在每个人身上则展现"爱国、敬业、诚信、友善"的个人品质。同时,中小学校园建筑与景观、一花与一木等都具有人文气息,给予每个师生舒适且安全的感受。学校管理运行中,规章制度的制订和活动的实施,都有教师和学生的广泛参与和普遍认同,使制度实施成为教师和学生的主动与自觉。更关键的是,学校课堂始终是以学生为中心,充满生命的活力。总之,追求师生共同发展,成为学校发展的终极追求。

总之,将自主创新运用到学校改革发展实践之中,首先需要学校校长、教师和学生必须要有创新的自信心和主动性,不宜迷信或者盲从来自外部的模式与经验,学校要学会质问质疑,进而发现学校自身发展的优势与切入点。其次,必须积极探索并进一步形成和壮大自身优势,在实践与实验中不断总结和反思以往的行为和成效,进而建立促进学校发展的成效机制与制度保障,由此促进学校可持续发展。最后,自主创新要与学校开放发展相结合,注重统筹各种有利于学校发展的外部资源,包括政府部门、企业、研究机构、社区、家长、其他学校等,建立合作伙伴关系,形成学校发展合力,以协同协作推进学校加快发展。

第三节　激发办学活力

我国虽然已经实现了高水平普及义务教育和高中阶段教育,但不可否认的是,基础教育学校发展还存在一些问题,与办好人民满意的教育之间还存在明显差距。突出的问题就是,传统计划体制下中小学办学"千校一面"格局尚未完全改变。迈向教育现代化与建设教育强国的伟大目标,需要建设丰富、多样而有质量的基础教育学校系统,需要顺应人民群众对教育的期待、满足国家对各类人才的需求和促进每个人的全面发展。为此,要激发每一所中小学办学活力,办出各具特色的新时代学校,体现出我国基础教育高质量发展与高水平提升的新格局。2020 年 9 月教育部等八部门联合颁发了《关于进一步激发中小学办学活力的若干意见》(下文简称"《意见》"),以激发办学活力视角,面向地方政府部门提出了推进基础教育学校改革和发展的相关要求和任务。在教育发展的新阶段,确实需要重新认识中小学的"办学活力"问题,必须全面激发普通高中学校办学活力,才能真正促进普通高中学校的全面发展和整体发展。

一、活力源泉

"办学活力"在实践中被普遍认可,但在理论上它并不是一个很清晰的概念,尚未作为教育的专业术语收入《辞海》《中国教育大百科全书》和《教育大辞典》之中。同样,《意见》也没有对"办学活力"予以清晰界定。《中华人民共和国教育法》对"学校"的规定中,有 9 项权利和 6 项义务,这或许是当下认识和理解"办学活力"的重要依据,为思考激发办学活力提供了依据与空间。激发办学活力涉及学校外部与学校内部两个方面,两者之间相互影响。外部因素主要是指政府部门管理中小学学校的制度与方法,还有日渐强大的各种媒体(包括自媒体)资源,它们在激发中小学办学活力上至关重要,或许还是主要方面。《意见》充分阐述和表达了"保障学校办学自主权""增强学校办学内生动力""提升办学支撑的保障能力""健全办学管理机制"和"强化组织落实"等 5 个方面,在激发中小学办学活力中,各级政府尤其是教育行政部门必须承担责任,必须将《意见》落实到实处。

1. 内生动力

激发办学活力的内部因素就是中小学校自身在管理、教育、教学等方面的思想和行为。在我国,学校作为独立法人而存在,是办学的直接执行者,具有主体性角色定位。在外部环境支持学校发展的背景下,每所学校必须具有更大的责任担当,要主动履行学校的权利与义务,在实践中坚持创新探索,以创新"增强学校办学内生能力",充分发挥出学校每个生命的参与性、自觉性和求生力,使全体教师在工作中与每个学生在学校学习中,都具有不断增长的获得感、幸福感和安全感。当然,校长作为学校教育者的领头人,在激发学校发展内生动力与活力中,具有特别重要的作用和影响。

中小学校在教育普及过程中,发挥着重要作用,在现代教育制度体系中不可或缺。尽管国际教育发展史有过"学校消亡论"的论调,当前学校也存在着诸多问题或者弊病,备受各方质疑和批评,但现代学校始终还是客观的存在,始终还是备受重视,仍然必不可少。当前,"对学校管得过多、干扰太多、激励不够、保障不够"的本质是轻视或者忽视学校的存在及其作用,是对学校办学活力的否定和扼杀。建立现代学校制度,是过去20多年中我国教育研究与教育实践的共同话题。在现代组织理论体系中,中小学也是一种独立并专业的组织,有使命与宗旨、发展历程与办学思路、内部结构和运行机制等。建立现代学校制度将更有助于激发办学活力,更有助于学校发展繁荣多样。

2. 外生引力

所谓的外生引力是指行政部门对学校发展的吸引力和引导力。政府在管理学校的过程中必须认识到,每所学校都是合理的独立存在,具有独特的办学目标与办学方式。要改变传统一刀切的方式,注重对学校情况的调查与研究,为学校把脉诊断,与学校对话共商,给予学校指导和帮助,尤其要为学校发展出谋划策,确保学校有效运行和创新发展。这要求所有政府部门与社会机构尊重每所中小学校在实践中的自主选择和自我发展。政府还要在全社会建立尊重学校的氛围,使学校的专业权威性必须得到足够的重视和认可。

激发学校办学活力,不是学校不要政府管理,而是政府要改变管理学校的方式。教育行政人员进入学校,不能只是形式主义的视察、指导与听汇报,而是要从治理现代化的角度确定自身在促进学校办学活力上的角色定位和行动策略。这就要求教育管理部门花更多时间待在学校中,全面系统地观察和了解学校发展的真实想法和现状,要与学校校长、教师和学生建立平等的关系,改变传统的官僚式工作方式。如果这样,相信每所学校都会欢迎政府部门到学校观察、观摩和提供改革建议。

在当前"四个全面"的背景下,深化教育体制机制改革,必须聚焦建立健全国家教育法律法规体系,其中,建立"中华人民共和国学校法"势在必行,要在法律框架中界定中小学学校的角色、地位、权利、责任和保障等,这将是激发中小学办学活力的根本关键。

总之,全面而深刻地认识激发中小学办学活力的意蕴十分必要。无论是外部因素还是内部因素,在激发中小学办学活力中,都需要以与时俱进的新思想新理念为指导,包括思想观念的转变、法律法规的完善、实践行为的调整、立德树人的成效等。《意见》为激发中小学办学活力提出总体要求、政策框架和实践规范,这也为建立现代学校制度提供了参照。必须从国家教育现代化发展高度,审视激发中小学办学活力的时代需求与深远意义;在推进教育现代化和教育高质量发展视角下,确立激发中小学办学活力的目标任务内容;从建立与完善现代学校制度体系出发,建构激发中小学办学活力的法律保障体系。

二、依法管理

政府、社会与学校三者之间的关系,是公共教育理论研究的基本问题之一。加强政府与社会对中小学办学的指导、管理和监管,提升教育公共治理的水平,是现代教育发展的要求。学校是育人的专业场所,激发办学活力与教育治理体系建设及教育治理能力提升紧密关联、相互促进。2019年党的十九届四中全会颁发的《中共中央关于坚持和完善中国特色社会主义制度推进国家治理体系和治理能力现代化若干重大问题的决定》提出,"必须健全幼有所育、学有所教"在内的"国家基本公共服务制度体系"。2020年党的十九届五中全会提出"建设高质量教育体系",为教育领域改革行政管理和建立现代教育治理体系提出了要求。教育行政与管理是一门科学,从"管理"到"治理"的演进,更是显现了教育行政发展的方向。基于激发办学活力的视角,政府依法且科学管理教育,需要做到以下三点。

1. 伙伴关系

中小学校是基层单位,在行政管理体系中处于底层,隶属于教育系统,是教育政策的执行者。从激发办学活力出发,在新的教育政策制订之初,不仅要基于学校发展现状,而且要务必认真听取学校声音与意见,使学校成为教育决策的参与者和支持者,这将为保障教育政策实施产生积极的影响。政府与学校之间的关系,不应是"博弈",而应该是"互动";激发中小学办学活力,不能是"上有政策、下有对策"的表现,而应该是"政策"与"对策"的合作互动和相互促进。

2. 负面清单

当前,在全面依法治国背景下,各级政府部门在管理学校的实践中,要充分意识到各自行为的范围、限制和约束,要有管理上的负面清单意识,在实践中不能有"越界"干预,更不能"任性"。要确立教育行政部门为管理中小学学校的主体,必须整合不同政府部门对中小学校的管理、干预、评价或者指导,不宜都分别介入学校,要为学校创新发展与特色发展留下空间。或许,包括教育部门在内的各级政府部门少给学校发文、少进校检查、少组织校长开会、少开展学校评比等"简政"行为,将更能激发中小学办学活力。

3. 提升治理

当前,必须提升政府部门管理教育的专业水平。"简政"与"放权"的基础是政府管理的专业和科学,必须进一步加强对教育领域"放管服"的改革与完善。多样与多元是现代教育与现代学校发展的重要特点之一,政府部门要加强对中小学发展现状、特点及其规律的研究和认识,教育行政管理者必须具有现代教育发展的专业认知,并融合到行政管理之中,体现对教育管理与服务的专业性。当前我国中小学发展在区域间存在差异(如东部、中部与西部之间,城市、城镇与农村之间等),在区域内也存在着不平衡,中小学办学体制与办学模式上出现多元化趋向,家长和学生对学校及其教育的认知日趋多元和有差异。面对这些新情况,政府部门不宜用行政方式大范围复制和推广一种教育模式或者教育方法,而应该鼓励和支持探索不一样的教育样态与学校模式。加强各级教育行政管理人员的教育专业知识与能力培训,将是国家教育治理体系建设与提升教育治理能力的重要任务之一。

三、能力建设

激发中小学校办学活力,关键还是在人。我国需要加强和改进教育干部、中小学校长和广大教师的队伍建设以及培训工作,不仅要努力提高他们的教育专业能力,更要更新他们的教育教学观念,使之具有从事现代教育管理、现代学校管理和教育教学工作的专业素养。这就是提升教育现代化的治理能力。

1. 教育干部

各级教育行政干部是国家教育治理体系现代化的重要力量,在激发中小学办学活力上必须发挥重要作用,这就是前文提及的"外生引力"论述。

在教育行政干部队伍建设中,必须培养教育干部的"教育"专业素养。这种素养首先就是尊重基层学校的意识与态度,能够将教育领导与教育管理看成是教育指导、教育引导和教育督导的结合。教育领导不只是简单的行政指挥或者任务布置或者通知下达;在实践工作中要有"促进者""协调者"和"落实者"的意识和素养。其次,在教育管理实践中,教育干部要注重将国家政策与学校改革发展实践结合,注重将政策执行的检查与政策执行的研究结合在一起,努力成为教育政策制定与学校发展现状之间对接的桥梁。要注重政策实施的现状分析和判断。第三,教育干部要具有开展基层调研的能力,正如习近平总书记指出的:"各级领导干部在调研中,一定要保持求真务实的作风,努力在求深、求实、求细、求准、求效上功夫"①。到基层开展全面而深入的调查研究,是每个领导干部的必修课,在教育领域更需注重和加强。教育本身就是一个学习的领域。教育干部必须具有学习行为,注重在实践中学习。

同时,在干部队伍建设中,还必须培养教育干部具有教育发展的战略视野与教育改革的行动勇气;教育干部要能够系统而全面地审视各种实践现象与问题,发现和鉴别问题的性质与类别,并能够提出科学而合理解决这些问题的政策规划方案,提出新的教育政策措施,为促进现代学校发展创造新的政策保障。这种政策规划即顶层设计,不但需要有一定的能力,更需要具有敢于承担风险的胆识和责任。当前,我国进入了国家现代化发展新阶段,面对的形势非常复杂,各种新现象、新问题和新情况日益增多,在高等教育普及化的新背景下,教育发展同样需要新发展观的指引,这对现有教育干部队伍管理能力是一个重要的挑战。

总之,教育干部必须认识到国家教育发展新时期的特点与本质,明确学校改革与发展的大方向,以国家教育现代化治理体系与治理能力提升建设的新要求,改进教育行政管理方式与作风,将为民办实事的思想与要求落实到对学校发展的支持上。

2. 校长队伍

校长是学校办学的主要执行者,是激发学校办学活力的关键者。在当前教育发展新时期,需要建立健全与激发办学活力相关联的校长队伍制度与政策体系。在校长队伍建设与管理上,要回归教育专业立场。

当前,需要重新审视中小学校长队伍建设中的校长选用、流动、职级制与身份归属等方面的发展与改革。例如,中小学校长的选拔、管理、培养、评价和使用,不能再沿袭政府部门官员管理制度与方式,不宜直接按照行政方式任命或者考核校长。校长的第

---

① 习近平.之江新语[M].杭州:浙江人民出版社,2007:1.

一身份应该是高水平的学校教育工作者,具有专业身份,而且对学校办学有专业认知。办好一所学校(即使是小学)都需要持续努力和持久时间,校长在其中扮演关键角色,任何一所中小学校校长的岗位变动就务必慎重、谨慎和周全,培养一位好校长并办好一所学校并不容易。

同时,又不能将教育家办学直接等同于校长个人办学,不宜过度夸大校长在学校发展中的影响力。究竟需要什么样的中小学校长(素养、思想、能力等),其实并没有唯一的标准答案。在校长队伍建设中,要处理好校长与教师之间的相互关系问题。坚持教师在学校中的主人翁地位不可动摇。激发学校办学活力的重点之一就是,校长注重调动并发挥每位教师在学校发展中的积极性、主动性和创新性,使教师感受到职业的尊严和地位。

此外,需要不断加强和优化校长培训体系,创新校长培训模式,使校长培训与校长发展、学校发展、教育发展更加紧密地结合在一起。

3. 教师队伍

当前,引进更多、更优秀的人才进入中小学教师队伍,已经成为各方共识,引进优秀人才为建设高水平教师队伍提供了坚强基础。当前,影响教师队伍建设的突出问题,就是"流不出"与"进不来"的矛盾存在,其中的关键因素恰恰是长期以来备受重视的教师身份"编制"。编制制约了学校间教师流动与区域间的教师调配,导致课程改革中学科专任教师队伍的数量与结构难以动态调整与不断优化,甚至产生了一些教师"同工不同酬"的"违法"问题。这些问题都直接影响到了学校办学活力。编制是我国以往计划体制下发展基础教育的一种方式,是制度层面保障教师权利的一个方面。

对照当前国家发展进入新阶段,面对建设高素质专业化创新型教师队伍的新时代要求,必须尽快回到市场与竞争的思路,重构中小学教师身份与队伍建设思维。高等教育普及化已经为更多优秀高层次人才进入教师队伍提供了支持;保障教师权利与提升教育地位和待遇,不应该再是"不拖欠教师工资"的法律底线,而应该是以市场方式不断提升教师工资与收入,提升教师职业的竞争力与影响力。吸引优秀人才进入教师队伍是艰难的,留住教师也不容易;更要注重中小学在职教师的在职学习与发展,不断提升教师职业的事业心和成就感,将教师在职发展作为高水平中小学教师建设的关键,有必要对我国中小学教师继续教育要求及其政策重新定位。

当然,与校长培训一样,继续加强和完善中小学教师培训,也是促进学校办学活力的要求。在教师培训中,必须增加提升教师领导力的相关内容与要求。

第十章　特色高中建设的省思

本章系统分析了 2010 年以来我国普通高中多样化发展进程及现状,归纳出全国特色高中建设与发展的区域与学校案例,提出了推进特色高中发展的思考。

➤ 各级政府高度重视特色高中学校建设与发展,按照项目、规划和工程等不同方式实施,具体实践具有多样性,但也存在一些理解不清的盲目发展现象。

➤ 艺术、外语、综合三种类型的特色高中,在实践中都取得了良好的效果,但不能忽视这些学校在建设与发展中遇到的关键性问题,尤其是制度性障碍。

➤ 全面总结特色高中建设的区域实践与学校案例,从理论支持和政策转变两方面,重建特色高中学校发展的目标与功能,关注普职融通的需求。

第一节　区域推进形式

纵观 2010 年以后,我国为推进普通高中多样化发展中特色高中学校的建设与发展可以发现,全国各省地市结合本地教育发展基础与条件,出台了一系列政策与措施,支持推进普通高中多样化发展,支持特色高中建设与发展。全国各地积极推进普通高中多样化发展,并将特色高中学校建设作为其中的重要内容之一,旨在以特色高中学校带动整个普通高中多样化格局的形成。这里以上海市、辽宁省和山东省为例,介绍它们在特色高中建设方面的探索。[①]

一、项目驱动

上海市是我国教育改革与发展的先进地区,2010年上海市承担起国家教育综合体制改革项目,设立了高中多样化特色发展项目,以推进特色普通高中建设。2011年上海市教委启动"特色普通高中建设与评估项目",以项目方式推动上海市普通高中多样化、特色化发展,以促进高中教育从分层教育逐步向分类教育转型,不断优化上海市普通高中建设格局。

项目启动以后,上海市教委先后出台了《上海市推进特色普通高中建设实施方案(试行)》和《上海市推进特色普通高中建设三年行动计划(2016—2018年)》等文件,进一步明确了上海市特色普通高中建设策略和原则,按照"项目孵化、滚动推进;分类指导、分阶提升"的路径建设特色高中;按照学校自主规划、项目滚动指导、建设目标引领的方式,引导普通高中学校找准发展阶段,聚焦特色课程建设,提升学校多样化办学水平。

截至2020年,上海市已有三批共57所学校成为"上海市特色普通高中项目学校",特色涵盖人文、科技、艺术、理工、社科、金融、医药等诸多领域。在上海市教委与上海市特色普通高中创建项目组的指导下,已有23所项目学校面向全市开展了特色普通高中创建展示活动。按照"成熟1所创建1所,创建1所命名1所"的原则,12所普通高中完成创建工作,通过上海市教委组织的专家评估,被上海市教委命名为"上海市特色普通高中"。这些特色普通高中学校在特色定位、课程体系建构、教师队伍建设、资源共享等方面形成了各具特色的创建路径和运行机制,推进了学校发展与人才培养模式转型;在自主招生、特色师资队伍建设、设备配置和经费投入等方面,参照上海市实验性示范性高中相应政策。

2020年被命名的3所"上海市特色普通高中"中,上海市徐汇中学致力于发展科创特色研究型学校,学校建成了"生物+交通"工程为主的多个高端实验室和"2+X"科创课程群,以培养科学家、工程师为指向。华东师范大学附属枫泾中学结合地域文化和时代要求,形成了"审美素养培育"特色,重点培育学生与审美相关联的感受力、欣赏力、判断力、想象力,努力使学生"基础扎实、以美见长"。上海音乐学院附属安师实

---

① 本节中上海市、山东省和辽宁省的实践案例资料,主要来自笔者主编的《中国高中阶段教育发展报告(2018)》《中国高中阶段教育发展报告(2019)》《中国高中阶段教育发展报告(2020)》。

验中学则以"以乐育人、立德树人"为办学理念,以音乐美育创建"和乐教育"特色,追求"以乐育人"的人文价值。

2021年初,上海市人民政府办公厅印发《关于本市新时代推进普通高中育人方式改革的实施意见》,其中,包括"深化特色普通高中建设",具体要求如下:

> 深化特色普通高中建设。按照《上海市推进特色普通高中建设三年行动计划(2021—2023年)》要求,以转变育人方式为主线,以深化课程教学改革为抓手,凝练特色教育内涵与定位,创新特色教育路径和载体,优化学校治理体系,推动特色高中存量提质、增量保质,促进特色高中进一步提升品质,市示范性高中更好地培育特色实现错位发展,形成城乡分布合理、分层与分类相结合的普通高中高品质有特色发展格局。

历经10多年的探索,上海市目前已经初步建立依托学生自主参与、专家协同指导与全程实施评估的项目式特色高中建设模式。随着《上海市推进特色普通高中建设三年行动计划(2021—2023年)》的实施,更多普通高中学校将有望得到发展,将在更大程度上改变上海市普通高中学校发展格局,对提升高中教育整体的质量和社会满意度产生影响。

二、规划引导

过去10多年间,为破解高中阶段发展问题,山东省统筹高中阶段教育的发展规模、结构、质量和效益,围绕"高中教育优质发展"的发展目标,重视"提升高中阶段教育普及水平和质量",重点"加强高中阶段教育改革发展",使高中阶段教育逐步走向高水平内涵发展、高标准均衡发展、高质量多元发展的阶段。

2011年,山东省在《山东省中长期教育改革和发展规划纲要(2011—2020年)》中提出,支持普通高中办出特色;推进学校办学模式和育人方式多样化、个性化,支持鼓励普通高中建设特色课程,形成自身办学特色;鼓励普通高中根据需要适当增加职业教育教学内容,为学生学习提供多元选择机会。

2017年10月,《山东省"十三五"教育事业发展规划》中提出"特色普通高中建设计划",要求积极探索区域内高中特色课程资源共建共享,推动山东省高中由标准化、规范化向高质量、特色化发展。计划到2020年,山东全省形成100所全国知名的特色普通高中。

2018年3月,山东省人民政府办公厅发布《关于加强高中阶段教育改革发展的意见》,文件要求普通高中学校进一步深化育人模式改革,启动实施"特色高中建设计划",建立省市两级特色高中遴选认定机制,经评估认定的特色高中可根据办学需要,适当上浮学费标准。实施高等学校和高中阶段学校联合育人计划,支持本科高校与高中阶段学校联合开发课程。

在实践中,山东省积极推动形成"一校一品"与"一校多品",广泛地探索办学模式和育人方式的多样化和个性化;积极探索综合高中建设,深化职普融合,增强应用教学,培养具有扎实文化基础知识和专业技能的综合性人才;积极鼓励普通高中根据需要适当增加职业教育教学内容,为学生学习提供多元选择机会。支持鼓励普通高中建设特色课程,形成自身办学特色。鼓励高校与科研院所协同驱动普通高中特色发展,考虑学校传统与急需解决的问题,从课程、教学、评价等确定特色发展生长点。经过指导的学校,顶层设计意识与能力有了很大的提升,学生的出路更为多元,特色育人模式渐趋完善,办学特色逐渐彰显,形成了一批具有自身发展特色的普通高中。

泰安市泰山中学通过信息化带动学校的整体变革,制定了"泰山中学教育信息化培训'自选超市'培训实施方案"等系列方案,通过信息化带动学校的课堂教学的信息化,形成具有发展特色的家校一体化育人、信息化学生管理及信息化学生评价机制等。

青岛平度一中是一所优质高中,根据学校多年的生态化教育传统,学校提炼出生态化教育全渗透的育人机制,指导学校建立融浓厚人文环境与优美自然环境于一体的生态校园建设,形成多样化课程体系的建构。

潍坊一中在传统办学基础上确立了培养文理融通、特长彰显、国际视野、民族情怀、书生气度、高雅志趣、知行合宜、健康体魄八个维度的"容·雅"气质的学生培养方案。围绕学校的培养目标,开设"行为正雅""志趣高雅"和"学养儒雅"3个领域、15个模块的近百门校本课程。

聊城二中是聊城市的一所薄弱高中,经过高校、科研院所的多次深入学校指导,学校从教学上进行突破,打造学校特色,最终凝练出"二阶五步教学法""先学后教、以学定教,让学生充分参与课堂教学,改变传统的'填充式'教学模式,让学生教学生,老师充分融入其中"。

这些特色高中的出现与发展,成为山东省推动普通高中发展的成就,为山东省进一步探索高中教育高质量发展提供了启示。

三、建设工程

党的十八大以来,辽宁省实施全面普及高中阶段教育工作,高度注重问题导向的发展战略,高度重视辽宁省高中阶段教育发展实践中存在的一些突出问题和薄弱环节。2010 年,辽宁省发布《辽宁省中长期教育改革与发展规划纲要(2010—2020 年)》,提出了高中阶段普及攻坚的目标和任务,其中包括:

> 创新普通高中发展模式。吸引国内外资源参与举办普通高中。推进普通高中标准化建设。积极发展科技、艺术、体育、外语等特色高中。鼓励普通高中发展特色学科。支持高中与高校开展多种形式合作办学,培养特色创新人才。鼓励有条件的普通高中根据需要适当增加职业教育的教学内容。探索综合高中发展模式。

2017 年《辽宁省教育事业发展"十三五"规划》再一次提出,"探索综合高中、特色高中等多种模式,促进学校特色发展,为学生提供更多选择机会"。为此,2017 年 10 月辽宁省发布的《辽宁省高中阶段教育普及攻坚计划的实施意见(2017—2020 年)》明确提出"建设 30 所左右省级特色高中"的目标。

在特色普通高中建设上,辽宁省有规划、有投入、有政策、有步骤。2011 年起在全省实施特色普通高中建设工程,出台了《辽宁省教育厅关于加强特色普通高中建设工作的意见》以及《辽宁省特色普通高中评估细则》,旨在以评促建,指导特色高中学校建设工作,并以特色普通高中建设为突破口,整体推动普通高中的发展。《关于加强特色普通高中建设工作的意见》中提出,计划用 5 年的时间,建设 50 所外语、科技、艺术、体育等特色普通高中,并明确了学校特色建设的载体与路径,即办学体制机制多样化、办学模式多样化、培养模式多样化、学校课程多样化、资源开发多样化、评价方式多样化等,核心是具有选择性、多元性的课程,着力点是培养模式的创新,进而实现全体学生的全面发展。

2011 年 5 月,辽宁省启动特色普通高中建设工程,并下发了《辽宁省特色普通高中实验学校指导评估细则》等配套文件,组建专家组对于各市申报的特色高中实验学校进行实地指导评估,共评选 50 所省级特色普通高中实验学校。通过实地指导评估,激发了各地区各学校创新发展的动力,促进了人才培养方式的改革,推动了全省普通高中优质化、特色化、多样化发展。为保障特色普通高中建设,辽宁省设立了特色高中发展专项经费,对于评选上的每所特色普通高中实验学校给予 100 万元的奖励。

辽宁省各地积极参与特色高中建设,在经费、政策、教师等方面给予支持。本溪市本溪县从 2012 年起每年向高中投入 100 余万元用于特色学校的创建,2013 年又增加投入 900 余万元用于修建学校体育场馆和体育教学设备。沈阳市政府投入 500 多万元用于朝鲜族高中艺术特色建设。大连市开发区政府三年来投入了 3 200 多万元用于开发区八中的基础设施建设。海城市投入了 1 600 多万元为海城高中建成了艺体馆。沈阳市铁西区政府为四中投入了 4 300 多万元为学校建设了 9 970 多平方米的多功能体育馆教学楼,并用 1 000 多万元来装饰装修功能教室。一些地市在招生政策上,扩大特色高中招收特长学生的自主权,允许学校从特色建设出发,降低录取分数线,招收一定比例的艺术、体育特长学生。如,阜新市教育局允许学校每年招收艺术特长生 100人。沈阳市教育局给予东北育才悲鸿美术学校招聘专业教师政策,学校可以直接到中央美院等重点学校招聘教师。

此外,辽宁省各地区行政部门通过举办专题讲座、研讨、论坛、观摩、经验交流等形式,提升校长及教师对学校特色发展的认识和实践能力。沈阳市教育局在 2013 年组织部分校长分别到北京市和上海市进行培训,朝阳市组织校长外出学习,参观考察了北京市第十一中学。大连市教育局组织召开了高中发展研讨会、举办学校特色建设与课程建设现场会等,增强对特色建设的感性认识,明确高中教育改革发展的方向。这些政策、措施调动了学校及教师的主动性,为学校特色化建设给予了充分保障。

总之,辽宁省各普通高中立足校情、师情、生情,在学校文化、课程、师资队伍以及学科教学等方面积极改革,探索了在科技、外语、艺术、体育等方面的特色高中建设。

2021 年 10 月,辽宁省教育厅印发《关于进一步推进辽宁省特色普通高中建设的实施意见(试行)》,计划在德育、科技、人文、体育、美育、劳动教育、国际交流合作等 7个领域,加快建设一批"办学特色鲜明、学校文化独特、育人成果丰硕"的特色普通高中。自 2021 年起,每年建设 35 所左右特色普通高中;到 2025 年,全省特色普通高中比例达到 40%。

显然,辽宁省在特色高中学校建设上持续推进,进展与成效明显,对于辽宁建立教育强省将产生积极影响。

第二节 特色学校案例

过去 10 多年间,特色高中学校建设在全国各地得到发展;本章第一节介绍了上海市、山东省与辽宁省都采取了自上而下的发展举措,对促进特色学校发展产生了直接作用,但并没有予以深入分析与讨论。本节再介绍 2 所特色高中发展过程与山东省发展的综合高中学校,以便为本章第三节分析与讨论特色高中建设提供支持。

一、艺术特色

江苏省苏州市第六中学校(以下简称"苏州六中")始建于 1940 年,1990 年被确定为苏州市深化学校内部管理体制改革的试点单位,之后学校制定了《试行综合特色高中教学模式的实施方案》,经上级主管部门批准,于 1991 年秋季开始施行。1992 年起学校对具有音乐、美术、体育特长的学生实行提前录取(简称"艺体班"),引发社会反响。1993 年起,除了在苏州市区招生外,还可以在苏州其他县市内招收有音乐、美术特长的学生。1995 年学校制订新一轮综合特色高中实施方案及学分制实施方案。2004 年成为江苏省第一批四星级普通高中,2005 年成为江苏省首批艺术教育特色学校,2007 年被命名为"苏州艺术高级中学校",2009 年被江苏省教育厅更名为"江苏省苏州艺术高级中学校"。学校现有普通高中班与艺术特色班,艺术特色班分美术、音乐、表播和舞蹈四个专业。2019—2020 学年第二学期,全校在籍学生有 994 名,高一至高三共 27 个班级,每个年级 9 个班,其中普通班 2 个,美术班 4 个,音乐班 2 个,表演班(含表演、播音主持、舞蹈、编导)1 个。2019 年学校美术、音乐、编导专业省统考中合格率达 100%。

苏州六中在特色学校发展上立足学校原有的办学传统,形成了"让每一个学生都享受艺术"与"让每一个学生的艺术个性都得到发展"的办学理念,坚持立足于普通高中艺术特色发展之路,秉承"大爱尚美、艺文并进"的发展思路,追求"办高质量的特色高中"办学目标,提出了"四个一"要求,即让每一个学生都享受艺术教育,让每一个学生的审美个性都得到张扬,让每一个教师都重视、参与艺术教育,让校园的每一个空间都具有艺术教育的功能。为此,实施了以下具体措施。

第一,努力打造一支契合学校艺术特色办学的教师队伍。注重以党建、群团、工会等工作促进师德师风建设落地,先后出台各种制度文件规范教师从教行为;大力支持教师展开教学改革探索,开展系列化的教科研指导讲座,建立校本研修整体规划;实施丰富而多样的教师培训活动,支持教师开展职业发展规划,发挥绩效评估的激励作用;注重教师团队建设,切实关心教职工工作生活情况,让教师有归属感,切切实实感受到幸福感。

第二,在学校课程建设上发力。学校按照教育部《基础教育课程改革实施纲要(试行)》和《江苏省课程改革实施方案(试行)》,积极探索如何实现艺术类课程学习与文化类课程学习的有机结合,整体规划三年课程安排,统筹安排课时,均衡设置课程,建立了完善的美术、音乐、舞蹈、表播等四个艺术专业类课程方案和课程标准,形成了《素描》《色彩》《表演》《舞蹈》等校本教材,将艺术实践活动课程与学校文化建设、学生社团活动等结合(图 10-1)。学校成为江苏省教育厅苏州园林文化艺术课程基地。

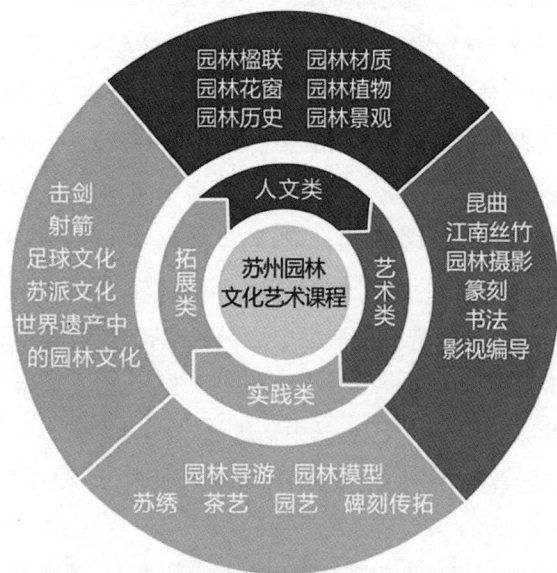

图 10-1　苏州六中的苏州园林文化艺术课程群

第三,坚持开展课堂教学改革与创新。制订并执行《苏州市第六中学教师教学七认真细则》,从认真备课、认真上课、认真布置和批改作业、认真辅导学生、认真考核学生、认真组织课外活动、认真指导学生自学等方面实现全程管理与评价。每月专题检查一次,专人检查制度,检查有反馈。培育课堂教学文化,建立艺术生选课指导制度,加强走班教学班级管理,实施学分管理,完善学业评价与综合素质制度,推行声乐小班化教学,增加艺术实践性作业。探索"三精"课堂教学模式(精心备课,精当授课,精彩互动),实施差异化教学,尽可能减少教学班中的学生个体差异。

第四,注重德育与教学的结合。以修身、生涯、实践为德育课程主线,以"明理、达志、尚美"为德育课程育人目标。开设"二课"(园林文化体验课与艺术项目实践课),建立"二系列"(人文讲堂系列与主题班会系列),组织"二活动"(志愿服务活动与学生社团活动);设立"心理咨询中心""家庭教育研修中心""学生发展指导中心"与"学生社团中心",打造立体式育人平台;在行政人员、部分党员及骨干教师担任德育导师的基础上,推进实施全校教职员工共同参与成长(德育)导师工作;加强年级组、班主任团队建设与专业化能力培训,提升班级常规管理水平和学生思想教育能力。此外,将德育与劳动教育有机结合,采用校内劳动服务(班级值日、每日晨扫、班级大扫除、校园大扫除、宿舍内务清扫)、校外公益劳动、生活服务等多种方式。

第五,始终以科研推动学校特色发展。自 1992 年以来,"科研兴教"与"特色立校"思想一并确立,先后完成江苏省"城市综合特色高中办学模式的实验研究""基础教育发展艺术教育特色的研究""特色高中校本课程的开发和实施研究""艺术类学生差异教学研究"和"叶圣陶课程思想与特色学校校本课程的开发"一系列省、市级课题,成为"江苏省教育科研先进集体"。

第六,借助外部力量提升学校。先后与国内清华大学、中央美院、中国美院、上海音乐学院等高校开展合作,在艺术教育方面打通中学与大学之间的衔接和对接。开设"乌克兰班"对接乌克兰中央美院,与新加坡南洋艺术学院、法国瓦朗斯国立音乐学院合作办学,与美国纽约河谷学校、澳大利亚科林伍德学校、韩国全罗道高中建立互访制度。学校与国外 8 所学校、国内 9 学校及 3 家企业建立了稳定的合作伙伴关系。

总之,历经 30 年的努力,苏州六中成为一所艺术特色普通高中,为当前特色高中发展与普通高中多样化发展提供了经验和启示。

二、外语特色

上海市甘泉外国语中学前身是 1954 年建立的"甘泉中学",1972 年借助"中日邦交正常化"的契机,开设日语课程作为学校第一外国语课程。2003 年学校更名为甘泉外国语中学,逐步从单一开设日语课程,发展形成多语教学并存、外国语教学与跨文化教育为鲜明特色的外国语中学,形成"民族情怀、国际视野"办学理念、"日语见长、多语发展、文化理解"办学定位和"四有"人才培养目标,即"有教养、有个性、有竞争力、有国际视野",2018 年被认定为上海市特色高中学校。经过 20 余年的实践探索,体现了以下特点。

第一,坚持规划引领。自 2001 年起,学校先后实施《日语见长,多语发展——建设21 世纪国际化外国语学校》《探索教育国际化,走特色发展之路——上海市甘泉外国语中学创建实验性示范性高中规划(2005—2007)》《上海市甘泉外国语中学五年行动纲要》和《民族情怀,国际视野——上海市甘泉外国语中学特色发展规划》等学校发展规划,将特色发展与学校整体发展高度融合,从学校定位、办学理念、课程体系建设、师资队伍建设、学校文化建设等诸多方面入手,采用项目管理的实施策略,每个项目均有责任人、达成的目标、主要措施和评估等内容,使规划更具有操作性和可检测性。

第二,发挥校长作用。2000 年从教育局引进刘国华同志担任校长,全面负责特色高中建设任务。刘国华校长提出了建设外语特色高中的一系列思考思路和思想,坚持"内强管理、外求开拓、优化特色、主动发展"的办学思路。实践中,以日语教育为抓手,以多语教学为载体,以外国学生教育为生长点,以多元文化教育为重要内容,以迈向教育国际化为追求,为社会培养高质量的日语及多语种后备人才。在校长引领下学校得到发展,同时学校发展也促进校长发展,二者形成良性互动。

第三,改革管理制度。学校改革传统内部机构设置,从特色发展需求出发,设立"事业发展部""课程教学部""学生工作部""人力资源部""外国学生部""后勤保障部"及"多语种教学研究中心""对外汉语研究中心"与"学生进路指导中心"等机构,建立健全了一系列促进特色建设的管理制度、运行机制和支持系统。在干部队伍建设上形成了"民主推荐、竞争上岗"的选拔任用机制,在教师队伍建设上形成了阶梯式的培养发展机制,在课程开发方面形成了比较成熟的课程遴选机制、专业支持机制、课程评价与激励机制等;在教学管理方面形成了校内督导机制,全方位了解学生的学习状况,切实提高教学质量。

第四,加强教师队伍。采用"引进＋自培"模式建设多语种师资队伍。学校现有专职的日语、英语、德语和其他语种外语教师队伍,有兼职外教团队(8—10 名)。先后启动了"青蓝工程"和"529 工程"阶梯式校本教师培训工程;建立由高校、科研院校和特级教师等资深专家组成的教师专业发展顾问团和导师团,开设讲座,参加教学研讨、听课、评课等,为教师提供高水平指导,切实提高教师队伍整体水平。

第五,突出外语课程。建成"日语见长、多语发展、文化理解"特色课程群(50 多门),有英语、日语、法语、西班牙语、德语、韩语、泰语 7 种外语课程,将外语学科核心素养归纳为语言能力、文化品格、思维品质与学习能力四大类,形成了以语言知识与技能学习为主的基础型课程、重综合运用能力和文化理解提升的拓展型课程、以海外综合学习为主要形式的研究性课程。每个学生都有机会选择学习两门以上的外语,形成双外语学习的教育模式。第一外语课程采用了"1+1"的授课模式,即一位中国教师与一位外籍教师同时进班授课。

第六,营造社团文化。学校有30多个学生社团,其中,外语类社团有"日菁社""德语社""法语社""西班牙语社""英语辩论队""英语达人"等,传统文化社团如国学社、白水文学社、鼓队、民乐队、精武社等,还有跨文化社团,如歌留多花牌社、龙王将棋社、国际跳棋社、棒球社、外事交流社等。学校有一年一度的校园樱花节。2014年学校被评为"上海市校园文化环境建设示范校"。

第七,主动寻找支持。除获得上级部门下拨的特色发展经费外,学校还积极开拓校外乃至海外各种教育资源,从上海市教委、上海市教育考试院、国家汉办、日本国际交流基金、日本共立奖学财团、德国驻外学校总部等机构争取特色发展项目经费数百万元,支持学校特色建设经费投入。学校还积极寻找区政府和教育局对招生、师资、经费和设施等方面的支持,为学校小语种教师的引进、培养、进编、职称评定等寻找特别支持。

第八,发展国际交流。重视与国外友好校合作关系及其相互交流,为学生开拓"海外综合学习"活动体验课程。先后同日本、美国、英国、德国、法国、意大利、芬兰、韩国、俄罗斯、澳大利亚、加拿大、泰国等多个国家30多所大学和中学签订友好合作协议。先后实施"百人访日文化之旅"项目、"中英校际连线"项目、"中芬教育交流合作"项目、"中泰交流合作"项目、"中国高中生赴日交流"项目等。

综合上述,上海市甘泉外国语学校经过20多年的努力,使学校成为一所多语种教学为特色的普通高中学校。

三、综合高中

20世纪90年代初,全国各省开始对高中办学模式进行探索。1992年江苏省提出在一些普通高中引进职业技术教育,创办综合高中。1998年教育部在《面向21世纪教育振兴行动计划》中提到综合高中的建设要求。1999年河南省印发《关于试办综合高中的意见》,要求每个地市试办1—2所,全省共试办综合高中45所。2001年12月,湖南省批准8所普通高中为湖南省"综合高中"改革试点学校。2002年,浙江省印发《关于进一步完善和推广综合高中教育模式的意见》,重新确认72所学校为综合高中试点学校。2010 年,《国家中长期教育改革和发展规划纲要(2010—2020 年)》再次重申"探索综合高中发展模式"。2012 年,重庆市发布《关于开展综合高中试点工作的通知》,确定 22 所普通高中学校开展综合高中试点。①

回望 30 年来我国综合高中建设的呼吁与探索,在当前教育发展新背景下,需要加强对综合高中的理性认知和实践总结,要使综合高中建设与发展真正与整个教育改革发展相结合,与满足人民群众的教育期盼相结合,与学校办学模式创新发展相结合。这里介绍山东省过去 20 年间在加快普及高中阶段教育过程中探索发展综合高中发展的实践探索与成效。

1. 综合高中部

济南旅游学校(原名济南第三职业中专学校)是一所市属省级重点职业中专,创建于 1985 年,1999 年学校招生困难,2000 年开始试办综合高中。历经多年努力,目前已经形成"一校三区三部"办学规模,一所学校三个校区,设立职业中专部、综合高中部、春季高考部,在校生规模从 2000 年 3 个班 192 名学生发展壮大到 2019 年的 29 个班 1 350 余名学生。纵观学校发展实践,可以归结为以下几点。

第一,办学思路有创新。学校建立了"立足中等教育,以文科为主,构建普职融合,中高衔接,升学预备教育与就业预备教育并重,学历教育与非学历培训兼顾"的综合化办学思路,实行"综合高中部""职业中专部"和"培训大专部"三足鼎立、协调发展办学,重点发展综合高中部。综合高中部设有普通高中班和综合实验班。前者按照普通高中学校招生,后者招收未达到普通高中最低提档线的中考生;在学习过程中,二者可以相互转,也都可以向职专部分流。

第二,办学形式可操作。综合高中部学生有"1+2""2+1"等不同学习模式。"1+2"即第一年以普通教育为主,后两年以职业教育为主;"2+1"是前两年以普通教育为主,最后一年以职业教育为主的分流模式。普通高中班有 2 次分流机会;综合实验班有多次分流机会。经过探索,综合高中部有普通高中班、综合实验班(可参加普通高考)、高职升学班(春季高考班)、实习就业班等四种,分别开设不同课程,制订不同培养计划。

第三,强化因材施教。综合高中部坚持"让学生享受最适合的教育"为理念,同时,又坚持"严格要求、情爱管理",实施"自信-成功,自强-成才,自律-成人"的"自成教育"

---

① 朱益明,等.中国教育改革 40 年:高中教育[M].北京:科学出版社,2008:31-32.

模式;营造人文气息、人性关怀的幸福和谐校园,体现了以人为本和谐发展的办学宗旨。充分利用学校的职业教育优势,在综合高中部建立综合化和模块化的课程目标、课程结构、课程管理与学生评价体系,课程结构分为文化基础课程、专业课程和实践课程三部分,三级课程体系齐备,开全开齐必修和选修课程。

总之,综合高中部立足学生基础薄弱学情,坚持低起点小步子教学,从最后一名学生抓起,坚持"看基础、比发展"评价机制,强调学生自身取得的进步。近年来,山东省学业水平考试初考学科过关率提升到95%以上。学校获得济南市教学质量奖和济南市家长满意学校的称号,赢得了良好的社会声誉。

2. 综合高中班

青岛高新职业学校(青岛市理工高级中学)是国家级重点职业学校。2016年与青岛六十七中、青岛六十八中联合进行普职融通培养,37名普通高中学籍学生转入青岛高新职业学校,该37名同学高三全部选择参加春季高考,均取得很好成绩,得到学生家长的充分认可。2018年学校被确立为青岛市三所试点综合高中学校之一,首次招收综合高中班59人。2019年1月学校正式加挂青岛市理工高级中学校牌,2019年招生了4个班188人。在办学实践中,青岛高新职校联合青岛市知名普通高中青岛二中进行综合高中联合办学,两校在教师选聘、课程融合对接、教学资源共享、学生创新实践及活动交流等方面进行深入对接,各自发挥优势资源进行普职融合,共创综合高中办学模式。

第一,青岛二中与青岛市理工高级中学以提升素养、共享资源为目标,开通跨校育人直通车,推进普通高中和中等职业学校资源共享。普通高中实验室、通用技术教室、图书馆、运动场等可对中职学校学生开放,为中职学校学生提高文化素养创造条件;中职学校实训设施设备、实习实训中心或基地等可对普通高中学生开放,为其开展职业教育和综合实践活动提供便利,使普通高中学校学生更加直观地了解与体验职业环境。

第二,开展教育活动资源共享合作,加强两校学生在社团活动、艺术节、体育节、运动会、学生自治组织、研学等方面充分交流,适度融合,促进学生共同成长进步,实现全素质发展。两校一体化设计学生素养提升活动,在社团活动、节会活动、学生自治组织、特色研学等方面充分交流。两校共享"新工科"教育资源,共享理化生实验室、物联网创新实验室等教学设施,共同开发创新实验室的育人效能。

第三,青岛二中与青岛市理工高级中学相互整合课程资源、合作开发交叉课程。

青岛市理工高中共享青岛二中普高课程资源，共用一份课程计划，以加强综合中学班学生的选课走班，强化普通高中文化课程的学习。

第四，两校允许和鼓励优秀师资分别到对方相互兼课，建立教师交流制度，开通"名师教学引领"直通车。学校聘请青岛二中多位骨干教师担任理工高中教研组长、承担综合高中班的教学任务，并安排新入职教师与青岛二中骨干教师结对跟岗学习，实行双方学校教师的结对帮扶、教研集备、磨课研课。

青岛高新职业学校采取与普通高中合作，共建共创综合高中班的教育实践，为综合中学发展提供了一种新视角。

3. 艺术综合高中

青岛艺术学校是青岛市公办中等职业学校，前身是青岛第五十二中学，1989年被青岛市政府命名为青岛艺术学校。2013年学校开设普通高中艺术实验班，2018年开始综合高中改革实验。2019年确定为青岛市综合高中试点学校，突出的具体改革有以下方面。

第一，确立"做人有道德、专业有特长、实践有技能、比赛有优势、升学有方向、就业有市场"的育人目标。把人格成长与身体强健结合起来，制定"三制四维"学生评价体系。"三制"是入校承诺制、在校学分制、离校汇报制；"四维"是德、艺、身、心四个维度，涵盖品德水平、公民素养、学业水平、审美素养、身体素质、社会实践、心理健康、人际关系等八个方面。采用自评、互评、师评、家评、网络评价相结合的方式，由学业评价发展到综合评价。运用评价帮助学生认识自我，建立自信。学校成立"学生发展中心"，下设"生涯教育中心"，以专职职业生涯指导教师为核心的教师团队，为学生进行职业生涯规划提供理论和实践方面的指导。

第二，开展普职融通视域下综合高中课程建设。确立"基础融合、专业分类、必修分层、特需特设"的课程原则。基础融合即中专班和普高班在文化基础课、专业技能课融合设置；专业分类指根据音乐、美术绘画、舞蹈表演、服装展示与礼仪、播音与节目主持、影视表演等专业，按照中专班和普高班两个大类，分别建立必修和选修课程体系；必修分层是指根据不同的学习目标和学习要求，将必修课程区分为达标课程和核心课程；特需特设是指通过校本课程、选修课程和网络课程，为有专业突出特长、爱好的学生提供优选课程，同时为基础薄弱学生提供援助课程。普通高中和普通中专学籍学生均为参加夏季高考，二者课程设置进行合并，在"基础课程＋职业课程"框架上，再建立"必修课程＋选修课程"课程模块。

第三，实施"高一注重基础，高二尝试分化，高三明确目标"模式。高一年级注重课程的综合尝试，分设普高班和中专班，高一结束前，学生可以按照意愿和学校相关规定转换学籍。高二年级进行课程的开放选择，对于不同类别的学生（计划参加不同考试或者直接就业等）提供相适应的课程与教学，在高二结束前，再次组织安排学生学籍转换工作。高三年级则专注为学生所需的考试科目与就业需要提供教育教学，如为参加夏季高考（艺术类）与春季考试（职业类）的学生，按照各自高考大纲组织开展教学活动，同时也为毕业就业学生提供专业技能课和实习就业指导课与外语强化培训等。

第四，积极改革课堂教学。探索"集体备课、资源共享、个人加减、课后反思"的教研模式，实施"精专业、强文化"的教学策略，专业课实行分层次目标教学、分组走班、小班化授课、一对一辅导，文化基础课实施学案导学、分组合作、研究性学习。注重自评机制建设，成立教学督导室，强化过程性评价和教学反思。选聘行业协会专家开展教学指导，参与课程建设与课堂教学。按照《青岛艺术学校学分制实施方案》实施学分制，由"德育学分＋学科学分＋技能学分＋奖励学分－减免学分"等构成。

第五，以科研破解学校发展难题。按照"校兴科研，科研兴校"的发展战略，开展"艺术生学习素质的构成与培养研究""基于艺术生核心素养提升的校本课程建设研究""普职融通视域中综合高中建设的路径与策略研究""综合高中办学模式改革的探索与实践"等省、市级课题研究。

近五年中，该校学生考入北京舞蹈学院、中央戏剧学院、上海音乐学院、上海戏剧学院等全国一流艺术院校和"985""211"院校学生近 400 名，一批学生已经在国家级演艺团体、艺术高校中就业，打造出了具有区域影响力的艺术类综合高中品牌。

第三节 实践发展省思

本章前两节介绍了推进普通高中多样化发展之中，部分地区开展的实践进展与 5 所特色高中（含 3 所综合高中）建设的探索，主要是对建设思路与举措进行描述。本节在上述描述基础上，集中讨论这些改革与发展举措，探究特色高中建设的相关问题。

一、区域经验与问题

前文介绍了上海、山东和辽宁三省市在推进普通高中多样化发展上的举措，其实，全国多数省市在推进普通高中多样化发展方面均有改革与行动举措。这里基于上海市的实践,总结与提炼特色高中建设的经验。

1. 建设经验

上海市一直是我国教育改革与创新的先行者和引领者,分析思考上海市特色高中学校建设进展及其效果,分析已经被认定的特色高中建设实践,可以总结和提炼上海市特色学校建设的经验与模式,形成一些可复制可推广的政策;同时,分析总结也能够发现实践中还需解决与应对的问题与挑战,为改进和推进特色高中学校建设提供建设思路。纵观上海市建设特色高中的实践和成效,可总结出以下主要经验。

第一,合理的顶层设计。上海市特色高中建设采用项目制,传统的市级示范性实验性普通高中不纳入其中,而是选择那些有主动积极发展愿望的区级示范学校或者非示范的普通高中,旨在以项目激发这些学校的发展动力,整体提升全市整体普通高中改革与发展水平;以三年为一个项目周期,制定全市行动计划;设立特色高中建设项目专家组,运用专家力量参与特色高中建设项目全过程,包括研制特色高中建设及其评估的完整文件和规定,常态化指导特色学校建设各项工作,借助专家力量使特色高中建设始终处于持续过程之中,使"特色"逐步明确、不断形成和最终见效。这些政策设计及其方法为上海特色高中学校建设奠定了坚实基础。

第二,市区两级政府大力支持。上海市特色高中学校建设项目得到了市、区两级政府的重视和支持,市教委为项目实施设立专项建设资金,分年度拨付相关学校;一些普通高中教育优质资源相对薄弱的区,将特色高中学校建设作为带动全区普通高中整体发展的抓手,部分区政府成立了特色学校创建领导小组。各区普遍为特色高中创建学校提供专门经费、教师队伍建设、办学条件改善等支持。正是政府的重视与支持,才使特色高中建设落到实处,并产生成效。

第三,学校的积极努力。从已经获得认定的上海市特色高中来看,这些学校都高度重视创建工作,将特色创建作为学校发展的抓手,从办学思想与目标、学校发展规划、校园校舍建设、课程与教学体系、师资队伍建设与校外社会资源筹集与使用等各方面入手,都有切实措施并产生了显著变化,有效地促进了学校发展和学校进步,提升了学校的社会影响力,实现了特色高中建设目标。由此可见,推进普通高中多样化发展的关键之一,在于激发学校主动发展、积极发展的内驱力。

第四,规范的实践程序。上海市特色高中学校建设思路清楚,以评促建,始终坚持全程性评价参与,即,从立项到展示、从展示到初评、再到复评等一系列过程中,由上海教育评估院组织专家团队参与观摩、诊断和评估,有力地促进了学校实实在在的投入和努力。在展示、初评与复评的过程中,专家与学校领导、教师等进行了深入交谈和交流,在相互研讨的过程中,共同达成对特色学校建设进展评估的结果与结论。

2. 相关问题

上述经验基于上海市特色高中建设实践。在其他省市可能还有其他经验。在这些经验之外,同样还有一些值得关注和思考的现象、问题与挑战。

第一,上海经验的辐射与可推广的限制性。上海城市发展与教育发展具有非常鲜明的上海特点,就普通高中教育而言,上海不仅有着丰富的优质普通高中教育资源,而且还有优质的中等职业教育资源与丰富的高等教育资源,建设特色高中的目标就是那些办学能力要加强、育人思想要转变、教育质量要提高、社会满意度要提升、有发展空间的普通高中学校。在普通高中教育管理方面,上海实行市区两级政府共管的方式,而且分工清晰,上海市教委直接指导和支持建设学校,为学校提供高水平专家团队的支持。这些因素或许是其他地方所不具备的。

第二,特色学校建设的规模。特色高中学校究竟是个别学校还是每所学校?上海建设特色高中旨在提高与改进那些急需发展的学校,努力为它们创造发展的条件与支持,为整个普通高中学校多样化发展带来活力。为此,在特色高中建设项目中,排除了市级示范性实验性高中,选择了一些"普通"的"普通高中"。上海第一批建设学校 57所,持续实践时间已经 6 年,至 2020 年只授牌 12 所。建设与授牌非常慎重与谨慎。问题是,下一步发展,还要不要扩大建设规模,是否仍局限在现有范围内?事实上,一些市级示范性实验高中参与特色高中建设的愿望也很强烈。全国其他一些地方,则普遍将普通高中学校分为几种类别,覆盖全部普通高中学校;有些地方甚至在短时内直接进行"评估"与"认定",给学校挂牌与"贴标签"。这里也涉及特色高中学校是少数的,还是力求使每所高中学校都成为特色学校的思想观念认识与发展目标定位问题。

第三,特色学校的"特色"。上海与全国各地情况大体一样,普通高中学校的特色建设仍然注重普通高中的"升学"目标,注重尽可能提升高校"升学率";但是,特色是不是也更多地考虑学生的基础、潜能、期望与优势呢?究竟是学校或者外部为学校预设"特色",还是不断探索与形成"特色"?艺术特色高中学生是不是都去考艺术类专业?科技类高中学是不是直接对口理工科院校?这种现象在目前应试与升学导向背景下无可厚非。但是,必须意识到,特色高中在本质上还是属于普通高中,不是特殊专门学校。如果把特色建设变成为追求更高升学率的手段,那显然在很大程度上背离了特色高中学校建设的初心。还是要回到育人视角,科学建构特色高中之"特色"。务必按照

《中国教育现代化2035》与《国务院办公厅关于推进新时代普通高中育人方式改革的指导意见》精神与要求，以"特色"发展更好地为学生进入社会、升入高校和进入职业世界而提供全方位服务。

第四，特色高中建设的目标定位。在全国推进特色高中建设的实践中，还缺少对特色高中与整个区域高中全面发展关系的关注。尽管上海市教委已经注意到了这一点，但在具体建设中，项目学校往往还是缺少与其他兄弟高中学校的联系、联合和联动，未能很好地将特色建设过程、成果与其他学校互动、共享与分享。特色高中的可持续发展，还是要融入区域高中教育整体结构与环境当中，有助于提升整个区域普通高中教育质量与人民群众对教育的满意度。

最后，特色高中建设的常态化。上海特色学校建设得到市、区各级政府重视，市教委提供适当项目经费，区政府（教育局）也给予项目建设资金，有力地推进了特色学校建设。其中，突出的就是项目经费，与来自区政府（教育局）的特殊教师政策。当然，还有自上而下的专家力量参与。这些对于加快特色高中建设是必要的。但是这些政策与措施在特色高中的可持续发展中，显然是没有持久性的，在某种意义上，对于其他非建设学校而言是欠公正公平的。试点或者项目总归是有结束的，特色高中建设还是要回到常态化的发展道路上。如何在政策上建立特色高中发展的常态化机制与制度，在实践中确保已经认定的特色高中继续深入改革与发展（而不是抱着牌子）以及激励更多学校发展特色，将是推进普通高中多样化发展中的新课题。

二、学校特点与思考

作为概念与政策话语的"特色高中"术语是最近10年来才开始的，但追求特色办学一直在我国普通高中学校发展实践中存在，这在本章介绍的上海市甘泉外国语中学与江苏苏州六中两所特色高中的发展实践中有充分的显示。这些成功实践值得深入研究和总结，要在理论上更加科学而全面地把握特色高中建设的"特色"内涵及发展之路。

1. 甘泉之特

甘泉成为特色中学具有其自身的特点，所以标题中的"特"不是指甘泉中学"特色"，而是指甘泉中学成为特色高中的"特点"。纵观甘泉中学自2000年特色学校创建以来的历程，可以总结出学校特色发展的几个特点。

第一，基于积淀传承的战略选择。1972年甘泉中学在全国首开日语课程，2002年被教育部课程中心认定为日语新大纲全国实验学校,这个日语教育传统与条件使学校有了特色学校建设的依据与起点,进而开始思考和研究学校发展的"民族情怀,国际视野"理念,产生了 2007 年上海市教育科研规划项目"日语见长,多语发展"特色学校建设实验研究结题成果。正是在不断凝练与积淀的基础上形成的系列化、可传承、有推广价值的文化理念与实践成果,构筑起甘泉中学富有特色、稳固坚实的文化基础,"以质量求生存、以特色求发展"成为甘泉中学特色发展之路上的动力引擎。

第二,源于对教育规律的理性判断。学校从学生实际出发,聚焦学校发展的质量与内涵,追求质量的稳定,探索学校特色稳定性与可持续发展。日语课程开设至今已有 50 年历史,德语课程开设已有 10 余年之久,形成了系统规范的课程体系,积累了丰厚的教学资源,逐步形成了高效的学科育人模式。学校连续多年保持日语高考均分 130 分以上,连续多年蝉联国内外各类顶尖外语竞赛桂冠,日语能力考试通过率屡创新高;德语 DSD 项目捷报频传。学校办学影响力不断提高,每年都要接待来自海内外几批上千人次的同行慕名前来学习取经,多家海内外媒体争相报道,培育学校特色发展信心与提升特色发展自觉性。

第三,持续不断的教育创新。学校特色建设从日语到多语,再到多元文化国际理解;从项目特色到学校特色,再到特色学校,不断自我完善与自我超越,特色建设带动学校整体办学质量的提升,带动富有学校文化的自觉形成。学校首创双外语教学模式,首开中学阶段高翻基础课程,成为首批国家汉办汉语国际推广中小学基地,成为首批全国体育工作示范校、首批上海市招收外国学生资格校、首批上海市"传统体育项目进校园"试点学校、上海市唯一的多语种考试与评价中心、上海市唯一一所开设两个海外孔子课堂的学校。学校还连续三轮被委托管理两所上海市农村义务教育学校,这些都体现了甘泉特色的创新发展之路。

甘泉中学成为特色高中的上述特点,相当具有普遍性的意义;这三个特点在苏州六中等其他学校中同样有所体现,值得那些致力于建设特色高中的学校思考和借鉴。

2. 艺术之惑

与上海甘泉外国语中学发展相似,苏州六中之所以成为江苏省艺术特色高中学校,是务实办学的改革进取成果,将"艺术"要素贯穿于学校教育教学全方位和全过程的成果,也是学校寻求外部支持和推行科研兴校的成果。这里不再总结苏州六中的发展特点,而是分析思考苏州六中在艺术特色高中发展上面临的挑战。

第一,课程设置。苏州六中艺术教育特色落实在两个方面:一是在普通高中班中,增添艺术教育内容;二是开设艺术类教育班级,且分专业,类似于中等职业学校设班。前者严格按照普通高中课程设置及其标准开展教学,是必须的,也是可行的;但是后者就遇到了问题,专业类学生的专业学习需要专门时间、额外时间,在现有的国家普通高中课程标准实施框架中难以实现。在实践中,艺术班学生学业任务与压力明显过重,导致教师教学压力增大。新高考政策考虑了学生的选择,基于普通高中学生全面发展的需求,但没有考虑到学生个性特长发展不够;艺术类考试高考的一些具体政策没有与普通高中日常教育教学要求对接。艺术特色普通高中课程标准还必须遵照教育部普通高中课程标准要求,对艺术高中艺术课程等尚无规定或者说明,国家课程缺少为特色发展提供适当空间,缺少清晰的课程政策指引。

第二,学校特殊性。苏州六中转型发展成为艺术特色高中,具有自身特殊性。苏州六中地处我国社会、经济与文化最发达的苏南地区,教育资源丰富,包括普通高中教育资源,社会及其人民对教育的理解和认识具有多元性,这为学校发展艺术教育提供了良好的社会基础。同时,苏州市将学校转型发展作为改革试点来抓,积极指导学校发展,再加上苏州六中自身的办学传统与各种资源以及积极探索,使学校改革与发展获得了很多先发优势。

第三,发展方向性。研究发现,苏州六中作为艺术教育特色学校,也存在一些迷茫。主要表现:学校下一步发展方向究竟是什么? 继续保持现有的普通班与艺术班并行方式,还是全部转为艺术班(即取消普通班)? 学校人才培养方向是聚焦普通高中学校艺术特色,还是高中阶段艺术人才培养? 目前,艺术班招生录取人数与报名考试人数之比维持在1∶4,有旺盛的社会需求,但普通班招生有困难。没有普通班,学校就缺少与其他普通高中学校共通之处,在办学上失去竞争的压力;校内就不会呈现普通高中班与艺术专业班之间的良性互动和相互竞争。还有一个困难是,在校内始终未能在普通班与艺术班之间实现完全融通,突出问题表现在:一是招生入学方式的不同,他们有着不同的"学籍"身份,相互之间不能转换;二是参与高考的类型不同,毕业要求也不同,教育教学实践必须区别对待,使全校范围内选课走班教学难以全面实施。学校要在特色发展上有更多更高追求,这需要有相关政策的支持。

3. 综合之路

综合高中建设是推进普通高中多样化发展的一种选择,事实上,综合高中也可以看成是特色高中的一种形式。山东省近年来切实推进综合高中的实践,为推进综合高中发展提供了启示。

第一,职业学校发展综合高中意义巨大。山东省为优化高中阶段教育结构,激发中等职业教育发展活力与吸引力,实施综合高中办学试点并取得进展,这为新时期推进整个高中教育普及发展提供了新视角。前文提及的山东济南旅游学校、青岛高新职业学校和青岛艺术学校,积极开展综合高中试点,运用课程设置平衡普职关系,基于自身办学条件并积极利用外部政策支持,形成了自身独特的办学模式,提升了社会认可度,实现了学校在"综合化"方向上发展。这种以中等职业学校为基础创办综合高中部、综合教育班或者发展成综合高中,顺应了社会的教育愿望,发挥了中等职业学校原有的专业技术教育、技能培养、职业课程资源、实践实训基地等教育资源优势,有效改变了这些职业学校在高中普及发展中所处的不利地位,在一定程度上促进了中等职业学校转型发展,更为我国不断优化高中阶段普职结构提供了参考。

第二,学籍互转是发展综合中学的基石。上述三所学校的试点能取得成效,最关键的是,山东给予了这些学校内学生"学籍"互转的管理权利,使学校在校内实现普职融合的课程及其教学有了可能,使学生的选择可以调整,改变了原先"学籍"固化的情况。由此,综合高中可以通过课程普职融通,培养兼具专业能力与文化素养的人才,为学生升学或者就业等方面做准备。这三所学校发展综合中学在课程建设上作出了示范,开发了具有普职融通的课程体系,进而实现了多元人才培养目标。

第三,学校内生动力是推进综合高中发展的关键。这一点在上述三所学校发展实践中得到了充分的显现,这里不再赘述。总之,学校转型或发展能否成为真正意义上的综合高中,在于是否突破了过去简单的、形式上的普通教育与职业教育拼盘式的发展,真正在办学中实现了实质性的普职融合。这种融合不仅是要求实现课程设置、教学管理、教学资源开发上的多重普职融通,更重要的是办学理念、育人方式突破长期以来普通教育与职业教育相互割裂的状况。学校必须为不同水平、不同兴趣、不同发展需求的每个学生提供可自主选择课程的机会,允许学生根据自己的兴趣、能力和发展需求有多次选择与调适,避免过早或者非理性的分流、分层、分科对学生发展产生不利影响。

总之,基于职业学校改革的综合中学发展,对于促进普通高中多样化发展带来了新的思路,值得进一步延伸和深化。

三、未来发展的展望

包括综合中学在内的特色高中建设,是我国推进普通高中多样化发展的一种探索,旨在改变普通高中单一的办学模式。展望我国特色高中建设及其发展,需要在理论、政策和实践等方面共同发力。为此,这里提出以下展望。

1. 理论研究

政策指引和政策保障是整个高中阶段教育改革的关键。基于普通高中框架下的特色高中学校建设,显然需要政策支持。

第一,政策的公平性。推进普通高中多样化发展与建设特色高中或者综合中学,可以先行实施试点并给予政策支持。但是,试点支持政策需要有一定的时限,不能成为这些学校发展的常态化特色政策。普通高中多样化发展的政策不能是指向某类学校或者扶植个别的学校,而是面向每所普通高中学校,鼓励每所高中学校在坚持学生为中心的教育思想指引下,敢于用创新和改革思想去破解困难和逾越障碍,创新办学模式,满足个性选择,成为特色学校。

第二,特色的特殊性。发展特色高中学校,不能是为特色而特色,不能成为普通高中学校等级制的简单"翻版"。必须以尊重学生为前提,以建构丰富多样的学校生态为目标,促进高中学校人才培养的丰富性和多样化,为人民群众提供普通高中教育的可选择性。这不只是为薄弱的普通高中指(找)"出路",而是适合每所普通高中学校基础与发展的新目标。特色高中或者综合高中建设,都需要植根于学校发展的现实基础,即使新建学校也需要有相关联的资源保障。

第三,特色的有限性。目前基于普通高中框架下的特色高中发展,不能离开普通高中教育的基本要求,必须遵循国家对普通高中教育发展的规定与要求,最典型的就是普通高中课程标准、学生发展评价和学校教育质量评价。整体的要求与特色发展之间的矛盾是显而易见的,如何把握"特色"的有限性,对于学校而言是一个棘手的难题。或许政策变革能够缓解这种矛盾,或许重新认识和界定"特色"内涵也是一种思维。

特色高中教育不能变成特殊教育、专业教育。要立足于普通高中学校发展与学生发展的一般性,更加突出学生的主体性,将特色教育与坚持学生为中心结合在一起,与学校教育现代化发展结合在一起,与当前普通高中新课程新教材结合在一起。特色高中要将以学生为中心的思想转为学校办学特色追求,在促进学生开阔眼界、增长知识、追求梦想、人人成长等方面做文章,总之,特色高中要体现育人方式改革,使教师也更新教育思想与理念,强化学校文化建设,寻找新时代人才培养的创新实践。继续强化专家参与,组织专家有计划地参与特色建设工作研讨,为特色建设把脉号诊,与校长和教师开展互动,使特色建设成为一项行动研究。

2. 政策创新

甄别影响特色高中建设的关键领域与短板问题，是政策改革与创新的基础。当前特色高中建设中普遍存在着招生、经费、师资与办学条件等方面政策性制约，进一步推进特色高中发展，需要实施政策创新。

第一，政策方向。从教育发展新背景、新形势和社会对高中的新要求出发，有必要重新认识特色高中建设。特色高中建设不仅要实现单个学校发展，更要关注树立典型与产生辐射，在破解高中学校发展难题上有创新行为及其成效。特色学校发展要回到区域普通高中的全面发展、协调发展和共同发展上。特色高中建设改革行动与举措，要预防产生普通高中学校发展之间新的不平衡；要聚焦平等、公正办好每所学校的新格局建设。特色学校定位于学校内生发展的渐进式过程，不能是过多依赖外在驱动式的速成创建，或者"自我包装"。从特色学校建设到学校发展的能力建设，建立学校创新而可持续发展的机制与体系。

第二，政策拓展。普通高中多样化建设中，要将特色高中建设与高中校长任职制度挂钩，给予校长在特色办学方面探索与创新的时间。特色高中发展与教育家办学相联系，政府不宜对特色高中学校（包括建设项目）校长进行频繁调动，同时要提出特色高中校长任职新要求。要组织开展特色高中建设的校长与教师的专项培训和专题研究，提高学校校长和教师对特色学校发展的理论认知和实践把握，以科研推动特色学校发展。建立以结果为本的特色高中认定机制，使特色高中建设具有开放性、延展性。

第三，政策完善。无论是特色高中还是综合高中，在实践中都面临着高中阶段招生、学校考核评价、资源供给等方面的困难与挑战，尤其是政策限制。目前，特色高中与综合高中的社会认可度都还有待提升，需要政策的支持。如允许学校提前招生、自主招生和非考试招生，完善学校特色发展的专项经费投入，加大对特色高中与综合高中的社会宣传与介绍等；建立与特色高中和综合高中相匹配的管理制度，尤其是综合高中的"学籍"互转需更加开放，综合高中的行政主管与归口管理体系（究竟是属于基础教育管理部门还是职业教育管理部门，抑或是其他？）；对特色高中有规范的发展督导、统筹规划、资源配置的政策规定，如面向特色高中与综合高中学生的考试评价与高校招生政策。在政策上，不能将特色高中与综合高中看成"小类"或者"小众"。

3. 实践行动

在推进普通高中多样化与普通高中育人方式改革的进程中，不仅需要每一所高中学校参与和努力，而且也需要中等职业学校参与其中，在发展特色高中与综合高中上作出贡献。

一是增强实践与理论的互动。发展普通高中特色，建设特色高中，并没有现成的理论与方法可供运用，需要理论研究提供思想和建议，需要学校积极探索与创新，更需要实践与理论之间互动，而不只是服从于现有的理论或者观点，要以实践创新探索促进理论发展。目前，在建设特色高中过程中，需要倾听专家建议，但千万不能过于依赖专家意见，毕竟专家缺少对学校发展的深刻把握和实践体会。学校要学会领会专家建议与意见，科学地将专家的普适性意见转化为学校改革与发展的实质性贡献。

二是鼓励高中学校的持久探索。普通高中特色办学需要一个过程，是普通高中学校的转型变革与创新发展。当前，必须警惕短期速成或者更换标签的"特色高中"产生。前文介绍的上海甘泉中学与江苏苏州六中在特色发展上显示了坚持与坚守，展现了他们持久的教育创新努力。普通高中学校必须将特色发展作为学校创新发展的动力引擎，而不是获得"牌子"或者"帽子"。学校必须基于学校发展的现有基础、突出问题与关键挑战，开展深入研究，设计整体改革思路，再逐步开展改革探索；其间，学校必须借助外部力量，对学校发展进行多视角诊断、全方位规划和科学化论证，切忌成为校长"个人式"与学校"封闭式"的办学规划。面对困难和问题，要敢于用创新和改革的思想去破解和逾越，而不宜有等、靠、要的思想和态度，要有将自身探索实践不断总结和提升进而转化为政策的信心和行为。

第十一章　加强县中建设的行动

　　本章结合国家颁发的《"十四五"县域普通高中发展提升行动计划》,基于县中发展的两个实践案例分析,探讨县域高中建设与发展的主要策略。

➤ 广西壮族自治区百色市平果市 2020 年完成脱贫。虽然县域高中发展成效明显,普通高中学校数量多,规模大,生源充足,但巩固高中普及攻坚成果的任务仍然艰巨。

➤ 四川省绵阳市经过 20 年改革与努力,在地市级层面建立了普通高中学校体系,普通高中多样化局面初步形成,但农村高中发展困难,影响普及质量。

➤ 在省级层面上做好规划和统筹县中发展,省级政府要特别关注县域高中,将县中发展与巩固普及相联系,将师资队伍建设、管理制度和学校改革相统整。

第一节　县域高中发展

　　在国家、自治区和百色市的领导下,平果市(县)委与政府高度重视教育发展工作,提出平果教育不能跟在别人后面,要走在广西的前列的教育目标。2019 年 12 月平果撤县设市,全市户籍人口约 40 万人,常住人口约 62 万人,城镇化率达 50.2%。平果市属于"老、少、边、山、穷"地区,93.7% 的人口是少数民族,其中 87% 是壮族。目前,平果市是广西壮族自治区基础教育改革示范区之一,也是民族地区智能教育试验区。2021 年 7 月,我们调研了广西壮族自治区百色市平果市高中学校发展情况。这里以平果市高中发展现状及其遇到的困难为例,就县域高中建设与发展予以分析和讨论。

一、普及回顾

一直以来,平果市努力加快普及高中阶段教育积极努力,成效显著。2021 年平果市普通高中学校有 6 所,公办民办高中各 3 所,全市普通高中在校学生约 1.2 万人。近年来,为了发展普通高中教育和全面提升普通高中教育教学质量,平果市全面推进普通高中教育改革,努力实现规模扩张与质量提升同步。具体的行动举措如下。

1. 引进资源

早在 2005 年,在当时县委、县政府支持下,平果铝都房地产公司与南宁三中开展合作办学,运用南宁三中名校的优质教育资源,在平果创建南宁三中平果分校(2016 年更名为广西平果第三高级中学,简称"平果三中"),这不仅扩大了平果普通高中办学规模,而且也切实带动了平果普通高中教育教学质量的全面提升,同时也留住了本地优秀生源。平果三中高中部每年招生 7 个班,每个班的学生人数在 48 至 55 人之间,收费为每学期 8 000 元;学校强调文化立校,注重人性化管理,办学成效显著,连续多年获得中考、高考一等奖,具有良好的社会声誉。

2013 年,平果县委、县政府引进北京师范大学教育资源,并与企业合作,在平果创办了北京师范大学附属平果学校,采用民办公助机制,实行理事会领导下的校长负责制。目前,该学校高中共有 36 个班,每个班 40 人,其中一半生源为本地平果籍,其余一半来自百色市的其他区县市。

2020 年,广西工程职业技术学院附属中学在平果建立,并招收了 560 名学生,为职业类高等院校培养人才。

2. 系列改革

过去几年间平果市在高中教育发展上,十分注重以改革促发展的理念,多方位推进高中教育改革。

第一,实施中小学校绩效奖励分配改革。以调动教师队伍工作积极性为目标,制定《中小学校绩效奖励分配改革实施方案》,按照"多劳多得、优绩优酬"的改革方案,考评教师绩效工作,引领广大教师队伍把全部精力投入到教育教学质量的提升上,让"想干事、多干事、干成事"的教师得到实惠,激发广大教师热心从教热情,让热爱教育、扎根教育、用心教学的教师成为整个队伍的主流,促进全市教育教学质量的全面提高。

第二,改革督导方式。制定《平果市深化新时代教育督导体制机制改革实施方案》,建成全面覆盖、运转高效、结果权威、问责有力的教育督导体制机制。严格按照国家标准、自治区规范,健全对学校督导工作机制,推动工作任务落实,督促学校依法办学、依法治校、依法治教,加快实现学校治理体系和治理能力现代化步伐,不断提高教育质量。

第三,开展形式多样的教学竞赛和教研活动。在全市组织开展了一系列的教学竞赛、教学研究、教学成果展示、教学评比活动,积极推进素质教育和新课程改革,搭建起提高质量的活动平台;开展公开课、示范课、研究课展示活动;开展各科说课、基本功竞赛、优秀论文评选等评优活动;开展名师送课下乡活动,通过"优质课""精品课""示范课",充分发挥名师在教育教学和教育科研的引领示范作用,全面提升教学质量。

第四,加强教师队伍建设。通过安排"国培、区培、市培"和校本培训,开展教师的轮训工作,确保培训覆盖率达到100%;规范教研活动,配齐配强教研员队伍,定期开展教研教学活动;全面减轻教师负担,保证教师充沛的时间和精力投入教育教学,为教师安心、静心、舒心从教创造更加良好的条件。

第五,推进"阳光招生"工作,保障教育公平。各公办高中必须无条件录取本县户籍考生,在完成本县户籍考生招生任务的前提下,方可录取外县户籍考生;不断降低大班额比例,禁止出现超大班额现象;积极动员学生到县职教中心等中等职业学校就读,努力完成县教育局下达的中职招生任务。不得通过任何形式以中高考成绩为标准奖励教师和学生,严禁公布、宣传、炒作中高考"状元"和升学率。

3. 普及攻坚

自2017年国家和自治区普及攻坚计划颁布之后,平果市充分注重挖掘全市高中学校资源,依托原有高中教育资源尤其是普通高中学校资源,注重扩大全市高中教育在校生规模,同时也注重激发每所学校的办学活力,使普及攻坚有效推进。

2020年5月,平果市人民政府印发《平果市迎接自治区普及高中阶段教育评估验收工作实施方案》。平果市成立以市长为组长、分管教育副市长为副组长、有关职能部门领导为成员的市(县)迎接自治区普及高中阶段教育评估验收工作领导小组,领导小组下设办公室(设在教育局),办公室主任由市教育局局长担任,副主任由市教育局分管副职领导担任,办公室人员从有关单位抽调。并且由市督考办牵头组织有关部门不定期开展迎检工作专项督查,通报整改工作推进情况。对认识不到位、整改不落实、迎检推进不力,影响全市迎评进度的部门和单位予以通报批评,并追究相关责任人的责任。

同时,平果市将普及高中与高中课改结合在一起,始终坚持以教学工作为中心,落实自治区教育厅和各级教育行政部门部署,以锐意进取、真抓实干,改革创新、突出实效为教学工作的基本原则,以培养学生创新精神和实践能力为重点,以新课程改革为契机,组织普通高中教师学习课程大纲和课程标准,深入领会实施新课改的目的,深刻领会新课程内容的更新,紧紧围绕学习新课程,构建新课程,尝试新教法的目标,不断更新教学观念,解放思想,更新观念,丰富知识,提高能力。

平果市积极主动学习教育发达地区和先进学校的经验和做法,先后派出考察组赴江苏洋思中学、河北衡水中学、衡水二中、石家庄精英中学、河南郸城中学、容县高中等区内外名校,结合平果市的实际情况,探索实施自主学习、分组讨论、教师主导,学生主体、讲练结合的课堂教学模式创新。

总之,在自治区和百色市高中教育改革与发展政策的指引下,平果市结合实际,大胆实践和积极创新,使全市普通高中教育发展取得了积极成效。平果市地处西部欠发达的农村地区,在办学条件上不具备优势。但平果市积极支持和引导每所普通高中学校开展改革实践探索,努力寻找适应本地办学条件与基础的学校发展方式。经过多年努力,平果市三所公办普通高中呈现出办学定位合理、办学条件不断改善和办学成绩稳定提升的局面。

二、面临困难

调研发现,在进一步巩固高中阶段教育普及成果上,平果市尚缺乏可持续发展的机制保障。最典型的就是3所公办普通高中学校都存在着办学困难与办学挑战的问题,尤其是2所非示范性的普通高中(即平果二中和平果铝中),在校生人数合计接近5 000人,承担全市普及高中阶段教育最艰巨的任务,但都存在部分办学指标不达标、超大班额、师资短缺(新师资难以招聘)、校舍不够等多种困难。这两所高中学校办学条件及办学能力与新高考、新课程实施要求之间存在显著差距,与当地民办学校之间的竞争中也处于明显不利地位。显然,这种普及发展基础比较薄弱,普及水平相对有限,可持续发展的能力有待加强。影响县域高中教育可持续发展的主要问题具体表现在以下方面。

1. 普职关系

目前,普通高中与职业学校之间处于不平衡的发展状态,平果市只有一所公办的职业高中即职教中心,2009年新建,2014年投入使用,拥有7个专业,但招生困难,在册学生数只有1673名,而且生源不稳定。职教中心的教师队伍也不稳定,招聘教师困难,2009年至2020年间只招到一位特岗教师。职教中心与普通高中之间也不存在学生流动或者教育教学合作的情况。

显然,与平果市内普通高中在校生1.2万人相比,县域内中等职业教育规模偏小。当然,这也不能说平果市高中阶段教育普职之比不合理。因为平果市部分初中毕业生升入了县域外中等职业学校,包括百色市市区和其他县市以及南宁等地的学校。但不可忽视的是,家长和学生更愿意进入普通高中学习是客观存在的现实。在县域范围内,高中阶段配置普职之比与普职协调发展,显然是一个难以解决的问题。当前,适龄高中学生选择学校入学,已经不再局限在县域之内,县域政府的管理或者调控甚至干预,都存在权力局限和有限的困难。在当今人口流动变化的背景下,精确统计县域内高中教育普及率都比较困难。

2. 办学条件

平果市作为2020年全面脱贫的县域,近年来社会经济发展快速,政府高度重视教育发展,普通高中资源不断扩大,还在县域内建立了大学园区,在高中教育发展经费上也不断增加。但是,对照高中教育高质量发展新要求与当前高中学校(公办)办学现状,办学条件方面显然存在着诸多困难。

首先,全县高中办学经费有限。2020年平果市普通高中生均公用经费仍是每年每生600元,计划2022年提升到1000元,显然这还是处于低水平,与学校发展所需公用经费之间存在差距。另外,尽管平果市每年都有高中学校建设专项,但并不能保证每所公办高中每年都有专项建设资金,经费不能满足每所高中学校建设发展需求。

其次,全县公办高中条件薄弱。作为自治区级示范性高中,平果高中办学条件相对完善,但是对标现代化高中学校,改善办学条件也是当务之急;而平果铝中和平果二中的办学条件则是明显薄弱,部分办学指标还不达标,特别是大班额问题突出。这些学校办学条件与普及攻坚要求之间存在差距,与新高考、新课程实施要求之间存在差距,也导致了平果市公办学校与民办学校在办学竞争上的不公平,学校可持续发展能力不够。

第三,教师队伍建设困难。就平果市而言,由于教师薪资待遇缺少竞争力,招聘新教师困难,学校之间教师流动困难。目前,每所学校都存在师资结构性短缺问题,英语、地理、美术等学科教师不能满足学校发展需要。高中教师教育教学观念比较陈旧,不能适应学生发展、课程改革和高考改革的需求。教研工作和教师培训的实效性不够,提高教师教育教学能力的压力大。

3. 学校布局

平果市发展民办高中,在一定程度上满足了人民群众对教育尤其是优质教育的期待,增加了教育供给。但是,对照人口总数,当前平果市普通高中学校办学规模明显偏大。在不能"跨区域招生"的政策背景下,平果市内普通高中学校之间有可能出现生源的过度竞争现象,尤其是公办学校与民办学校之间、民办学校与民办学校之间,这将对整个平果市高中教育生态建设产生不良影响。

平果高中是公办的优质中学,属于自治区级示范性学校,教育教学质量领先,招生也是第一批录取。后起的2所民办高中即平果三中与北京师大附属平果学校,基于办学机制的灵活性与办学质量的不断提升,在招生与教师招聘上有优势,不仅招收平果学生,还招收非平果的生源。这与平果高中形成了竞争的关系。这种竞争关系有利于平果高中发展。但是,一旦这两所民办学校不能跨地区招生,就会导致平果市高中生源的再分配,不仅影响平果高中学校发展,而且也会影响到平果二中和平果铝中的发展。目前,平果市正在为三所普通高中发展布局与规划,旨在改变目前学校规模大、办学条件薄弱等现象。所以,在高中教育发展布局上,存在着不确定因素。

第二节　地级高中发展

《"十四五"县域普通高中发展提升行动计划》(以下亦称"县中提升行动计划")强调县中提升行动计划的基本原则之一是:"促进协调发展。统筹谋划市域内县中和城区普通高中发展,积极扩大县中优质教育资源,加快缩小市域内普通高中办学差距。"确实,没有"协调发展"的新理念,会导致对于"县中优质教育资源"与"办学差距"认识存在偏差。在实施县中提升行动计划中,统筹城乡间高中学校发展,需要立足于各地各校的实践探索与创新,而不是简单的资源或者"权力"分配与调整。需要通过实践不断地完善政策和提升政策,将成功的实践经验总结提炼为新政策,这也是教育领域"坚持深化教育改革创新"的要求。

一、发展格局

四川省绵阳市普通高中教育质量整体优秀,全市高考升学率连续 20 年位居全省前列,形成了一个规模和质量同步提高的区域普通高中发展格局,在省内外具有广泛影响力。该市在下属的 5 县 3 市 1 区统筹布局普通高中学校建设,将绵阳高中教育发展基础、社会对发展高中教育期待与推进高中阶段教育普及发展结合在一起。

2020 年 9 月,我们调研了四川省绵阳市(地市级)普通高中教育发展情况。经过对该市所有 29 所普通高中学校发展现状进行分析,我们发现,当前绵阳普通高中学校发展呈现出三分天下的发展格局。

1. 追求卓越

绵阳市拥有一批高质量的优质高中学校。以绵阳中学和南山中学为代表的这些优质名校历经多年发展,积累了丰富的办学实践经验,学校正在努力将实践经验上升为新时代高中学校育人思想与理论,使学校迈入追求卓越的可持续发展之路。这些学校主要集中在绵阳市区,生源不只是本地全域,还有本省其他地市,甚至一些来自成都的学生。

绵阳中学作为省级首批国家级示范性高中的全国知名高中,在总结以往办学实践经验的基础上,凝练出了追求卓越品质、不断自我超越的质量精神,建构了"党建引领、一核六维,为党育人、为国育才"的品位教育质量管理模式,全面推进"思想领先、全面育人、品位教育"理念,努力培养"品德高尚、行为高雅、能力高强"的高品位学子,努力创办人民满意、高品位的全国超一流现代化学术高中。

与绵阳中学齐名的南山中学秉承"爱国读书、勤勉诚朴、求实向上、民主创新"的优良传统,形成了"让学生做成长的主人,为学生终身发展奠基"思想,实施"严明细实真"工作体系,积极探索德育创新"五朵金花",大力推行教育教学改革"六项工程",努力创造适合学生全面而有个性发展的教育。

后起之秀的东辰高中,作为民办学校 2002 年才开始招生,现已初步构建起德智体美劳全面发展的教育体系,包括"六育人"德育体系、"四位一体"课程模式与"五位一体健康工程",成为区域性教育教学改革示范。

2. 探索特色

绵阳一些普通高中学校结合自身的办学情况,"因校制宜",探索学校发展的新路径,努力寻找自身学校发展的突破口和亮点,在特色上做文章,专注于智慧教育、拔尖人才培养、学生发展指导、师资队伍建设、校园文化建设等方面的突破,促进学校教育教学质量的全面提升。这些学校主要是新办的高中学校和历史比较长的老学校,它们在招生的生源上属于第二层面或者第三层面。

绵阳实验高中是绵阳市直属公办学校,按照"以信息化为依托,抓精细化管理,助推办学水平升级"的思路,努力开辟普通高中学校育人新天地,初步形成了"一主两翼"信息化教育发展特色,"一主"是指以信息化建设为依托,助推办学水平升级;"两翼"是指以智慧课堂建设促教育教学质量提高,以开发智慧校园促进学校精细化管理水平提高。

江油外国语学校高中部于 2017 年设立。学校是基于学生情况,历经四年探索,初步构建了"一主四辅"生涯教育体系,即以"生涯教育课程"为主,"校长讲堂""视野拓展""研学实践"和"社会实践"为辅,努力探索出新时代普通高中育人方式改革的方向与路径。

3. 坚守初心

一些高中学校是山区县内的高中,在生源上没有任何优势,但鉴于普及的压力,这些学校的在校生规模并不小,但内部差异较大。让这些学生留在高中学校并获得进步,是学校办学的主要任务。所以,这些学校主要承载着让每个学生都有人生出彩机会的教育使命,承担着全面提高学生综合素质和高中阶段教育普及的艰巨任务。在实践中,它们始终坚守育人初心,潜心教育教学和人才培养。面对困难或者挑战,它们积极作出努力与贡献。

丰谷中学面对文化底子薄、行为习惯差、自我管理能力不强、责任纪律意识淡薄等学生群体,确立了"树立理想、增强责任、规范言行、感恩社会"的德育工作理念,着力培养学生自主管理能力和培育学生自尊自信自强意识。

盐亭中学针对在校生中留守学生人数多、思想认识品位不高、常规习惯养成缺失、家庭亲情关爱缺乏和家庭隔代教育等现象,开展以"涵养气质、丰厚精神、提升品位"为指向的"盐中印记"教育,构建"12336"教育活动体系,着力抓常规落实养成教育。

平武中学的少数民族学生占 33.72%,农村籍学生占 84.86%,住校学生占 90%,生源差异大。学校本着尊重学生发展差异的原则,以学生终身发展为教育教学工作落脚点,在以课程改革作为全面推进素质教育抓手的同时,不放弃任何一个学生,健全关爱每个学生的教育机制,努力为每个学生创造发展空间。

二、行动举措

之所以会产生这种分类明显的办学格局,与绵阳市在加快推进高中阶段教育普及与促进普通高中多样化发展上的改革与努力是分不开的。过去 10 年是我国加快普及高中阶段教育的重要时期,也是绵阳市普通高中学校增加和在校学生规模扩张的阶段。这里介绍绵阳市发展普通高中的主要经验。

1. 创新驱动

实践表明,绵阳市在发展普通高中教育上,坚持创新发展理念,始终将改革作为发展手段,没有按照"区域"概念规划或者限定普通高中教育规模,而是力求依托绵阳原有的优质高中学校资源,将优质教育扩大,将数量扩展与质量提升同步,不断满足更多学生及其家长对优质教育的期待,将绵阳打造成为全省普通高中高地。这体现了绵阳发展普通高中教育的非常规性,在本质上就是一种改革创新探索。以绵阳国家级科技城市发展目标建设为前提,扩大人民群众对高中教育的可选择性,积极探索办好人民满意的教育。

自20世纪末,绵阳市委、市政府大胆放权,支持市教育行政部门率先对市属普通高中学校推行"四制"改革,即探索实行校长负责制、全员聘任制、全员考评制和结构工资制,坚决打破高中学校中的"大锅饭",由此增强这些学校的办学活力,进而带动整个高中学校体系的改革与发展,使绵阳普通高中教育质量提升到了全省前列,为2010年前后普通高中规模扩张奠定了坚实基础。在权力下放的基础上,不断优化政府与学校之间的关系,不断完善"放管服"体系,进而带动全市高中教育体系建设和高中教育质量提高。

2010—2020年间,绵阳市委、市政府牵头成立绵阳教育投资公司,利用市内优质普通高中资源,及时创办绵阳中学实验学校、南山中学实验学校等一批新机制学校,这些学校既不是"一校两制",也不是"校中校"。新机制学校都有独立的现代化校园、独立的师资队伍、独立的教育教学体系、独立的财务系统以及独立的法人等,但接受了原先优质高中学校的办学思想与办学理念,让原先优质学校的一些优秀教师有了施展才能和进步发展的新舞台,也带动了原先优质学校教师的整体发展。

新机制学校在本质上是政府主导的公办学校,但其内部机制更为灵活,最典型的就是可以招收外地学生来绵阳学习,改变了原先高中教育服务于本"区域"的概念,增大了绵阳普通高中规模,满足了部分学生选择高中学校的愿望,也吸引了外地生源来绵阳学习,增强了绵阳普通高中教育的影响力。相对于绵阳市(尤其是主城区)常住人口而言,绵阳普通高中学生人数比例在全省各市州是领先的。

2. 改革管理

在过去20年内,绵阳坚持开展全市统一的教学质量监测和教育质量评价制度,在全省率先建立全市统一的普通高中教育教学质量监测体系,充分发挥市教科研、电教馆等各部门作用,始终坚持对全市每所普通高中各年级实行统一命题、统一组考、统一阅卷、统一分析的质量监测模式,结合大数据运用,准确把握学生状态,准确诊断教学问题,准确提供改进策略,为学校教学过程管理、教师考核评价提供科学依据,有效地激发学校竞争动力,不断提升教师教育教学的积极性、主动性和创造性。同时,将全市普通高中学校分四类实施分类评价,使每所学校都有适合自身学校的参照对象,有追求的目标和可能。

自 2019 年起,绵阳市教体局组织开展全市年度性普通高中学校发展特色亮点汇报专题会,要求每所高中学校校长登台报告,组织专家和教育干部进行点评和评分,让每所学校的办学情况在全市同行面前亮相,建立了办学信息交流平台,促进了学校之间的相互学习,推进了全市普通高中学校的发展。

这种将监测与评价结合、将评价与指导贯通、将过程与结果并重的思路与方法,符合国家最近提出的新时代教育评价改革总体要求,非常值得总结、提炼和推广。

3. 破解问题

纵观绵阳高中教育发展实践,可以发现,该市在实践中着力破解高中教育中的关键问题和短板问题:一是扩大优质高中教育资源,实行普通高中学校分类办学,在全市层面寻找普通高中学校结构布局最优化,引导每所普通高中学校定位发展与特色发展,提升全市普通高中整体发展与多元化发展水平;二是注重提升每所农村普通高中发展能力,使这些学校更有成就感,更能服务于普及高中阶段教育的需求;三是在"更加注重共建共享"上作出了新探索,在坚持政府为主办学与多元化多渠道办学上作出了有益实践,新机制高中学校具有可复制性和可推广性,体现政府为主导的办学体系方向。

综上所述,绵阳普通高中发展成就得益于绵阳市委、市政府对于发展普通高中教育的认识变化与改革措施,得益于对绵阳原有的优质普通高中教育资源与合理拓展,更得益于绵阳普通高中学校的艰苦努力与积极探索。当然,绵阳市高中教育发展实践中仍然存在着一些问题与障碍,还需要进一步探究。这里介绍绵阳普通高中教育发展实践样态,并非在于推介这种模式,而是旨在为地市层面统筹高中教育发展提供一些先行探索经验。这些改革经验和发展举措或许难以复制、不可借鉴,但是,在追求高质量发展道路上必须有所改革和探索,这是毫无疑问的。

第三节　县中发展策略

国家教育事业发展统计数据显示,2020 年全国高中阶段毛入学率为 91.2%,在校生总数为 4 163.02 万人;其中,全国普通高中学校有 1.42 万所,在校学生总数 2 494.45 万人;(县)镇级普通高中有 6 044 所,在校生总数 1 171.8 万人,乡村级普通高中 777 所,在校生总数 90.5 万人。很显然,在加快推进高中教育普及发展进程中,县域高中贡献巨大。在过去一段时间内,各地各县高度重视传统重点中学建设,普遍忽视县域内一般性高中学校建设,尤其是乡镇高中学校建设,这与"片面追求升学率"和不恰当的教育政绩观有关,当然也与县级政府在高中建设上"心有余而力不足"有关。当前,实施县中提升行动计划,全面提升县域高中发展整体水平,促进普通高中均衡发展,应该成为我国普通高中高质量发展的优先事项。

一、省级统筹

县中提升行动计划中提出了四条基本原则,即坚持源头治理、强化政府责任、促进协调发展和深化教学改革,纵观当前我国普通高中或者说县中发展的现状及其问题,不难发现,坚持源头治理与强化政府责任尤为关键和重要,而且省级政府责任更是重点所在。所以,在实施县中提升计划过程中,首要的任务是强化省级责任,这是源头治理的需要,也是促进协调发展和深化教学改革的关键决策者。当前全国存在省际间普通高中发展的显著差距,首先各省级政府必须给予高度重视和加大改革发展步伐。需要总结和分析过去 10 多年来加快普及高中阶段教育的实践与经验,巩固 2017—2020 年高中普及攻坚计划实施成果,夯实高中普及成果,创建我国普通高中均衡而有质量发展的新格局。

1. 正视差距

教育均衡发展是国家教育现代化发展的基本要求,在建设公平而有质量的教育进程中,不能回避普通高中发展的不均衡现象。对于高中阶段教育普及发展而言,省际普通高中发展之间的均衡性,其实也是整个省域高中普及发展质量的主要指标之一。

当前,全国高中阶段教育普及发展中,在普通高中的发展上也存在显著的省际差距。《中国高中阶段教育发展报告(2020)》基于全国 2019 年教育发展事业统计数据分析,指出了以下高中普及进展的问题:

(1) 学校办学规模各省市区之间的差别很大。全国平均每所普通高中拥有 34.35 个班,但京津沪三大直辖市普通高中学校班级数量都较小,甚至北京和上海一所普通高中平均不到 20 个班;有 6 省市区一所普通高中学校则平均有 40 个班级以上,山东甚至达到了 54.88 个班级之多。

(2) 各省市区普通高中校均在校生数同样存在差异。全国普通高中平均在校生 1 738.95 人,其中京津沪地区不足 1 000 人,超过 2 000 人的有 8 个省市区,山东平均超过 2 600 人。

(3) 全国各省市区普通高中班额不容乐观。全国普通高中平均班额为 50.34 人,应该说,这与国家规定的普通高中班额标准 50 人基本一致。严峻的问题是,有 12 个省市区的班额超过了这个国家规定标准,尤其是河南(56.34 人)和广西(61.04 人)平均班额数达到了大班额(超 56 人);这些省市区基本都位于中西部地区,而且西部居多。

(4) 普通高中学校生师比(在校学生总数与专任教师总数之比),同样存在区域性差别。普通高中学校中存在生师比高的主要还是中西部省市区,江西和广西的情况必须予以高度关注。

(5) 各省市普通高中学校办学条件差别显著。在生均图书上,差距非常大,全国平均 41.04 册,有 20 个省市区在平均数之下,有 6 个省市区低于 30 册,其中有东三省,而且黑龙江省和河南省还低于 20 册。[①]

尽管实施了"高中普及攻坚计划",对照整个普及要求,中西部的贫困地区、民族地区、边远地区、革命老区等高中普及水平有了提高,但与东部先进地区相比,其普及基础还比较薄弱,普及发展面临诸多困难和挑战。这些地区普及高中教育是在办学条件有限、学校超大规模、班级超大规模、办学经费紧张、教师队伍不足的情况下实施的。从巩固普及的视角看,改进普及条件十分必要和迫切,需要成为县中提升的优先事项。

如果说上述数字上的差距主要是物质设施与投入等客观条件的差距,那么,在高中普及的质量与内涵上,省际之间的差距或者说差异同样是明显的。我们在《中国高中阶段教育发展报告(2018)》与《中国高中阶段教育发展报告(2019)》中,先后系统地介绍了辽宁省、云南省和山东省的高中教育普及进展,包括成效与问题。研究显示,辽宁省与山东省高中普及发展的中心任务已经转向了质量提升和人才培养模式创新,开

① 朱益明,等.中国高中阶段教育发展报告(2020)[M].上海:华东师范大学出版社,2021:21-24.

始注重普通高中育人方式改革的探索与创新。但云南省在高中普及发展上，面临着如何巩固已有普及成果的问题，仍然面临着高中教育普及发展的各种主观与客观的条件限制。①②　其中，教师是高中教育质量的重要影响因素。在上海、北京和深圳等地高调宣传招聘 985 高校毕业研究生(包括博士)任教的另一面，一些农村地区高中尤其是山区和经济相对欠发达县域，引进普通大学毕业生担任新教师也存在困难。免费或者公费的师范生，基本上都难以到最基层的高中学校。在新高考新课程背景下，原先的学校教师水平与结构都存在一定的差距，难以应对普通高中改革与普及发展的实际需求。

很显然，普通高中发展存在省际差距的责任在省级政府。为此，实施县中提升行动计划，就是要借助省内县中发展，缩小省际普通高中发展的不均衡性，这需要成为每个省级政府发展教育事业的优先任务之一。县中提升计划不仅是解决县中发展问题，而且是提升整个省域高中教育普及水平。所以，省级责任并非还是规范招生的统筹责任，而是全省普通高中整体发展的全方位责任。

2. 担当责任

实施县中提升计划，省级政府的责任是全方位的，不只是统筹责任或者协调责任，而是需要各省市区像发展地方高等教育一样，对本省(市、区)普通高中发展予以全面、系统的规划设计与发展部署，将基础教育(普通高中)办学地方责任中的"地方"提升至"省级"层面，这才是解决当前县域普通高中发展困难与缩小省际普通高中发展差距的根本之路。这种省级责任就是：普通高中发展的系统规划、政策创新、资源保障与治理建设。

首先，在全省层面系统规划普通高中发展。普通高中是整个高中阶段教育发展的一个重要组成，在当前要求推进高中普及发展和实现普职协调发展的背景下，县级政府或者说地市政府能够规划本地普通高中发展，但是很难规划出整个高中阶段教育科学发展的学校建设包括普通高中与职业高中。省级政府必须将整个高中阶段教育发展与普通高中发展规划结合在一起，再与各地市或者各县结合各自情况予以合理规划和科学布局。如果省级政府没有要求或者规划指导，地级和县级的普通高中学校建设将呈现各自为政的情况，尤其是在追求高中教育普及率与满足学生升学意愿的背景下。上述地级和县域发展普通高中的案例显示了过去 10 多年来地方大力发展普通高中的努力及其成效，但目前它们都面临着下一步如何进一步发展的政策不明困局。究

① 朱益明，等.中国高中阶段教育发展报告(2018)[M].上海：华东师范大学出版社,2019：25-95.
② 朱益明，等.中国高中阶段教育发展报告(2019)[M].上海：华东师范大学出版社,2020：1-30.

竟是支持这些发展,还是限制(规范)发展,或者是任其发展,都需要有省级政府的政策出台。在普通高中学校发展的系统规划中,普通高中发展究竟是以县为主,还是以地市为主,还是省级直管,或者不同模式共同存在,都需要有明确的改革发展导向,或者更为公平合理的责任体系。

其次,普通高中发展政策要改革创新。普通高中属于基础教育,但不属于义务教育,也不同于高等教育;在高中普及与普职融合的背景下,普通高中发展需要遵照《国务院办公厅关于新时代推进普通高中育人方式改革的指导意见》,全面实施新课程,并与本省实施的考试招生制度改革同步。总之,结合本省实际,因地制宜地研制本省普通高中发展政策,而不是照搬其他省市或者地区的模式与方法,务必探索可持续发展的本地实践。新的普通高中政策必须有助于缓解省内地区间、县域间以及学校间挖抢"生源"和比拼"升学率"的不正常现象;为此,省级政府需要研制规范地方政府普通高中发展的行为准则和普通高中办学规范,有必要研制普通高中分类管理与评价体系。

第三,资源保障主要是指省级政府要对全省发展高中教育承担筹集资源和合理配置资源的责任。各省市区需要关注省内各地市和各县发展高中教育上的差异情况,尤其是高中教育资源供给上的城乡差距和县级差距。省级政府需要优先重点关注那些高中发展困难的农村地区,要对部分地区发展困难的普通高中予以直接资源投入,例如设立专门发展项目与专项建设经费等。

最后,建立现代高中教育发展的治理建设并提升治理能力,是省级政府履行教育责任的重要任务之一。这是国家教育现代化发展的需要,也是落实优先发展教育事业的需要。在过去,普通高中是精英教育的代表,是竞争与筛选的结果,是等级制学校体系;在当前教育高质量发展的进程中,普通高中将可能惠及更多的人,按照教育公平的要求,每所学校都应该得到平等的发展条件,包括人、财、物等全方位。正如本书不断提及的观点,发展好每所高中学校,是高中改革发展的理念。为此,必须建立科学的教育行政与管理体系、教育督导与评价体系以及学校建设与教师发展体系等,并激发学校办学活力和教师创造力。

3. 聚焦普及

在加强县中建设过程中,不仅要关注这些县域的高考升学率,更要关注这些县域高中普及的水平与质量。当前,全国一些地市或者县市限于普及高中教育的财政压力,以及基于不合理的教育发展政绩观,往往将有限的高中教育经费及资源投注于地市或者县域内的少数"重点学校",以求升学率或者"状元"为目标,而不能顾及甚至不愿顾及区域内其他学校办学需求,继续强化传统的高中等级制。有"高大上"的现代高中学校,更有不达标的农村高中,区域内高中学校发展显著失衡。有些地区为了普及,在改革办学体制的名义下,发展了一些办学条件不达标的民办高中,在一定程度上推卸了政府应有的办学责任,对普及发展产生负面影响。

很显然,解决这些发展中的问题,必须发挥省级政府的作用,要以创新政策和科学管理等手段,引领地市和县域高中可持续发展,包括制止区域间和学校间不正常竞争,规范和促进教师的正常流动,确保全省范围内普通高中竞争发展、全面发展的整体格局。更直接地说,省级政府要保障、保护每所高中学校的发展权利和条件,并使它们得到更好的发展。

本章前两节分别介绍了高中县域发展的平果模式与地级发展的绵阳模式。平果市与绵阳市在发展普通高中上,注重各自区域内高中普及发展,在继续办好示范高中和优质高中的同时,积极发展和建设每一所普通高中学校。这两种普通高中发展模式带来的共同启示就是:夯实普及是发展高中的重要任务,而且应该成为县域高中建设的优先事项之一。所以,加强县域高中建设,就是建设好县域内所有高中学校,既包括优质高中学校,也包括最一般的普通高中学校,而不只是县内一所学校或者少数重点学校。县域高中建设必须落实到加强县域高中普及巩固上来,夯实高中教育普及成果,致力于县域内所有高中学校整体发展与全面提升。只有县域高中充分发展,才能解决"优质生源"外流与优秀教师流动问题,才能稳住现有高中"生源"和吸引更多初中毕业生进入高中学校。这是巩固高中教育普及成果的需要,更是县域教育发展的关键,涉及乡村振兴战略实施。只有这样,才能确保更加注重我国高中阶段教育的高水平普及,才能促进我国高中阶段教育迈入高质量发展新征程。

综上所述,省级政府要在加强县中建设中以聚焦普及、夯实普及为出发点,增强我国高中普及化发展的可持续性。当然,在实施县中提升计划的行动中,还需要优化区域高中学校结构,关注每个适龄学生"进得来""留得住"和"学得好",使高中为学生实现人生出彩提供机会。

二、师资优先

教师发展,教师为本。2014 年教师节前,习近平总书记在同北京师范大学师生座谈时发表了关于教师队伍建设的重要讲话,提出了新时代"四有好教师"标准,并要求"各级党委和政府要从战略高度来认识教师工作的极端重要性,把加强教师队伍建设作为基础工作来抓"。实施县中提升行动计划,必须认真贯彻习近平总书记关于教育与教师的系列重要论述,真正落实教师作为兴教之源与立校之本,始终坚持将教师队伍建设作为基础工作来抓。2018年1月,中共中央、国务院颁发《关于全面深化新时代教师队伍建设改革的意见》;2022年,教育部等八部门联合印发《新时代基础教育强师计划》,这些文件成为指导县中提升行动中发展教师队伍的依据。

1. 人才站位

在实施县中提升行动计划中,首先要提升对教师的认识和重视程度,将高中教师视为本县高中发展、教育发展和社会经济发展的人才资源,将县中教师队伍建设与全县人才建设工作有机统整。

县中发展与提升不只是县中的任务,县中教师队伍建设也不只是县中的责任,需要县委、县政府亲自抓,将县中教师队伍建设从县教育局层面提升到县政府工作层面,县委和县政府主要领导参与规划和实施县中教师队伍建设计划。根据当前高中教育改革与发展的需求,如新课程推进、高考招生制度改革与高中学校变革等新情况新趋势,在县级区域层面做好教师队伍建设规划、教师人员供给与教师队伍结构配置优化等工作,其中也包括规划和实施教师在职发展计划,要以县中发展大局出发,以县中发展需求为出发,使县中有一支数量充足、质量有保证的高中教师队伍。不能再以"编制"为由,限制高中学校的教师配置数量,而是要以县中发展与县中教育教学质量全面提升的需求为依据,确保县中新教师供给。

县中教师队伍建设成为全县人才强县的重要策略,将高中教师作为人才队伍建设的重要组成,在各种人才计划中凸显高中教师的地位。县委、县政府要参与将优秀人才引入到高中教师队伍中的工作,组织力量(高中学校与政府相关职能部门)进入省内外高校与人才市场,积极做好县中教师引进的招聘、宣传和服务工作,要利用寒暑假,组织返乡大学生(毕业生或者在校生)座谈以及参与县内社会实践活动,引导和鼓励本地优秀毕业生回到县中工作与生活。同时,必须认真扎实做好县中在岗教师的各项服务工作,要将高中队伍建设从"管"教师,转向"服务"于教师。将"待遇留人"与"事业留人"有效地结合在一起。切实保障各项高中教师政策兑现,要使高中教师工资收入与待遇在全县处于有竞争力的水平;注重听取高中教师的意见和建议,凝聚每位高中教师的事业心、责任心、创造力和归属感,这一点必须作为县中教师队伍建设的落脚点。

2. 教师发展

在重视教师的同时,更需要加快发展每一位县中教师,每位县中教师还要主动发展、积极发展。

首先，要明确当前县中教师发展的目标。这些目标就是提升每位教师教书与育人相结合的实践能力。县中教师既要不断促进学生学习成绩的进步，更要将德育融入到学校教育教学的全过程、全方位；还要学会关心和指导学生思想、心理、学业与生涯等各方面，成为学生发展的支持者、辅导者、指导者和人生导师，成为学生发展的"引路人"。同时，县中教师要积极研究和探索培养高中学生有效学习、积极学习、合作学习、实践学习、在线学习与自我学习等各种学习技能的教育教学方式与体系，培养高中学生学习积极性、主动性和创造性，真正为学生终身学习服务。

其次，必须建立有效的县中教师发展体系。实施以促进教师发展为导向的教师评价体系，关注学校在岗教师现状，挖掘教师发展的潜能，提升教师教育教学能力。县中教师培训必须立足于学校实践，注重校本培训，强调教师培训与教师日常教学、日常学习与日常工作的有机结合，引导高中教师成为学习型、研究型教师，而不是传统的"教书匠"。县中教师发展要引进外部资源支持，包括以大学和科研院所为主体的高水平智力资源，如学校与高等院校尤其是高水平师范大学共同实施教师发展合作项目，或者建立伙伴关系，为学校教师提供有针对性的培训与指导。可以组织教师重回大学课堂学习，组织教师到科研机构观摩学习，"暂停"他们的教育教学工作，使他们有时间反思与总结自身教育教学工作，思考高中教师职业的价值，进而消解教师工作的"倦怠"。县中之间必须增加开放，建立相互学习与交流的机制，注重共同教研，实施学校间的教师流动，共同寻找学校发展之路。要建立县中教师发展共同体，在合作中竞争发展，共创县中发展良好生态。

最后，需要大力提升县中教师领导力。在县中建立教师当家作主的现代学校制度体系，提升全体教师在学校发展中的主人翁地位，形成以教师为中心的县中发展治理体系。政府与校长在县中发展中的作用固然必不可少，但教师群体在学校发展中的角色同样重要。县中必须完善教师代表会议制度与发挥教师工会作用。坚持党的群众路线。必须将人民当家作主和全过程人民民主思想引入到县中治理之中，改变县中发展中"一言堂"的情况。在学校规划、学校建设、学校改革、学校管理等发展实践中，必须有全体教师的参与和声音。

总之，全面激发县中教师积极参与高中教育教学改革的热情，积极探索面向全体学生、促进学生全面发展的校本实践与经验，鼓励实践创新探索，应该成为县中师资队伍建设的重要任务之一。

3. 评价引领

在建设县中教师队伍的实践中，需要发挥教育评价的引领作用，即实施科学的学校评价与教师评价，以评价促进学校教师专业发展与教育教学实际能力提升，建立基于科学评价的教师激励机制，促进县中教师队伍发展和不断优化。

首先，县中学校评价与县中教师评价要与高中学校教育教学改革直接挂钩，重点落实到全面提高教育教学质量上，全面聚焦于人才培养观念的更新和模式创新，推进高中普及高质量发展。县中发展不能照搬发达地区城市学校的办学思想与方法，尤其是教育管理与课堂教学上，教师必须结合实际开展教育教学创新、研究与探索，要在学习与借鉴先进教育方法与实践的基础上，以新思想和新思路，建立适合于本校本班本学科的教育教学模式，探索因材施教的高中教育教学体系。简单照搬与移植其他地区高中教育教学改革的成果或者经验，很难成为县中提升的法宝。当前县中学生人数规模相对较大，班级人数有一些还超标准，学生之间的差异比较大，办学条件还有待改善，实施新课程新教材也并非简单地分层教学与走班教学。实践中，在学生管理、思想工作、学科教学等各方面，需要每个教师的参与和能力，更需要教师的创新与创造，探究出新时代县中教育教学改革与发展之路。

其次，教师评价要注重教师职业信念与师德师风。县中学校没有地理上的优势，这在一定程度上影响了学校与教师发展的视野。为此，县中评价教师不能因为学校没有相对优势而降低评价要求，而是需要立足于全国高中教育发展大局、立足于全省高中教育发展格局和立足于本县全体高中学生的综合形势，制订和实施教师评价，以评价引领教师找到适合每个学生发展的教育教学，确保全体高中学生在学校中有成就感、幸福感和安全感，由此改变传统教育模式，改变片面追求升学率的应试方式，将学生为中心的发展理念落到实处。在教师评价中，要突出师德师风，看看教师在成为学生发展"引领人"上的进展与效果，是否为学生树立"示范"，教师在育人方面的努力是否体现在教学中为学生提供德育、指导与辅导等，在"教学"与"育人"上做得如何。

第三，教师评价要注重个体与团队的结合。这就是说，县中教师评价一方面要注重评价教师个体，如了解教师在教育教学方面的表现与成绩，是否不断自我学习、不断改进教学以及促进学生学习；另一方面，教师评价要注重教师个人在学校发展与教师团队上的表现与贡献，是不是学校发展的积极参与者和践行者，要重视和开展教师团队集体评价。只有这样，才能更加全面地评价教师，也有助于促进学校建立教师团队的凝聚力，使教师有归属感和集体感，这是学校教师队伍建设的重要方面。

总之,在县中提升行动中,必须充分依靠每位教师,尊重教师的专业素养与职业地位,激发他们的事业心、责任感和创新性,鼓励他们在实践中的投入、合作和发展,形成一支高素质、专业化、创新型的县中教师队伍,进而推进县中振兴并引领全县教育发展。

三、行动措施

加强县中建设需要全方位的改革和努力,除了上述已经强调的省级统筹和师资优先之外,促进县中发展的行动还要求诸多措施并行。结合本书其他章节的论述,这里再强调三方面的改革发展行动。

1. 制度创新

建立科学的高中教育体制机制,实现县域高中教育治理体系现代化和治理能力提升,将是加强县域高中建设的根本出路。当前,需要从制度上突破,建立有助于县中发展的新机制。

一是丰富政府为主的办学体制。在建立政府为主的县中办学体制中,政府不只是县级,也应该包括对应的上级政府即地级政府与省级政府。普及高中和县中提升是各级政府优先发展教育事业的具体行动,必须体现政府为主的办学体制。在加快普及高中阶段教育过程中,一些地区尝试采用一些新措施,如支持高中学校筹资办学、引入外部机构来本地开设分校以及鼓励建设民办高中学校等,基本特征就是收费、民办与择校。这在一定程度上扩大了本地高中教育资源供给,也带来了一些优质教育资源,或者促进了本地原有高中学校办学活力,建成了县域高中发展新机制和新生态。当前,教育迈入发展新征程,有必要对这种新机制或者新生态进行系统而科学的判断。县中发展的办学体制必须符合国家教育现代化要求,体现尊重教育规律和符合人民群众根本利益的要求。具体来说,县中建设必须体现我国社会主义教育公益性,满足人民群众接受高水平、高质量教育的愿望。总之,必须加快理顺办学体制问题,要成为加强县域高中建设的重要事项。

二是重建县域高中建设经费投入体系。加强县中建设,必然涉及经费需求与供给。对于一些经济发展水平尚不够高、高中教育经费投入供给能力有限的县(市、区)而言,以县为主的高中教育建设经费投入体制显然存在困难,导致这些地区普通高中依赖于学费维持学校建设与发展的现象。为此,在加强县中建设中,可以借鉴义务教育经费转移支付的成功经验,由中央财政与省级财政增加县域高中教育发展经费投入,充分体现政府为主的办学体制,实现人民共享发展成果的理念,增加广大人民群众的教育获得感,更加体现教育公益性和惠民性,进而推动全国高中教育普及提升。

三是改进县域高中发展评价制度。各级政府必须改变"唯升学"的评价导向与政绩观,不宜简单地以县域为单位的升学率作为评价指标。要在合理构建各级政府发展高中阶段教育的责任体系基础上,结合本地高中布局与发展定位建立评价制度。本章介绍的绵阳实践经验值得参考。

此外,制度创新还包括招生考试制度、教师管理制度和现代高中学校建设制度等其他方面。这些都需要面向发展需求与实际,实施有助于促进县中发展的改革探索和实验实践。

2. 学校发展

创造良好的外部条件是加强县域高中建设的一个方面,县中提升最根本的还是要促进县域内每所高中学校的发展和进步。本书已经就普通高中学校变革与发展进行了专门论述,这里就县中学校发展再作阐述。

第一,提升每所高中学校可持续发展能力。这种能力包括学校发展规划能力、教育政策执行能力、教育实践管理能力与教育评价服务能力等各个方面。每所高中学校实现规划引领发展,制订三年或者五年学校发展规划,以规划统一认识、建立共识、产生对策、形成合力,引领学校创新发展。每所高中学校要在构建全面发展体系上下功夫,尤其是在普职融通上做文章,使高中阶段教育为服务于区域内人口素质与劳动力质量全面提升以及学生终身发展奠基。每所高中学校积极主动创新协同育人模式,凝聚社会各方教育力量,提升育人质量与效果,推进高中育人方式改革进展。

第二,建立健全县中学校内部治理体系。在提升普通高中学校内部治理体系方面,一是建立现代高中学校观和学生观,面向全体高中学生的学习和成长。在高等教育普及化和社会转型的进程中,必须转变一切为了高考的教育教学观,要真正将以学生为中心的教育发展观内化成学校工作的中心,将全体学生全面发展作为学校治理的指导思想,将学校打造成学生生命发展的阵地,为学生终身发展奠基。二是将教师作为学校治理的责任人。强调教师为本的学校发展,教师作为学校教育工作者的关键力量,参与学校治理,有获得感、幸福感、安全感。三是注重合作与协同的文化建设,发挥各方相互合作和协同的力量。如在教育教学上,班主任和各科任课教师共同研究和相互支持,建立合作教学与协同育人机制,建立师生互动互学与共同成长的生命共同体。

第三,推进人才培养迈上新台阶。在推进教育高质量发展上,必须抓住国家考试招生改革和普通高中课程改革的机会,更新人才培养观念,创新人才培养方式,不仅要使每个高中学生都有人生出彩的机会,更要使每个人的人生精彩。在应对新高考与适应新课程的实践中,都必须将"坚持育人为本"落实到学校教育教学实践中,体现在人才培养实践上。在改革普通高中育人方式上,积极探索创建县域普通高中立德树人成功模式,将"更加注重以德为先"的教育现代化要求内化于学校办学的实践,将培育和践行社会主义核心价值观贯穿于高中学校教育教学工作的各个方面、整个过程。现代高中教育不只是为普通高校培养和输送人才,还要为学生进入职业岗位和社会做准备。学校必须发现每个学生的潜能和差异,培养每个学生的特长和优势,创设适合于全体学生的教育教学方式,真正促进全体学生的成长成才。

3. 学生指导

早在 2010 年,《国家中长期教育改革和发展规划纲要(2010—2020 年)》就提出"建立学生发展指导制度,加强对学生的理想、心理、学业等多方面指导"要求。2019 年《国务院办公厅关于新时代推进普通高中育人方式改革的指导意见》中明确提出,"加强对学生理想、心理、学习、生活、生涯规划等方面指导,帮助学生树立正确理想信念、正确认识自我,更好适应高中学习生活,处理好个人兴趣特长与国家和社会需要的关系"。建立高中学生发展指导制度和实施高中学生发展活动,是推进普通高中育人方式改革的主要措施之一。为此,需要在县域高中学校中全面实施学生发展指导制度,全面推进现代高中学校建设与发展,切实增强县域高中发展能力。

第一,应对改革的需要。国家在实施考试招生改革与普通高中课程改革中,推出了高考选课组合、课程选修、高校改革自主招生和实施高中学生综合素质评价等新要求,都是为了更加科学地教育与培养每个学生。对于每所高中学校的学生而言,他们在高中阶段获得了更多的选择权和发展的自由度。这些改革对于高中学校来说言既是挑战,也是机会,关键是学校如何真正做好人才培养,使每个学生得到最优化的发展,服务于全体学生的全面发展和终身发展,做到超越"唯分数"和"唯升学"。这不仅是因材施教的问题,更是学生自主选择和主动选择的能力培养。这就需要学校加强学生发展指导工作,开展生涯教育与生涯指导方面活动,使学生具有自我选择的意识和能力。

第二,作为促进育人方式改革的重要手段。实施学生发展指导的本质,就是要培养学生的自主性、独立性和思考性,旨在使学生将学业与工作、生活及其生命(意义)结合在一起,认识到自己的责任担当和方向,进而提升高中生学习参与和学习自觉,使他们有生涯概念和人生规划,但还不是简单地将规划局限于应对高考选课与升大学专业志愿填报。县域高中建立学生发展指导制度,要在总结现有学生发展指导实践工作基础上,学习和借鉴学生发展指导理论和成功实践,不断完善高中学生发展指导制度。

第三,为实施学生发展指导提供保障条件。利用本地社会建设优势并结合乡村振兴战略契机,在全县层面统一规划与布局高中学生校外研学基地、实验基地和实践基地,建立高中学生的课外活动和校外活动制度,让学生更加了解日益变化的社会,开阔学生的眼界,提升学生的实践认知能力。将学生发展指导制度建设纳入学校教育质量综合评价之中。将思想指导、学业指导和心理指导等结合在一起,贯穿于学校教育管理、课堂教学和实践活动等方面,实现管理、教学、指导的“三合一”,增强学校教书育人合力,增加学生对自身的发展责任和信心,增加学生在学校教育教学中的主动参与和积极参与。

此外,在实施学生发展指导上,不仅要注重制度建设和实践活动,还要注重增加指导的针对性和有效性,真正使发展指导在学生成长中发挥积极作用。

4. 普职协同

县中能力提升行动,不能只是关注普通高中发展,还必须注意到职业教育与职业中学的发展需求。普职关系始终是我国高中阶段教育发展的中心议题之一,大力发展职业教育是国家教育改革与发展的重点之一,普通教育与职业教育协调发展是我国高中阶段教育改革与发展的基本原则。

2019年6月《国务院办公厅关于新时代推进普通高中育人方式改革的指导意见》要求“坚决扭转片面应试教育倾向,切实提高育人水平,为学生适应社会生活、接受高等教育和未来职业发展打好基础”。2021年10月在中共中央办公厅、国务院办公厅印发的《关于推动现代职业教育高质量发展的意见》中指出,“职业教育是国民教育体系和人力资源开发的重要组成部分,肩负着培养多样化人才、传承技术技能、促进就业创业的重要职责”,要求“促进不同类型教育横向融通。加强各学段普通教育与职业教育渗透融通,在普通中小学实施职业启蒙教育,培养掌握技能的兴趣爱好和职业生涯规划的意识能力。探索发展以专项技能培养为主的特色综合高中”。前一份文件提及职业教育要求,后一份文件也提及普通高中责任;这些文件论述必须成为加强县域高中建设工作的重要依据之一。

加强县域高中建设,更要推进普职融通发展。在“强化职业教育作为一种类型教育”的要求下,县域高中建设必须更加注重普通高中与职业高中协调发展,尤其要在普通高中增加职业教育内容。普通高中要承担职业教育的任务，缺少"职业教育"内容的普通高中教育，或许就不是真正的当代"基础教育"。普通高中不能再固定在单一"升学"轨道上，也要为高中学生毕业后进入职业与工作世界提供必要的指导甚至培训。实现普职融通是建设综合高中的重点，县域其他普通高中学校同样也需要考虑：加强与其他职业学校的合作与联系，开设职业与技术教育和指导的相关课程与活动，为学生提供职业指导与职业体验，以劳动教育为抓手，实施恰当的职业教育。

总之，加强县域高中建设，必须遵循习近平总书记在全国教育大会上提出的"凝聚人心、完善人格、开发人力、培育人才、造福人民"的工作目标，每所县域普通高中都需要实施普职融通的学校系统改革，努力使每个高中学生都有人生出彩的机会。

结束语　面向普通高中高质量发展

我国已经进入高等教育普及发展新阶段，迈入教育高质量发展之路。什么是教育高质量发展，并没有一个清晰的概念，在实践中存在诸多简单化、不全面和不科学的认识。为此，这里首先就我国普通高中教育高质量发展予以探析。

一、高质量发展的维度

教育高质量发展与教育质量高不是同一个概念，教育高质量发展是一个复杂的系统概念，涉及教育发展的模式、方法、路径以及结果等各个方面，是一个大的教育系统观；教育质量高主要是指教育结果，即人才培养的质量。在中国特色社会主义教育体系背景下，中国教育高质量发展至少有四方面的内涵与要求。

1. 国家战略

教育高质量发展首先必须以习近平新时代中国特色社会主义思想为指导，必须遵循习近平总书记关于教育的一系列重要论述。教育高质量发展必须体现：教育是"国之大计，党之大计"；贯彻落实"九个坚持"；科学回应"培养什么人、怎么培养人、为谁培养人"的教育根本问题；积极完成"以凝聚人心、完善人格、开发人力、培育人才、造福人民为工作目标"。

教育高质量发展必须以"四个自信"为指导，创新探索新时代中国教育发展新模式，将坚持党的领导作为教育治理体系建设与治理能力提升的前提与基石，扎实做好德育引领"五育并举"的全面发展教育，培养与践行社会主义核心价值观。坚持人民至上、生命至上的理念，将坚持以人民为中心内化为教育让每个人有人生出彩的机会，培养新时代中国特色社会主义事业的建设者和接班人，实现为国育才，为党育人。

2. 国际影响

当下世界正处在大变革大转型的时代,面临百年未有之大变局,教育发展需要顺应全球化发展取向,为共同构建人类命运共同体作出贡献,为全球团结与进步作出贡献。中国教育高质量发展,首先必须具有开放的全球视野,致力于全球发展与人类进步,体现中国教育国际影响力与全球贡献。中国教育高质量发展要求的国之才,也应具有人类发展需要的共同能力与素养,尊重多元文化,主动参与国际交流与合作,具有沟通、交往、宽容、包容、共生、合作等国际社会共认的社会情感技能。

其次,体现在与国际教育互动中,开放成为教育高质量发展的核心关键词之一。在各级各类教育中开展信息交流、人员流动和专业合作,学习和借鉴先进经验,积极参与国际性教育合作,负责地参与国别教育援助。

最后,必须体现中国教育发展思想与成果得到国际社会广泛认可,并成为学习和借鉴的示范。

3. 教育规律

遵循教育发展规律,首先必须认识到我国教育发展已经进入普及发展的新阶段,已经从以往的选拔式精英教育,转到面向每个人、培养每个人、人人都可以得到合适的教育。要对教育供给有新认识,对接受教育有新定位,对教育与人的发展之间的关系有新理解,对优质教育有新评价。教育高质量发展意味着教育具有良好的社会生态系统。

其次,教育回归"育人"初心。高等教育普及发展改变了传统的"教育投资"观,超越了人力资本投入论。接受更多教育(高学历)并不能自动地转化为人力资本或获得更高经济回报。

第三,教育高质量发展意味着培养每个人的社会存在、社会参与、社会贡献和社会获得,体现对每个人的关注、关心、关怀,并使每个人获得尊严、尊重、尊崇。教育不再只是为了培养少数精英或者优才,而是面向人人,强调人的理想信念、道德品质、核心价值观和关键能力等方面的培养与发展,做好"立德树人"的大文章。

4. 教育创新

教育高质量发展必须回应国家对教育不断增加的要求、社会对教育日益增多的关切和家长对教育持续升高的期盼。面向学校不再是封闭的、课堂也不再局限在教室内,课程改革如火如荼,师生关系正在发生变化,线下教育不断壮大以及教育治理体系加快建构的新形势,只有创新才是建设教育高质量发展新格局的唯一选择。教育创新不仅是观念更新，更需要实践探索。

当前，急需将信息技术、大数据、人工智能以及物联网等新技术运用到教育教学之中，将线下班级集体授课与线上学生个别学习结合在一起，改变传统的课程教材形态，改变教师教与学生学的互动关系，推进以学生为中心的教育思想成为教育现实，培养每个学生具有学习精神、学习方法和学习能力，真正成为学习的主人。同时，促进教师角色变化，学习、研究进入教师工作之中，教师工作与教师生活相结合，形成教师发展的内驱力。

二、高质量发展的道路

就高中阶段教育而言，过去10年间加快普及高中阶段教育立足于"中国教育基础"，展现了"中国特色"教育发展实践，发挥了中国教育制度体系的优势。未来继续推进普及高中阶段教育事业发展，要总结我国普及高中阶段教育的已有经验，尤其是要对过去十年来我国落实加快普及高中阶段教育的政策措施、实践行动和结果情况进行系统总结和分析，提炼出推进我国高中阶段教育高质量发展的有力经验，并参照这些成功经验继续前行。

1. 政府主导

普通高中教育改革与发展坚持政府主导的发展模式。即，坚持坚定的政治立场，以国家大政方针思想为指导，落实地方政府主体责任，动员社会各方面力量参与，发挥中央和省级政策的引导、激励和监管作用，着力破解高中阶段教育发展的体制机制性障碍，构建高中阶段教育普及发展的长效保障机制，完善各级政府对于高中阶段教育的治理体系，提升高中阶段教育治理的能力，确保高中阶段教育公平而有质量的健康与可持续发展。

在各级政府的领导下，坚持条件改善与普及发展同步。普通高中阶段教育高质量，是新时代教育发展的新使命和新要求，必须从新时代新要求出发，继续坚持中央与地方协调，立足政府统筹，积极扩大高中教育资源供给，仍然坚持积极发展高中阶段教育要处理好改革、发展与稳定的关系，要以改革为先导，促进事业发展，要从维护社会稳定的大局出发，周密制定改革和发展措施。

各地结合本地区实际，充分挖掘现有高中教育资源，继续有计划、分年度、分步骤、分层次地新建、改扩建一批高中学校，使每所高中学校都配齐教育教学条件和生活设施设备，以办学条件的达标和提升，更好地满足教师和学生在学校适时学习与生活的合理需要,使高中学校对初中毕业生更有吸引力。

2. 普职均衡

我国坚持普职比例大体相当促进我国高中阶段教育普及发展,这对于提高高中阶段毛入学率有积极的贡献,对社会经济发展也具有很大的价值,实践证明这是正确的。保持高中阶段教育普职比例大体相当的政策,本质上就是贯彻普职融通的思想;在发展新阶段,其实就是协调发展新理念。

面向未来,高中教育高质量发展仍然更加注重普通教育与职业教育的协调发展,而且需要超越"大体相当"的束缚,建设更加符合教育发展规律和更显中国智慧的高中阶段教育现代化体系,真正让每位高中阶段学生享受到平等而有质量的教育。

3. 机制体制

高中教育的高质量发展,需要不断完善经费投入机制。在政府为主导的教育投入下,确保了我国普及高中阶段教育的经费需求,使高中阶段教育在规模与质量上有充分保障。未来将继续健全以政府投入为主、多渠道筹集教育经费的体制,各地根据国家办学条件要求和地方教育教学需要,制定并逐步提高区域内高中学校生均一般公共财政教育事业费和公用经费标准及其实施机制,继续积极落实扶贫助学相关政策,让学生不因经济问题而辍学,使高中阶段教育普及发展拥有坚强保障。

我国始终坚持以教师为本的发展要求,建立相对稳定的高中教师培养体系和高中教师在职工作与发展制度。尤其是提高高中教育阶段教师职业岗位的吸引力,注重提高中西部贫困地区高中教师工资待遇,并赋予其更多的在职培训机会。增强教师队伍的稳定性和专业水平,是促进高中阶段教育普及发展的关键之一。同时,政府注重优化高中学校教师配置结构,动态优化"生师比",多措并举提高中等职业学校教师队伍建设,着力打造符合高中阶段教育转型发展的新一代教师队伍。

在高中阶段教育迈入现代化发展的路上,需要强调高中阶段教育的制度供给体系,教育政策实施的实效性,教育政策不断调整和优化的机制,为促进高中阶段教育高质量发展提供正确引领。这里也包括开展广泛的社会宣传,推进全社会对高中阶段教育改革发展的目标共识,营造有利于高中阶段教育科学发展的外部环境。

三、高质量发展的特征

普通高中高质量发展必须在落实立德树人的根本任务上下功夫,更新人才培养观念,更新人才培养方式方法,使每个高中学生都能够得到最合适的教育,获得终身发展能力。

1. 立德树人

普通高中必须更好地贯彻落实立德树人的根本任务,将立德树人作为育人方式改革、全面提高育人质量的中心工作任务,并贯穿于普通高中发展的制度设计与实践安排的全过程、全方位和全员之中,让立德树人要求与行动融入普通高中教育高质量发展实践之中。让普通高中从选拔式教育,真正转向普及化教育,关心每个学生的全面发展、个性发展和特长发展。在高考改革和课程改革中,始终坚守全面育人的指向并且探索全面育人的路径。坚持促进人人成长成才的教育追求,主动适应社会经济与教育发展的变化,在人才培养中求改革、求创新、求活力和求提升,使每位学生的获得感、幸福感和安全感更有保障。

在普通高中学校中,建立并完善学生发展指导制度,包括高中生导师制,强化教育中的指导功能,服务于学生升学、就业和进入社会的当下目标,让每个学生对教育与职业、生活与生涯、个人(家庭)与社会(国家)有更加清晰、全面和合理的认识与理解,让每位高中教师成为学生发展的引路人,每所高中学校成为全体青年人生发展的重要场所。

2. 办学活力

全面提高每所普通高中阶段学校的办学活力,发挥学校管理者和每位教师的针对性、创造性、积极性,创新高中学校管理模式、教学服务方式、课程资源样式、课堂组织形式等各个方面,增强全体学生的学习兴趣和学习热情,创造出适合每个学生的育人方式和教育路径,让每个高中学生都成为积极的学习参与者和主动发展者,使他们真正成为终身学习者与社会建设者。

发挥各级政府在发展普通高中上的责任,建立常态化监管制度,真正做到依法施教。教育行政主管部门提升教育治理能力水平,不仅承担监管高中学校发展职责,还注重为学校办学改善提供支持、保障和服务,确保教育经费的有效供给,赋予学校更多的办学自主权和创新发展空间。

各级教育行政部门及其教育研究机构,支持、鼓励和引导普通高中学校开展全方位、多形式、立体化的教育改革探索,主动帮助基础较弱的学校补齐发展短板,注重总结和提炼区域高中教育普及发展与育人改革的成功模式与有效经验。

3. 衔接大学

在高中阶段教育高水平普及的同时,我国也已经迈入高等教育普及化发展新阶段。在高等教育规模继续发展的同时,高中阶段教育发展定位与功能势必要有相应变化,因为不论是普通高中还是职业高中,这些学生将来进入大学的机会将大幅度增加,传统的为升学或者就业而学习的高中教育观将不再适合。如何让每个高中学生都有更加明确的理想追求、人生目标、职业选择、事业追求和幸福蓝图,只是依靠高中学校是不够的,需要发挥高等教育的特点及其优势,将人才培养在高中与大学衔接沟通,发挥协同的力量,服务于学生的终身发展。

这种高中与大学的衔接,不只是课程与专业的衔接,应该是全方位的育人衔接,是德智体美劳的五育衔接,是落实到每个高中学生的个体衔接。这种衔接将超越现有的考试招生制度,有利于将学生从考试中解放出来,更好地使每个学生获得自由而自主的发展。当然,这种衔接不仅是对高中学校办学改革的挑战,也是对高等院校的挑战。这就更需要高中学校与高等院校追求特色发展与特色建设,充分发挥每所学校和大学办学的主动性与创造性,立足学生发展的差异性和多样化,确立合理的办学定位和办学方式,实现学校不再受"唯分数"与"唯升学"的束缚。

4. 办学标准

随着全面建成小康社会的达成,普通高中教育发展经费供给将更加有保障;信息技术的快速发展,使教育信息化助推加快教育现代化。在高中阶段教育高质量发展的新阶段,不仅人才培养观念更新,而且学校设施设备条件持续更新。处在知识经济时代和人工智能时代,高中阶段教育高质量发展,需要提高高中阶段学校信息基础设施、教学资源、软件工具等配置水平,高中阶段学校的智慧校园平台建设、教育大数据的运用等各个方面的条件。需要以信息化手段构建学校、社会、家长、教师多方共同参与的协同育人环境,需要学校拥有信息化教学环境,使线上教学与线下教学相融通,使"互联网+教育"在高中教育教学中成为新常态,提升高中阶段学校的信息化管理水平。

普通高中高质量发展,需要不断深化普通高中教育性质、内涵以及阶段特性等基本问题的认知与更新,基于发展新阶段,用新发展理念,审视发展中的进展、现象与问题。在推进普通高中学校多样化发展中,把握和平衡"全面普及"与"质量提升"两个根本性需求,面向促进每个学生的全面发展与终身发展,推进普通高中学校特色发展与整体发展。

后 记

书稿完成之际,我简单回顾了一下参与普通高中教育研究的过去,也算是对这段学术历程的总结。2008 年之前,我在上海市教育科学研究院从事教育政策研究与咨询工作,重点研究领域是基础教育与高等教育。

2008 年我加入了教育部人文社科重点研究基地——华东师范大学基础教育改革与发展研究所,成为普通高中教育研究团队成员之一,开始重点关注我国普通高中教育改革与发展研究,参与霍益萍教授主持的基地重大项目"从精英转向大众化的当代中国普通高中教育研究",并共同主编了《当代中国普通高中教育研究报告丛书》(华东师范大学出版社,已出版 5 种)。2011 年,我们团队获得了教育部哲学社会科学发展报告《中国高中阶段教育发展报告》资助建设(培育)项目。作为合作主持人之一,我参与了 2012 年至 2021 年报告的编辑及 8 份年度报告出版的全程工作。这些报告系统地记录了 10 年间当代中国普通高中教育发展的轨迹与成效。

2015 年,我主持了上海市教育科学研究重大项目"高考改革新形势下高中整体改革研究",并于 2018 年底结题。2016 年,我主持了教育部人文社科重点研究基地重大项目"学生发展与综合素质评价——普通高中学校发展研究",并于 2020 年底结题。本书标注为 2016 年重大项目课题成果,事实上并非只是这个研究项目的成果,而是过去多年来完成各个相关研究的汇总,有些章节还是项目结题之后的研究成果。当然,这本著作也不只是我个人的成果,而是集体智慧的综合。

为此,我要表示如下感谢:

第一,感谢伟大的新时代。21 世纪以来我国的教育事业改革与发展,包括普通高中的发展实践,给予了教育研究者深入研究和思考的丰富素材与想象空间,促使了研究成果的产生。在本著作完成之际,我有幸收到《光明日报》的邀请,就普通高中发展讲述"我与祖国奋进"的故事,讲述的主题是"普通高中迈向高质量发展",并刊登于《光明日报》2022年5月5日第6版。这里转录这段文字,以表达一位研究者对时代的致敬。

过去10年间,党和政府为加快高中阶段教育普及发展出台了一系列重大政策,有力推动了普通高中改革发展。

2014年《国务院关于深化考试招生制度改革的实施意见》发布,以高考改革引领普通高中改革发展。2016年,教育部等四部委共同印发《高中阶段教育普及攻坚计划(2017—2020年)》,重点支持经济欠发达地区高中教育普及。2019年,《国务院办公厅关于新时代推进普通高中育人方式改革的指导意见》及时出台,为加快推进普通高中改革发展提供强大政策支持,也为普通高中改革发展提出新要求。2021年底,教育部等九部门联合印发《"十四五"县域普通高中发展提升行动计划》,2022年初教育部印发《普通高中学校办学质量评价指南》,以及近年来党中央、国务院颁布的一系列基础教育改革与发展文件,都促进了普通高中的全面发展,为全面提升国民整体素养和为国家现代化建设输送高质量后备人才奠定基础。

在高中普及目标实现的基础上,各地普通高中教育呈现高质量发展趋向。上海市于2014年起率先试点新高考,在全市实施特色高中建设,山东省实施高中教育优质发展战略、"特色高中建设计划"和积极探索普职融通的高中学校改革,辽宁省2017年10月制订《辽宁省高中阶段教育普及攻坚计划的实施意见(2017—2020年)》,着力追求高中阶段教育高水平内涵发展、高标准均衡发展和高质量多元发展。这些省市的改革为其他地区作出了示范。

当前,我国各地普通高中学校表现出积极进取和不断创新的改革努力,大力推进普通高中育人方式改革。一直以来,普通高中改革始终被认为是一个最"难啃"的领域,但10年间从事研究和参与咨询的亲身经历告诉我,随着普通高中发展政策日益明晰,各地及其普通高中学校改革动力与创新活力将得到更大释放;在新发展理念指引下,普通高中教育的高质量发展新格局将与整个国家教育现代化发展新格局同步实现,普通高中高质量发展将成为教育领域的又一中国示范。

(光明日报记者靳晓燕整理)

第二,感谢华东师范大学和教育部人文社科重点研究基地——华东师范大学基础教育改革与发展研究所对我们开展普通高中教育研究始终给予的大力支持,使我们顺利完成了"中国高中阶段教育发展报告"任务并持续跟踪研究普通高中改革发展。特别感谢基地为本著作的出版提供资助。

　　第三,感谢教育部基础教育司和上海市教育委员会等部门领导的信任和指导,让我在过去 10 多年间有机会参与有关普通高中教育改革与发展的政策研究、决策咨询与实践调研,使相关研究能够具有全局、宏观的站位与思考。

　　最后,感谢合作研究的同事和学生,为本著作的完成提供支持和服务。他们分别是:郑太年教授、董轩副教授、张紫屏副教授、王瑞德博士、赵冬冬博士、石雪丽博士、马莹博士生、许环环博士生、李茂菊博士生等。

　　此外,特别感谢华东师范大学出版社教育心理分社彭呈军社长与责任编辑王丹丹的信任和支持,让本著作能够顺利出版。

　　限于个人能力与学识,对书中不足之处,请各位读者予以批评指正。

朱益明

2022 年 5 月 14 日